项目工程师知识丛书

DAOQIAO SHIZHENG GONGCHENG
JISHU JIAODI SHILI

道桥市政工程技术交底实例

张　晶◎主编

内 容 提 要

本书系从道桥和市政工程项目中遴选出98个工序的技术交底实例，分为公路、桥梁、市政公用工程（雨水、污水、给水、燃气、热力）三个部分，采用通用表格形式，简明扼要，直观而清晰地阐述了每一道技术交底工序的作业条件、施工方法和工艺质量要求、安全文明施工措施，便于读者阅读和应用。

本书作为项目工程师知识丛书之一，可供从事公路、桥梁、市政项目施工技术人员、监理人员、检测人员和管理人员参考使用。

图书在版编目(CIP)数据

道桥市政工程技术交底实例/张晶主编.--北京：人民交通出版社，2012.1
(项目工程师知识丛书)
ISBN 978-7-114-09552-8
I.①道… II.①张… III.①道路施工②桥梁施工③市政工程—工程施工 IV.①U415②U445③TU99

中国版本图书馆CIP数据核字(2011)第268783号

项目工程师知识丛书
书　　名：道桥市政工程技术交底实例
著 作 者：张　晶
责任编辑：刘永芬
出版发行：人民交通出版社
地　　址：(100011)北京市朝阳区安定门外外馆斜街3号
网　　址：http://www.ccpress.com.cn
销售电话：(010)59757969，59757973
总 经 销：人民交通出版社发行部
经　　销：各地新华书店
印　　刷：北京鑫正大印刷有限公司
开　　本：787×1092　1/16
印　　张：17.75
字　　数：410千
版　　次：2012年1月　第1版
印　　次：2012年1月　第1次印刷
书　　号：ISBN 978-7-114-09552-8
印　　数：0001-5000册
定　　价：45.00元

项目工程师知识丛书

编　委　会

《道桥市政工程技术交底实例》
编写委员会

主　编：张　晶

副主编：王　莹　寇志强　张跃宗

编写人：（按姓氏笔画为序）

于惠明　王　莹　王枫林　王建中　王建设
代明杰　仲建军　刘长宇　孙圣明　孙建波
苏　靖　杜　波　李　冰　李广东　李天翼
李志强　李丽波　李建军　李建涛　杨晓春
吴　庆　何辉斌　张　伟　张　勇　张　晶
张洪宇　张跃宗　陆文娟　陈　轶　陈　航
陈卫彬　陈泽山　陈燕平　武芳芳　武秀亮
周宏磊　周银亮　郑　民　郝家琪　胡明亮
姜东明　徐朝信　高　飞　高　潮　黄　涛
黄震雷　常　峰　寇志强　逯　平　彭建文
谢晓忱　潘国庆

审定人：李红专　杨国良　高成富　寇志强　张　勇
陆文娟　王　莹　张　晶　胡赞鹏

前　　言

《道桥市政工程技术交底实例》是北京城建道桥建设集团编制的项目工程师知识系列丛书之一。编写本书的目的是能够更好地推动施工技术的标准化、规范化，提高工程管理人员的技术水平。

本书由北京城建道桥建设集团数十位经验丰富的项目总工程师编写而成，是多年施工经验的积累，更是广大工程技术人员智慧的结晶。

本书内容包含：公路、桥梁、市政公用工程（雨水、污水、给水、燃气、热力）三个部分，共98份常用技术交底。为了达到直观、清晰的效果，编写时采用了通用表格形式，交底以具体工况为基础，从作业条件、施工方法与工艺、质量要求、安全文明施工措施四个方面进行编制：明确了作业前提，详述了施工方法和操作工艺，规定了作业过程的质量要求和工序产品的质量标准，强调了操作过程中的安全文明施工措施。本书结合工程实例编写，具有较强的针对性和可操作性。

在本书编写和审核过程中，得到了有关专家与业内同行的大力支持和帮助，在此表示衷心感谢。

由于编著者水平有限，本书难免存在不足之处，恳请读者予以指正。

编　者

2011年11月

目　　录

第一部分　道　　路

第二部分　桥　　梁

第三部分 市政公用工程(雨水、污水、给水、燃气、热力)

第一部分

道　路

1 土方路基填筑

<table>
<tr><td colspan="2" rowspan="2">技术交底记录</td><td rowspan="2">编　　号</td><td></td></tr>
<tr><td>1</td></tr>
<tr><td>工程名称</td><td colspan="3">××高速公路工程</td></tr>
<tr><td>分部工程名称</td><td>路基工程</td><td>分项工程名称</td><td>土方路基填筑</td></tr>
<tr><td>施工单位</td><td></td><td>交底日期</td><td></td></tr>
</table>

交底内容：

路基宽28.5m，填筑高度2.1～6.8m，采用土场取土填筑施工。

一、作业条件

1. 测量放线已完成。
2. 填方用土最大干密度、最佳含水率试验完成。
3. 路基土方施工试验段已完成。

二、施工方法、工艺

清表及填前碾压→运土、摊铺、整平→碾压→边坡整修

1. 清表及填前碾压

(1)清表：人工将路基用地范围内的垃圾、有机物残渣及原地面以下10～30cm内的草皮、农作物的根系和表土予以清除。

(2)整平：清表完成后，采用平地机对清表后的地面进行整平，以确保填前碾压的均匀性。

(3)地基处理：对清表后土质含水率大或土质条件不好的路段，原地表翻松30cm以上，采取翻晒、掺灰或换填等措施(另见地基处理交底)，确保土基的压实度要求和整体稳定性。

(4)压实：采用15～20t三钢轮压路机进行填前碾压，基底压实度≥90%，路堤填土高度小于路床厚度(80cm)时，基底压实度不小于96%。

2. 运土、摊铺、整平

土方用自卸运输车辆运至作业面，按照方格网分堆卸土，经推土机粗平，平地机整平后进行碾压，路基横向坡度要达到设计要求。土方摊铺施工虚铺厚度不超过30cm，两侧各超宽50cm，以确保路肩压实及压路机的安全。

(1)填料的含水率须控制在最佳含水率的±2%范围内。对含水率较大的填料，配备打碎设备：一台五铧犁、一台圆盘耙、一台旋耕犁，不停翻拌。根据工程情况及进度要求，随时做好掺灰、换填砂砾料的准备。含水率较小的填料，用推土机初步整平后，用洒水车洒水闷料，闷料时间不小于24h。

(2)路基施工中使用平地机进行整平，做成2%的路拱。并用编织袋装土做成流水槽防止雨水冲刷边坡。

(3)地面自然坡度大于1：5的地段，挖成台阶，台阶宽度不小于2m。台阶顶面做成2%～4%的内向斜坡。

(4)两个相邻段交接处不在同一时间填筑时,先填段应按1:1坡度分层留密实台阶;两段同时施工时,则交叠衔接,搭接长度不小于2m。每个工作面至少配备两台压路机。

3. 碾压

采用振动压路机碾压。前后两次轮迹需重叠30cm,采用先静压,然后用高振幅、低频率振动碾压,待碾压基本密实后,改用低振幅、高频率碾压。每层压实厚度控制在20cm以内。

每层碾压完成后采用灌砂法进行压实度检测,压实度满足标准要求,每三层土方要测量检查一次中线位置及宽度。

4. 边坡修整

上路床达到设计高程后,进行边坡及边沟的整修,按设计要求的坡度,由人工配合挖掘机,将路基两侧超填的宽度消除。

三、质量要求

1. 外观鉴定标准

(1)路基表面平整,边线直顺,曲线圆滑。

(2)路基边坡平顺、稳定、不亏坡,曲线圆滑。

(3)取土坑、弃土堆、护坡道、碎落台的位置适当,外形整齐,美观,防止水土流失。

(4)设计植草的路段无明显缺陷。

(5)上边坡无松石。

2. 压实度标准见表1。

压 实 度 标 准 表1

检查项目	路面底面以下深度(cm)	压实度(%)	检测方法及频率
路床	0~80	≥96	环刀法或灌砂法,每200m每压实层测4处
上路堤	80~150	≥94	
下路堤	>150	≥93	
零填	0~30	—	
	0~80	≥96	

3. 实测项目标准见表2。

土方路基允许偏差表 表2

项次	检查项目	允许偏差	检验方法及频率
1	压实度(%)	见表1	同表1
2	弯沉(0.01mm)	不大于设计要求	贝克曼梁法,双车道不超过1km测取80~100点
3	纵断高程(mm)	+10,-15	水准仪:每200m测4个断面
4	中线偏位(mm)	50	经纬仪:每200m测4点,弯道加HY、YH两点
5	宽度(mm)	符合设计要求	米尺:每200m测4处
6	平整度(mm)	15	3m直尺:每200m测2处×10尺
7	横坡(%)	±0.3	水准仪:每200m测4个断面
8	边坡	符合设计要求	尺量:每200m测4处

四、安全文明施工措施

1. 作业人员在作业前必须进行安全技术交底，并掌握交底内容。

2. 设备操作手必须持证上岗。

3. 在施工中，拌和站、装载机、运输车、压路机、摊铺机等所有设备运行前和运行中要注意其他人员的安全。

4. 操作手要加强机械设备保养，确保制动、灯光、喇叭、报警系统完好，遇有故障必须及时报请设备管理部抢修。

5. 挖掘机作业时，机身保持水平位置，行走机械予以制动；铲斗工作没结束时，不准旋转大臂和走车；进行装车作业时，铲斗尽量接近车箱，但不得碰撞汽车的任何部位；挖掘机司机离开驾驶室时，铲斗放落在地面上；挖掘机禁止用来起吊重物。

6. 推土机作业在斜坡上推土时，应先推土填平工作场地；坡道行驶时，要低档前进，并不得换档，也不准空档滑行；横向行驶坡度不得超过 10°；两台以上推土机在同一现场作业时，前后距离不得小于 8m，左右距离不得小于 1.5m；工作结束时，放下刀片。

7. 人工清除作业压路机碾压轮上的粘物时，人要站在压轮两旁；压路机工作时速不得大于 5km/h；两台以上压路机在同一场地作业时，前后间距不得小于 5m，左右不得小于 1.5m；坡道上不得纵队行驶。

8. 平地机行驶的前方，不得有坚实障碍物和人员行走或站立；转弯或掉头时用最低速度；下坡时不得用空档滑行；行驶时必须将刮刀片升到最高位置，并将其斜放，两端不得超出后轮外侧。

9. 装载机行驶时应用低速档；不得进行铲斗升降和翻转动作；严禁用铲斗载人；两台以上机械在同一场地作业时，保持不小于 5m 的作业距离；上下坡道时低速行驶，中途不得换档，行驶坡度不得大于 6°；在坡道上不得进行转弯、倒车和停车。

10. 施工便道每天安排洒水降尘。

审核人	交底人	接受交底人

2　填石路基施工

技术交底记录		编　号	
			2
工程名称	××高速公路工程		
分部工程名称	路基工程	分项工程名称	填石路基施工
施工单位		交底日期	

交底内容：

路基全宽28.5m，路床底面2m以下以炮渣石填筑，填石高度2.5～8m，施工作业执行本交底内容，路床底面以下2m填土施工执行土方路基作业交底。

一、作业条件

1. 清表、填前碾压及局部地基处理已完成，填筑段土基满足承载力要求。

2. 试验段已完成，填石施工、碾压工艺已批准。

二、施工方法、工艺

填筑前表层处理→边坡码砌→分层填筑、摊铺→碾压→压实判定

1. 填筑前表层处理

(1)清表：人工将路基范围内地表的植被、杂物、积水、淤泥和表土清除10～30cm。

(2)整平：平地机对清表的地面整平，确保填筑前的均匀性。

(3)地基处理：清表后土质含水率大，原地表翻松30cm以上翻晒；土质不好的路段掺灰处理或换填砂砾；坑、洞、穴清除沉积物后回填符合要求的素土或砂砾。

(4)压实：采用压路机进行填前压实，压实度≥90%，路基高小于路床高80cm时，压实度不小于96%。

2. 边坡码砌

在填石路堤填筑前，先进行边坡码砌，码砌的石块要求粒径大于30cm，并尽量规则；码砌时应该石块尽量紧贴、密实、无明显空洞和松动现象。砌块间承力接触面应稍微向内倾斜。填高小于6.0m时码砌厚度为1.0m；当高度大于6.0m时，码砌厚度为2.0m。

3. 分层填筑、摊铺

(1)石料采用石质均匀、未风化、无裂纹的硬质材料。石料强度不小于15MPa，最大粒径不大于330mm，路床底面50cm内，填料粒径不大于150mm，填料不均匀系数为15～20。

(2)运料采用挖掘机配合自卸汽车进行，装料时，尽量使填料混合均匀，避免大粒径过分集中。

(3)按水平分层，先低后高，先两侧后中间卸料。填石路基的堆料和摊铺同时进行，直接堆放在摊铺粗平的表面上，由大功率的推土机向前摊铺，松铺厚度控制在50cm内，在推土机摊铺初步完成后，对超粒径的石块要进行人工破碎，使之满足要求。

对大粒径的石块，要进行人工摆平，块石贴近底面，且大面朝下，在同一位置，大粒径石块不得重叠堆放。对细料明显偏少的段落，在摊铺初平的填石料表面，铺撒一层碎石或石屑料，用量约占大粒径料的15% ~20%，并确保大粒料之间的缝隙，铺撒细料后，表面保持相对平顺，有利于碾压。

4. 碾压

采用XSM225振动压路机进行碾压，碾压时速为2.0 ~4.0km/h，频率为30Hz左右，先静压1遍，然后振压6遍，再静压1遍收面。碾压顺序由两侧开始向中间碾压，然后在由中间向两侧碾压，且每次错轮1/3轮宽。碾压前洒水车洒水，使石料表面湿润。对于有明显空洞、孔隙的地方补充细料再进行碾压，如有松动的石块，用合适粒径的小石块嵌实，并用手锤敲紧。

5. 压实判定

20t压路机振动碾压两遍的高程差值不大于3mm，压实度符合要求。

三、质量要求

1. 外观鉴定标准

(1)路基表面平整，边线直顺，曲线圆滑。

(2)路基边坡平顺、稳定、不亏坡，曲线圆滑。

(3)护坡道、碎落台的位置适当，外形整齐，美观，防止水土流失。

(4)设计植草的路段无明显缺陷。

(5)上边坡无松石。

2. 实测项目标准见表1。

石方路基实测项目　　表1

项次	检 查 项 目	规定值或允许偏差	检查方法和频率
1	压实度	层厚和碾压遍数符合要求	查施工记录
2	纵断高程(mm)	+10，-20	水准仪：每200m测4断面
3	中线偏位(mm)	50	经纬仪：每200m测4点，弯道加HY、YH两点
4	宽度(mm)	不小于设计	米尺：每200m测4处
5	平整度(mm)	20	3m直尺：每200m测2处×10尺
6	横坡(%)	±0.3	水准仪：每200m测4断面
7	边坡坡度	不陡于设计值	每200m抽查4处

四、安全文明施工措施

1. 作业人员在作业前必须进行安全技术交底，并掌握交底内容。

2. 在有地下管线的区域作业时，必须先用人工挖探坑探明位置并采取保护措施后，方准使用机械。

3. 挖掘机作业机身保持水平位置；铲斗工作没结束时，不准旋转大臂和走车；挖掘机司机离开驾驶室时铲斗放落在地面上；挖掘机禁止用来起吊重物。

4. 推土机作业在斜坡上推土时，先推土填平工作场地；坡道行驶时，要低档前进，并不得换档，也不准空档滑行；推土机上坡坡度不得大于25°，下坡坡度不得大于30°，坡上横向行驶机身坡度不得超过10°；两台以上推土机在同一现场作业时，前后距离不得小于8m，左右距离不得小于1.5m。

5. 人工清除作业压路机碾压轮上的粘物时，人要站在压轮两旁；压路机工作时速不得大于5km/h；两台以上压路机在同一场地作业时，前后间距不得小于5m，左右不得小于1.5m；坡道上不得纵队行驶。

6. 平地机行驶的前方不得有坚实障碍物和人员行走或站立；转弯或掉头时用最低速度；下坡时不得用空档滑行；行驶时必须将刮刀片升到最高位置，并将其斜放，两端不得超出后轮外侧。

7. 装载机行驶时应用低速档；不得进行铲斗升降和翻转动作；严禁用铲斗载人；两台以上机械在同一场地作业时，保持不小于5m的作业距离；上下坡道时低速行驶，中途不得换档，行驶坡度不得大于6°；在坡道上不得进行转弯、倒车和停车。

审核人	交底人	接受交底人

3 石灰粉煤灰稳定碎石基层

技术交底记录		编　号	3
工程名称	××市政道路工程		
部位名称	路面工程	工序名称	石灰粉煤灰稳定碎石基层
施工单位	××公司	交底日期	

交底内容：

采用18cm厚石灰、粉煤灰碎石上基层，设计为设计弯沉小于等于198(0.01mm)、压实度大于等于97%、7d强度不小于1MPa。

一、作业条件

1. 原材料经检验合格，配合比已审批。
2. 路床两侧设置与二灰虚铺厚度同高挡土埂。
3. 底基层已经检查验收合格，强度达到规范要求。

二、施工方法、工艺

摊铺→碾压→养生

1. 摊铺

(1)采用摊铺机沿线路纵向摊铺，摊铺速度控制在1.5～2.0m/min。高程及横坡采用基线法控制：设置支撑杆，敷设基准钢丝，并使其张紧力不小于100kN，钢丝挠度不超过2mm。根据经验和规范要求虚铺系数为1.35，松铺厚度25cm。人工配合修整边角，边角开口等机械不便摊铺处，人工摊铺。

摊铺时混合料的含水率应大于最佳含水率1%～2%，以补偿摊铺及碾压过程中的水分损失。在摊铺机后面设专人消除粗细集料离析现象，粗集料窝或粗集料带应铲除，并用拌和均匀的新混合料填补或用筛料后补充细混合料并拌和均匀。

路幅较宽时，为消除纵向接缝，采用两台摊铺机梯队作业，摊铺时两台摊铺机前后相距10m同时进行。

当必须分两幅施工时，纵缝应垂直相接，在前一幅施工时，靠中央一侧用方木做支撑，其高度和混合料压实厚度相同，养生结束后，在摊铺另一幅之前，拆除支撑方木，未垫方木时，在进行摊铺前将旧缝干料和松散料清除后洒水湿润后进行摊铺。每天铺完至第二天开始，间隔约有12h左右，连接面应作适当处理，方法为第一天作业段的尾端5m左右范围内不进行压实；第二天施工前，将该段的混合料耙松后与新料一起由人工进行拌和，整平后与新铺段一起碾压。若间隔时间长时，将上次铺筑的尾端高程和平整度不合要求的部分挖除，并将接触面挖成垂直面，清理干净后，摊铺机就位再接着往前铺筑。

(2)局部加宽段采用平地机摊铺。按铺筑厚度计算好每车混合料的铺筑面积，用白灰线标出卸料方格网，由运料车将混合料运至现场，按方格网卸料，每车的混合料装载量要基本一致。当混合料堆放40～50m后，推土机开始作业，按照虚铺厚度用白灰点做出标记，指示推土机操作手，严格按所打白灰点作业，不得出现坑洼现象。推土机推出20～30m后，应开始进行稳压，单钢轮压路机由低向高全幅静压一遍，为平地机刮平创造条件。稳压过后，检测此时高程，并在边桩上做标记，随后根据稳压后的混合料虚铺厚度，挂线打白灰点指示平地机进行刮平作业。平地机按规定的坡度和路拱初步整平后，对表面有集料离析现象的位置进行翻起，搅拌处理后，用压路机碾压1～2遍，以暴露潜在的不平整。用平地机重复上述操作过程，直至基层高程符合要求。

2. 碾压

(1)初压：混合料略高于最佳含水率的情况下进行碾压，单钢轮压路机静压稳压一遍。

(2)复压：采用单钢轮振动压路机进行复压，压路机吨位应在16t以上，振动碾压不少于3遍。

(3)终压：采用单钢轮压路机静压一遍后用轮胎压路机碾压两遍，消除轮迹，确保表面平整密实。

(4)碾压时，直线段由两侧向中心碾压，超高段由内侧向外侧碾压，每道碾压应与上道碾压重叠30cm，使每层整个厚度和宽度完全均匀地压实到规定的密实度为止。压实后表面应平整、无轮迹或隆起、裂纹搓板及起皮松散等现象，压实度达到规定要求。碾压过程中，混合料的表面层始终保持湿润。如果表面水蒸发过快时，及时补洒少量的水。

碾压作业时，压路机不得停在未压实的基层上，并不准在其上急刹车、急转弯和掉头。振动压路机前进、后退换档时，应先停振再换档；若需停机时，应先停振再停机。终压前应检测一次高程，若发现高程超过规定时，应用平地机刮至规定值，再整平碾压。

(5)按要求碾压完成后，试验人员测压实度，测量人员测量高程，并做好记录。

3. 养生

碾压完成后，应立即进行覆盖土工布后洒水养生，洒水次数视气温情况以保持基层表面湿润为度。也可以采用覆盖塑料布的方式养生，覆盖前应洒水。养生期为7d。

三、质量要求

1. 主控项目

(1)原材料质量检验，应符合设计及规范要求。

(2)压实度应符合规范要求。

(3)试件7d无侧限抗压强度，应符合设计要求。

2. 一般项目

(1)表面应平整、坚实、无粗细集料集中现象，无明显轮迹、推移、裂缝，接茬平顺，无贴皮、散料。

(2)允许偏差符合表1的规定。

四、安全文明施工措施

1. 设备操作人员要持证上岗。

2. 拌和站、装载机、运输车、压路机、摊铺机等所有设备运行前和运行中，要注意其他人员的安全。

3. 操作手要加强机械设备保养,确保制动、灯光、喇叭、报警系统完好,遇有故障必须及时维修。

4. 拌和站电控系统用电安全要高度重视,施工现场由专职电工负责安装配电系统和用电管理,严格按照电力安全规范布设电路,确保漏电保护器灵敏可靠。

5. 夜间施工时做好现场照明工作,配备临时照明灯,施工人员必须穿好反光衣,施工现场做好交通封闭,进出口由专人看护。

6. 运输车辆在行驶中必须控制车速,不得超速和超载以及疲劳驾驶。

7. 现场施工产生的废料要集中堆放,每日施工结束后及时用装载机清运出场。

8. 施工便道每天安排洒水降尘。

石灰稳定土类基层允许偏差 表1

项　目	允许偏差(mm)	检验频率		检验方法
		范围	点数	
中线偏位	≤20	100m	1	用经纬仪测量
纵断高程	±15	20m	1	用水准仪测量
平整度	≤10	20m	3	用3m直尺和塞尺连续量两尺取较大值
宽度	不小于设计规定+B	40m	1	用钢尺量
横坡	±0.3%且不反坡	20m	6	用水准仪测量
厚度	±10	$1000m^2$	1	用钢尺量

审　核　人	交　底　人	接　受　交　底　人

4 水泥稳定碎石基层

<table>
<tr><td colspan="2" rowspan="2">技术交底记录</td><td rowspan="2">编　　号</td><td></td></tr>
<tr><td>4</td></tr>
<tr><td>工程名称</td><td colspan="3">××高速公路工程</td></tr>
<tr><td>部位名称</td><td>路面工程</td><td>工序名称</td><td>水泥稳定碎石基层</td></tr>
<tr><td>施工单位</td><td></td><td>交底日期</td><td></td></tr>
</table>

交底内容：

路面基层采用厂拌水泥稳定碎石，设计厚度为38cm，分为两层施工。强度要求为：7d抗压强度不小于4.5MPa。

一、作业条件

1. 各种原材料检验合格，配合比已审批。

2. 下承层提前进行了验收合格。

二、施工方法、工艺

运输→摊铺→碾压→养护

1. 运输

混合料运输采用载重20t的自卸车运输，数量要与工程量及拌和站产能相匹配。运输前驾驶员检修车辆，清理车厢。装料时保持装载均匀高度，以防离析。自卸车要基本匀速在下承层整个表面上通过，速度控制在30km/h以内。

2. 摊铺

采用两台ABG423摊铺机梯队进行混合料摊铺，两机间距不得大于10m，调整好夯锤频率，使夯锤效果保持一致。松铺系数为1.25，在摊铺后和碾压后测量员及时量测厚度，通过水准仪和挖坑量测双控制厚度，遇有超过预定松铺厚度和低于预定松铺厚度10mm的要及时调整，并及时采取修补措施；摊铺要保持连续进行。

摊铺完工时，将摊铺机抬起熨平板并移出摊铺面，先将摊铺机附近及其下未经压实的混合料铲平，碾压完成后，采用3m直尺检测平整度，再将已碾压密实、高程、平整度符合要求的末端挖成一横向与路中心垂直断面作为接缝。

3. 碾压

混合料摊铺长度达30m后，检测混合料含水率略大于最佳含水率时，立即进行碾压。直线和不设超高的平曲线段，由路肩开始向路中心碾压；在设超高的平曲线段，由内侧路肩向外侧路肩进行碾压。碾压时，后轮应重叠1/3轮宽。后轮压完路面全宽时，即为一遍。碾压一直进行到要求的密实度，使表面无明显轮迹或隆起。压路机的碾压速度，前两遍以采用1.5～1.7km/h为宜，以后用2.0～2.5km/h。

（1）初压：采用XD-100单钢轮压路机采用去静回振碾压一遍，然后再全面弱振一遍。

（2）复压：采用2台单钢轮压路机：英格索兰18t与XS220/21t型压路机高频低幅各振动碾压2遍后，再根据压实度增长的情况安排是否增加遍数，防止过振。

（3）终压：采用XP301轮胎压路机碾压二遍，弥合振动压路机产生的微小裂纹，并确保表面平整，利于强度形成。

（4）碾压作业时，如表面水蒸发得快，及时补洒少量的水。严禁压路机在已完成的或正在碾压的路段上"掉头"和急刹车。

4. 养生

碾压完成后经检查，质量满足要求后，立即进行养生。可采用无纺土工布洒水养生，每天洒水次数以保持表面湿润为度，养生期不小于7d。

三、质量要求

1. 主控项目

（1）含水率：为确保压实度，必须确保混合料含水率在接近或略高于最佳含水率1%左右碾压，在施工中试验员要跟踪验证，视天气情况适时调整。

（2）配合比：试验员经常检查各集料的下料比例，并按规定频率对水泥含量进行滴定检测，发现异常及时调整。

（3）压实度：按不低于规定频率用灌砂法对复压完作业面进行压实度检测，未达到规定值时及时分析原因，确属碾压不足的情况要及时在初凝前进行补压，确保压实度合格。

（4）混和料的均匀程度直接影响成型质量，操作手应定期检查拌和设备，及时更换磨损件，确保拌和均匀。

2. 一般项目

外观控制：表面平整密实、无坑洼、无离析，施工接茬平整、稳定（表1）。

水泥稳定碎石施工质量检查项目和频度 表1

检查项目	质量要求		检查规定	
	要求值或容许误差	质量要求	最低频率	方法
压实度（%）	代表值不小于98，极值不小于94	符合技术规范要求	不少于2处/200m/车道	用灌砂法检查
平整度（mm）	8	平整、无起伏	2处/200m	用3m直尺连续量10尺，每尺取最大间隙
纵横高程（mm）	+5，-10	平整顺适	1断面/20m	每断面3~5点用水准仪测量
厚度（mm）	代表值-8	均匀一致	1处/200m/车道	挖坑法量
	合格值-15			
宽度（mm）	不小于设计	边缘线整齐，顺适，无曲折	1处/40m	用皮尺丈量
横坡度（%）	±0.3	—	3个断面/100m	用水准仪测量

续上表

检查项目	质量要求		检查规定	
	要求值或容许误差	质量要求	最低频率	方法
水泥剂量(%)	±0.5	/	每 2000m^{2}6 个以上样品,拌和机拌和后取样	EDTA 滴定及总量校核
级配	符合配比设计	符合控制范围要求	每 2000m^{2}1 次,拌和机拌和后取样	水洗筛分
强度(MPa)	符合要求	符合要求	1 组/每天/1 台拌和楼,拌和机拌和后取样	7d 浸水抗压强度
含水率(%)	0 ~ +1	最佳含水量	随时	烘干法
芯样完整性	/	芯样完整,基本无松散	每施工段每 500m 2 个点	钻芯取样

四、安全文明施工措施

1. 设备操作人员要持证上岗。

2. 拌和站、装载机、运输车、压路机、摊铺机等所有设备运行前和运行中,要注意其他人员的安全。

3. 操作手要定期保养设备,确保制动、灯光、喇叭、报警系统完好,遇有故障及时维修。

4. 拌和站电控系统用电安全要高度重视,施工现场由专职电工负责安装配电系统和用电管理,严格按照电力安全规范布设电路,确保漏电保护器灵敏可靠。

5. 夜间施工时,应做好现场照明工作,配备临时照明灯,施工人员必须穿好反光衣,施工现场做好交通封闭,进出口由专人看护。

6. 运输车辆在行驶中,必须控制车速,不得超速和超载以及疲劳驾驶。

7. 现场施工产生的废料要集中堆放,每日施工结束后及时用装载机清运出场。

8. 施工便道每天安排洒水降尘。

审核人	交底人	接受交底人

5　级配碎石底基层

<table>
<tr><td colspan="2" rowspan="2">技术交底记录</td><td rowspan="2">编　　号</td><td></td></tr>
<tr><td>5</td></tr>
<tr><td>工程名称</td><td colspan="3">××高速公路工程</td></tr>
<tr><td>部位名称</td><td>路面工程</td><td>工序名称</td><td>级配碎石底基层</td></tr>
<tr><td>施工单位</td><td></td><td>交底日期</td><td></td></tr>
</table>

交底内容：

底基层采用厂拌级配碎石混合料，厚度20cm。

一、作业条件

1. 下承层经验收合格，适量洒水湿润。
2. 各种原材料经检验合格、混合料配合比已审批。

二、施工方法、工艺

拌和→运输→摊铺→碾压

1. 拌和

级配碎石混合料按配合比集中拌和。集料采用四档规格碎石。所使用的碎石要求压碎值≤30%，针片状含量小于20%。驻场试验员负责进行混合料级配、含水率的监控，确保混合料级配符合规定范围、混合料含水率满足0.5%～1%的施工要求。

2. 运输

根据运距和产能测算，采用载重20t的自卸车运输，车辆数量不少于15台，为了确保连续摊铺，运距超过15km，要适当增加车辆数量。运输前检修好车辆，清理干净车厢。装料时保持装载均匀的高度，以防离析。自卸车要基本匀速的在整个路面上通过，速度控制在30km/h以内，确保安全和避免对下承层破坏。

3. 摊铺

(1)在单幅路的两侧边部距离边线30cm位置定测出相应的施工边桩，间距10m，作为高程控制桩，上挂钢丝线。钢丝线采用直径3mm缠绕钢丝，用拉力器张紧，路床两边按照设计宽度，撒出白灰线作为宽度边线。钢丝顶面的高程为设计底基层两边顶面高程+10cm的下返值。

(2)级配碎石松铺系数1.3，底基层设计厚度20cm，计算松铺厚度为26cm。在摊铺和碾压后测量员及时量测厚度，通过水准仪测高程和挖坑量测双控厚度。

(3)采用2台ABG423摊铺机梯队进行摊铺。摊铺时，两台摊铺机前后相距5～10m同时进行，根据拌和站产量，按每小时500t计算，摊铺速度控制在1.5m/min以内，摊铺时混合料充满摊铺机螺旋布料器2/3高度，保证摊铺的混合料平整、不离析；摊铺时混合料的含水率要大于最佳含水率0.5～1.0%，以补偿摊铺及碾压过程中的水分损失。在摊铺机后面设专人消除粗细集料离析现象,配备手推车,装好含水率略高的细料,专门处理粗集料窝或粗集料带,出现的坑洼采用新混合料填补。施工中,应保证拌和机与摊铺机的生产能力互相协调,当拌和机的生产能力低时,摊铺机应低速摊铺,以减少摊铺机停机待料的情况。

4. 碾压

碾压原则是先轻后重,由外向中,由低向高。碾压速度控制在:初压 1.5km/h,复压 2.5km/h。严禁压路机原地带振起步、刹车动作过大。

(1)初压:采用 SD－100 单钢轮压路机静压一遍后,打开小振幅振动碾压一遍,使混合料稳定。

(2)复压:是压实度提高阶段,采用 2 台单钢轮压路机:SD－175 与 YZ20J－5 型压路机高频低幅各振动碾压 2 遍后,再根据压实度情况安排增加遍数,防止过振。

(3)终压:采用 XP301 轮胎压路机碾压赶光 2 遍,弥合振动压路机产生的微小裂纹,并确保表面平整,利于形成结板。

(4)压路机不能作业的边角处,采用小型冲击夯进行压实,直至达到规定压实度为止;对于桥头搭板部位,压路机应横向碾压,确保密实。压路机严禁在已完成的或正在碾压的路段上掉头或停车。

三、质量要求

1. 主控项目

(1)原材料质量检验,应符合设计及规范要求;

(2)基层、底基层的压实度应符合规范要求。

2. 一般项目

(1)外观控制:表面平整密实、无坑洼、无明显离析,施工接茬平整、稳定;

粗细集料均匀;无离析现象。

(2)级配碎石混合料检测项目见表 1。

(3)级配碎石底基层检查项目见表 2。

级配碎石混合料检测项目　　表 1

项　次	检测项目	检测频率	质量标准
1	级配	每 2000m² 一次	在规定范围内
2	压实度	每一作业段或不超过 2000m² 检查 6 次以上	级配集料基层和中间层 98%,填隙碎石固体体积率 85%
3	塑性指数	每 1000m² 一次,异常时随时试验	小于规定值
4	集料压碎值	据观察,异常时随时试验	不超过规定值
5	承载比	每 3000m² 一次,异常时随时增加试验	不小于规定值
6	弯沉值检验	每一评定段(不超过 1km)第一县车道 40～50 个测点	95% 或 97.7% 概率的上波动界线不大于计算的容许值
7	含水率	据观察,异常时随时试验	最佳含水率 －1% ～ +2%

级配碎石底基层检查项目　　表2

项　次	检 查 项 目	规定或允许偏差	检 查 方 法
1	压实度(%)	96	灌砂法,每200m每车道2处
2	弯沉值(0.01mm)	符合设计要求	贝克曼梁检测,每双车道不超过1km查80~100点
3	平整度(mm)	12	3m直尺:每200m测2处×10尺
4	纵断高程(mm)	+5,-15	水准仪:每200m测4个断面
5	宽度(mm)	符合设计要求	尺量:每200m测4处
6	厚度(mm)	-10	挖坑或钻芯检测,每200m每车道1点
7	横坡(%)	±0.3	水准仪:每200m测4个断面

四、安全文明施工措施

1. 设备操作人员要持证上岗。

2. 拌和站、装载机、运输车、压路机、摊铺机等所有设备运行前和运行中,要注意其他人员的安全。

3. 操作手要加强机械设备保养,确保制动、灯光、喇叭、报警系统完好,遇有故障必须及时维修。

4. 拌和站电控系统用电安全要高度重视,施工现场由专职电工负责安装配电系统和用电管理,严格按照电力安全规范布设电路,确保漏电保护器灵敏可靠。

5. 夜间施工时,应做好现场照明工作,配备临时照明灯,施工人员必须穿好反光衣,施工现场做好交通封闭,进出口由专人看护。

6. 运输车辆在行驶中,必须控制车速,不得超速和超载以及疲劳驾驶。

7. 现场施工产生的废料要集中堆放,每日施工结束后及时用装载机清运出场。

8. 施工便道每天安排洒水降尘。

9. 碾压工作完成后,注意成品保护,雨天禁止重车通行。

审　核　人	交　底　人	接　受　交　底　人

6 乳化沥青透层洒布

<table>
<tr><td colspan="2" rowspan="2">技术交底记录</td><td rowspan="2">编　号</td><td></td></tr>
<tr><td>6</td></tr>
<tr><td>工程名称</td><td colspan="3">××高速公路工程</td></tr>
<tr><td>部位名称</td><td>路面工程</td><td>工序名称</td><td>透层洒布</td></tr>
<tr><td>施工单位</td><td></td><td>交底日期</td><td></td></tr>
</table>

交底内容：

路面透层采用洒布 PSP 高渗透乳化沥青，洒布量不小于 0.7kg/m²；渗透入基层的深度不小于 5mm。

一、作业条件

1. 透层乳化沥青采用的 PSP 高渗透乳化沥青，已在沥青厂集中加工生产，采用专用罐车运输至现场设置的容量 40t 的成品乳化沥青罐储存。

2. 基层验收合格。

二、施工方法、工艺

试洒→洒布→养护

1. 试洒

(1)透层喷洒时间根据渗透深度、对基层强度影响情况，通过现场试洒确定。宜紧接在基层碾压成型表面稍变干燥，但尚未硬化的情况下喷洒稀释液，尽量在水稳基层碾压完成，并在 24h 内完成洒布，兼作中基层的养生作用；

(2)洒布量的计算：按照路面施工规范要求，透层油的洒布量通过试洒确定，但不能超出规范要求的范围：0.7～1.5L/m²，否则容易流淌和泛油。指导建议值：0.7～1.0L/m² 试洒。喷洒时采用浅盘等平板容器放在地面，测算洒布量，并现场根据表面乳液积聚与渗透的情况进行调整。

2. 洒布

(1)采用人工配合全智能沥青洒布车进行洒布。按照乳化沥青原液：水＝3∶1 的比例进行稀释，最大不超过 5∶2。

(2)洒布时，洒布车分幅匀速行驶，行驶速度宜控制在 4～6km/h。从靠近中央分隔带开始，首先洒布乳化沥青，一个车道接一个车道喷洒，相邻洒布带搭接 10cm。

(3)喷洒的透层油呈雾状在路面全宽度内均匀分布，洒布后应不致流淌，且宜渗透入基层 5mm 以上深度，同时不得在表面形成油膜。喷油管高度要使得一个地点接受 2～3 个喷油嘴喷洒的沥青，不得漏洒或多洒。

(4)局部漏洒的要及时人工补洒，喷洒过量的立即采用石屑吸油。地面有坑洼积聚过多乳化沥青的，要安排人工排除。现场准备粗砂，用于弥补喷洒过量处和使施工车辆通行，保护透层用。

3. 养护

洒布透层沥青后,应严格封闭交通(包括行人和非机动车),至少7d后方可开放交通。

三、质量要求

1. 检测指标

(1)透层沥青的洒布量不小于0.7kg/m^2。

(2)透层油渗透入基层的深度不小于5mm。

2. 检测方法及频率

(1)洒布量的检测:用采样盘放到基层上,通过洒布前、后重量差值,来检测洒布量。

(2)渗透量的检测:采用人工挖验法(1d、3d)和钻芯取样法(5d)。

3. 检测频率

(1)洒布量的检测:检测频率为每工作日每次洒布检查2次。

(2)渗透量的检测:随时检测。

(3)渗水试验:1处/km^2,要求渗水量小于5ml/min。

四、安全文明施工措施

1. 设备操作手须持证上岗。

2. 现场作业人员统一穿反光马甲,戴好防护用品。

3. 专职电工负责安装配电系统和用电管理,严格按照电力安全作业规范布设电路,确保漏电保护器灵敏可靠。

4. 操作手要加强设备保养,确保制动、灯光、喇叭、报警系统完好,遇有故障及时维修。

5. 加强交通管制,提前规划出车辆行驶路线,专人指挥车辆进出场。

6. 后场沥青存储罐处设专人负责指挥车辆进出。

7. 加强设备维护,保证不漏油,减少废气、噪声的排放。

8. 每天完工后,将工作面清理干净,机械设备停放整齐。

9. 施工过程中试喷和清理喷头产生的多余的废料用盆或铁桶盛放,不得随意抛洒,避免污染环境。

审　核　人	交　底　人	接　受　交　底　人

7　改性沥青下封层施工

技术交底记录		编　　号	7
工程名称	××高速公路工程		
部位名称	路面工程	工序名称	改性沥青下封层
施工单位		交底日期	

交底内容：

下封层采用改性沥青碎石下封层施工，改性沥青洒布量1.0～1.2kg/m²；集料撒布量为5～7m³/1000m²。

一、作业条件

(1)基层及透层施工完毕，经验收合格。

(2)原材料沥青采用SBS改性沥青，碎石采用4.75～9.5mm规格的石灰岩集料，要求洁净，具有良好的颗料形状和级配，具有足够的强度和耐磨耗性，经试验合格。

二、施工方法、工艺

运输→喷洒SBS改性沥青→洒布集料→碾压

1. 运输

SBS改性沥青用导热油加热至180～190℃后注入洒布车中运至施工现场。

2. 喷洒SBS改性沥青

喷洒采用智能型沥青洒布车进行，沥青洒布车喷嘴的轴线应与地面垂直，并保证所有喷嘴的角度一致，同时保证洒布管的高度，尽量使同一地点能够接受到两个或三个喷洒嘴喷洒的沥青。改性沥青在车中不断加热，使温度控制在180～190℃，喷洒数量按1.0～1.2kg/m²计。

洒布沥青和撒布集料，应做到均匀，并用总量校核施工用量。对于局部不均匀的地方，及时采用人工进行补洒，碎石洒布重叠处要用扫帚扫平。

3. 洒布集料

集料在沥青洒布后紧跟撒布，数量按5～7m³/1000m²控制，满铺率在60%～80%左右，集料撒布全部在改性沥青未凝固之前完成。

4. 碾压

集料撒布后即用轮胎压路机均匀碾压2～3遍，确保集料与热喷沥青牢固黏结。碾压时每次碾压重叠1/3轮宽，碾压要求两侧到边，确保有效压实宽度。碾压顺序由路肩侧到中分带侧依次碾压。局部露黑处发生粘轮时，应再补撒少量集料。

三、质量要求

1. 沥青材料

下封层采用热喷SBS改性沥青，技术要求见表1，每车自检一次，并留样备查。

SBS 改性沥青技术要求 表 1

检验项目		技术要求
针入度(25℃,100g,5s)(0.1mm)		40～60
针入度指标 PI		实测值
延度(5cm/mim,5℃)(cm)		不小于 20
软化点(TR&B)(℃)		不小于 60
动力黏度(135℃)(Pa.S)		不大于 3
闪点(℃)		不小于 230
溶解度(%)		不小于 99
离析,48h 软化点差(℃)		不大于 2.5
弹性恢复(25℃)(%)		不小于 75
RTFOT 试验后	质量损失(%)	不大于 ±0.6
	针入度比(25℃)(%)	不小于 65
	延度(5cm/mim,5℃)(cm)	不小于 15

2. 集料

集料采用洁净的石灰岩碎石,规格为 S12,单一粒径 4.75～9.5mm。水洗法筛分级配范围见表 2,每 200t 自检一次。

集料级配范围 表 2

规格	公称粒径(mm)	通过下列筛孔(mm)的质量百分率(%)			
		13.2	9.5	4.75	2.36
S12	5～10	100	90～100	0～15	0～5

注:集料的 0.075mm 通过率应小于 1.0%。

四、安全文明施工措施

1. 设备操作手,须持证上岗。

2. 现场作业人员统一穿反光服,戴好防护用品。

3. 对电控系统用电安全要高度重视,由专职电工负责安装配电系统和用电管理,严格按照电力安全作业规范布设电路,确保漏电保护器灵敏可靠。

4. 操作手要加强设备保养,确保制动、灯光、喇叭、报警系统完好,遇有故障必须及时维修。

5. 施工作业区和进出场路口均设置警示标志牌,提醒人员车辆减速、避让。

6. 加强交通管制,提前规划出车辆行驶路线,专人指挥车辆进出场。

7. 沥青储存罐处,设专人负责值守和指挥车辆进出。

8. 加强设备维护,保证不漏油,减少废气、噪声的排放。

9. 施工便道每天安排洒水降尘。

10. 施工过程中,试喷和清理喷头产生的废料用盆或铁桶盛放,不得随意抛洒,避免污染环境。

审核人	交底人	接受交底人

8　乳化沥青黏层洒布

<table>
<tr><td colspan="2" rowspan="2">技术交底记录</td><td rowspan="2">编　号</td><td></td></tr>
<tr><td>8</td></tr>
<tr><td>工程名称</td><td colspan="3">× ×高速公路工程</td></tr>
<tr><td>部位名称</td><td>路面工程</td><td>工序名称</td><td>乳化沥青黏层</td></tr>
<tr><td>施工单位</td><td></td><td>交底日期</td><td></td></tr>
</table>

交底内容：

路面各沥青结构层间均需要洒布改性乳化沥青黏层，改性乳化沥青的浓度不小于50%，洒布量：0.3～0.6L/m²。

一、作业条件

1. 下承层施工完毕，经验收合格。

2. 乳化沥青原材料经试验合格。

3. 施工区域交通已封闭。

二、施工方法、工艺

工作面清理→黏层油洒布

1. 工作面清理

在黏层油洒布之前1～2d进行检查，若表面脏污时，组织人工清扫下承层表面，随后用3台肩扛式小松森林灭火鼓风机(7kw)沿着路的纵向对路面进行清吹，清吹时3台鼓风机操作手成一斜线，前面的人靠近中央分隔带，后面的人依次递进，将下承层表面的浮尘吹干净。如污染严重，则使用高压水枪对路面下承层进行清洗，以使下承层顶面洁净，确保层间的黏结。喷洒黏层油前还应做好遮挡防护人工构造物的准备工作，以免污染。

2. 黏层油洒布

(1)采用东风多利卡沥青洒布车(载质量6t)将改性乳化沥青运至现场并进行洒布施工。

(2)在黏层油洒布前，要确保作业面干燥，潮湿时必须等干燥后才能撒布。黏层油必须洒布均匀，洒布车喷洒时保持稳定速度和喷洒量，使整个洒布宽度喷洒均匀。边角部位可采用机动或手喷的沥青洒布机洒布沥青。洒布设备的喷嘴应适用于沥青的稠度，确保能成雾状，避免堵塞，与洒油管成15°～25°的夹角，洒油管的高度应使同一地点接受2～3个喷油嘴喷洒的沥青。黏层油洒布后不得在表面形成积聚。

(3)黏层油洒布前和洒布后，应封闭交通，防止工程车辆损坏黏层。待乳化沥青破乳、水分蒸发后，方可铺筑沥青混凝土面层。

三、质量要求

1. 道路用乳化沥青技术要求见表1，改性乳化沥青洒布量控制在0.3～0.6L/m²。

2. 应对洒布车在洒布前和洒布后进行过磅，按洒布面积进行核算总体洒布量，并结合现场用方盘检测。

道路用乳化沥青技术要求 表1

试验项目		单位	品种及代号 阳离子 喷洒用 PC-2	试验方法
破乳速度			快裂	T 0658
粒子电荷			阳离子(+)	T 0653
筛上残留物(1.18mm筛) 不大于		%	0.1	T 0652
黏度	恩格拉黏度计E_{25}		1~10	T 0622
	道路标准黏度计$C_{25.3}$	s	8~25	T 0621
蒸发残留物	残留分含量 不小于	%	50	T 0651
	溶解度,不小于	%	97.5	T 0607
	针入度(25℃)	dmm	40~120	T 0604
	延度(5℃),不小于	cm	20	T 0605
与粗集料的黏附性,裹附面积 不小于			2/3	T 0654
与粗、细粒式集料拌和试验			—	T 0659
水泥拌和试验的筛上剩余 不大于		%	—	T 0657
常温贮存稳定性: 1d 不大于 5d 不大于		%	 1 5	T 0655

注:①P为喷洒型,B为拌和型,C、A、N分别表示阳离子、阴离子、非离子乳化沥青;
②黏度可选用恩格拉黏度计或沥青标准黏度计之一测定;
③表中的破乳速度、与集料的黏附性、拌和试验的要求与所使用的石料品种有关,质量检验时应采用工程上实际的石料进行试验,仅进行乳化沥青产品质量评定时可不要求此三项指标;
④储存稳定性,根据施工实际情况选用试验时间,通常采用5d,乳液生产后能在当天使用时也可用1d的稳定性;
⑤当乳化沥青需要在低温冰冻条件下储存或使用时,尚需按T 0656进行-5℃低温贮存稳定性试验,要求没有粗颗粒、不结块;
⑥如果乳化沥青是将高浓度产品运到现场经稀释后使用时,表中的蒸发残留物等各项指标指稀释前乳化沥青的要求。

四、安全文明施工措施

1. 所有岗位操作手，须持证上岗。

2. 现场作业人员统一穿反光服，戴好防护用品。

3. 对电控系统用电安全要高度重视，由专职电工负责安装配电系统和用电管理，严格按照电力安全作业规范布设电路，确保漏电保护器灵敏可靠。

4. 操作手要加强设备保养，确保制动、灯光、喇叭、报警系统完好，遇有故障及时维修。

5. 加强交通管制，提前规划出车辆行驶路线，专人指挥车辆进出场。

6. 施工作业区和进出场路口均设置警示标志牌，提醒人员车辆减速、避让。

7. 施工便道每天洒水降尘。

8. 施工过程中试喷和清理喷头产生的多余的废料，用盆或铁桶盛放，不得随意抛洒，避免污染环境。

审核人	交底人	接受交底人

9 普通沥青混凝土下面层施工

技术交底记录		编　　号	9
工程名称	××高速公路工程		
部位名称	路面工程	工序名称	普通沥青混凝土下面层
施工单位		交底日期	

交底内容：

下面层采用粗粒式普通沥青混凝土(AC-25C 型)，设计厚度为7cm。

一、作业条件

1. 沥青混合料的目标配合比和生产配合比报告已完成。
2. 摊铺路段下承层经验收合格。
3. 清理干净封层杂物，封闭交通。

二、施工方法、工艺

混合料运输及现场检测→混合料摊铺→碾压

1. 混合料运输及现场检测

自卸车从拌和站运送粗粒式沥青混凝土到现场。到达现场，查看出场时间与温度，并逐车检测其沥青混合料到场温度，且如实记录，经检查温度及外观符合规定要求的运输车依次等待摊铺，如发现运输车出场时间过长或检测温度降低过多(但符合规范要求)，应及时向现场负责人反映，做到尽快摊铺。

2. 混合料摊铺

(1)2 台 ABG8820 摊铺机组成双机梯队联合摊铺，前后相距 5～10m。沥青混合料倒入料斗启动摊铺机螺旋布料器，均匀输出布满搅龙的 2/3 以上后开始摊铺，并保持到摊铺结束。摊铺机前方保证至少有 5 台运料车处于等待卸料状态时，且卸料停在摊铺机前约 30cm 处。

运输车苫布要在前一车摊铺时掀起，不得提前，以免表面温度过多降低，尽量采取不掀苫布卸料以利于保温。

(2)松铺系数 1.25，沥青下面层设计厚度 7cm，计算松铺厚度 8.8cm；边线高程控制采用钢丝引导，作为摊铺机的高程基准线，将钢丝用紧线拉紧，保证钢丝在摊铺时不下垂。

(3)摊铺机摊铺速度 2～3m/min，采用较高频率的熨平板夯实频率，使初始密度较高，利于保温，熨平板振动频率在摊铺过程中与摊铺速度匹配。摊铺 5～10m 后，用细线横向连续检查摊铺厚度、横坡，用钢尺检测宽度，调整无误后继续摊铺。

(4)当摊铺 30～50m 时，测试摊铺混合料的温度，以便及时碾压。

(5)注意事项

①摊铺机操作手，要时刻注意运输车内沥青混合料的外观质量，发现有花白料、不黏结料等异常料时，要立即停止摊铺，并向现场负责人报告，尽快安排人员铲除，决不能将不合格料摊铺在路面上，造成返工。

②摊铺机尽量减少收斗次数，控制在3车收一次，减少摊铺离析。

③摊铺完的作业面上，不宜随意走动，检测虚铺厚度与测温人员要尽可能站在摊铺机踏板或在路的两侧检测。

④尽量避免人工补料，对局部摊铺有严重缺陷的及时进行人工精细修整。

3. 碾压

压路机碾压速度控制见表1。

压路机碾压速度控制表（单位：km/h） 表1

初压		复压		终压	
适宜	最大	适宜	最大	适宜	最大
2～3	4	3～5	6	3～6	6

（1）初压：紧跟摊铺机后进行，采用两台XP302胶轮压路机碾压2遍，初压温度最低不低于130℃。

（2）复压：紧跟在初压后进行，采用一台英格索兰DD130双钢轮压路机高频、低幅去振回振碾压2遍，对路面边缘部分采用DD110压路机进行补充碾压。

（3）终压：紧跟在复压后进行，采用DD110双钢轮压路机快速静压1～2遍，用以消除轮迹，碾压终了温度不得低于70℃。

（4）接缝处碾压：采用DD130横向跨缝进行碾压，开始碾轮大部压在已完的路面上，10～15cm压在新铺的一侧；以后每压一遍向新铺的一侧延伸15～20cm。最后横向振压、纵向振压，至无明显轮迹为止。碾压过程中随时用3m直尺进行检测，直至接缝处路面平整度达到要求为止。

（5）注意事项

①摊铺面后铺20m土工布，并设专人负责清理干净碾压轮上的泥土。

②碾压方向为纵向，轮迹要与路中心平行，驱动轮在前，从动轮在后。

③碾压时采用高频低振、由边向中、由低向高慢速均匀的碾压，中途不得随意急停、急行、转向或制动，相邻碾压带重叠轮宽的1/3。

④当碾压振动停止后，不要立即停机，必须再行驶一段后缓慢停机，禁止原地振动。

⑤每一碾压轮迹停机位置应在前一轮迹端头的1m以上，形成递进阶梯状。后上压路机不得超过先行压路机的碾压作业面。

⑥碾压过程中，胶轮喷涂植物油洗衣粉水溶液，以混合料不粘碾轮为度，防止过量。

⑦压路机不得在温度高于50℃的已压实的混合料上停留，同时防止油料或其他杂质在压路机操作或停放期间洒落。

⑧压路机需要加水时，要在已完全冷却的路面加水。

三、质量要求

1. 基本要求

（1）沥青混合料的矿料质量及级配，应符合设计和施工规范要求。

(2)严格控制各种矿料和沥青用量及各种材料和沥青混合料的加热温度，沥青材料及混合料的各项指标，应符合设计和施工规范要求。沥青混合料的生产，应每日做抽提试验、马歇尔稳定度试验。矿料级配、沥青含量、马歇尔稳定度等结果合格率不小于90%。

(3)拌和后的沥青混合料均匀一致，无花白，无粗细料分离和结团现象。

(4)基层已碾压密实，表面干燥、清洁、无浮土，其平整度和路拱度应符合要求。

(5)摊铺时严格控制摊铺厚度和平整度、摊铺和碾压温度，碾压密实度应符合要求。

2. 实测项目

(1)及时对虚铺厚度、摊铺温度、碾压温度进行检测，并记录。

(2)对终压前的路面使用6m直尺横向纵向仔细检查，保证成型路面平整度。

(3)沥青混凝土面层实测项目见表2。

沥青混凝土面层实测项目 表2

<table>
<tr><th colspan="2">项　目</th><th>检查频度</th><th>质量要求或允许差</th><th>试验方法</th></tr>
<tr><td colspan="2">施工温度，出厂温度℃</td><td rowspan="4">每车一次</td><td>正常150～165，超过190废弃</td><td rowspan="4">温度计测定</td></tr>
<tr><td colspan="2">运输到现场温度，℃</td><td>不低于145</td></tr>
<tr><td colspan="2">初压温度，℃</td><td>不低于130</td></tr>
<tr><td colspan="2">碾压终了温度，℃</td><td>不低于70</td></tr>
<tr><td rowspan="3">与生产设计标准级配的差(%)</td><td>0.075mm</td><td rowspan="3">每台拌和机每天上、下午各1次</td><td>±1</td><td rowspan="3">拌和厂取样，进行矿料筛分</td></tr>
<tr><td>4.75mm</td><td>±3</td></tr>
<tr><td>13.2mm</td><td>±5</td></tr>
<tr><td colspan="2" rowspan="3">沥青含量(油石比)，与生产设计的差</td><td>逐盘在线检测</td><td>±0.3</td><td>计算机采集数据计算</td></tr>
<tr><td>逐盘检查，每天汇总1次，取平均值评定</td><td>±0.1</td><td>按总量检验</td></tr>
<tr><td>每日每机上、下午各1次</td><td>－0.2，+0.2</td><td>拌和厂取样，离心法抽提</td></tr>
<tr><td colspan="2">马歇尔试验：稳定度(kN)不小于</td><td rowspan="3">每日每机上、下午各1次</td><td>8.0</td><td rowspan="3">拌和厂取样，室内成型试验</td></tr>
<tr><td colspan="2">流值(0.1mm)</td><td>20～40</td></tr>
<tr><td colspan="2">空隙率(%)</td><td>4.0～6.0</td></tr>
<tr><td colspan="2">压实度(%)</td><td>每层1次/200m/车道</td><td>不小于98(马歇尔密度)，93～97(最大理论密度)</td><td>现场钻孔试验(可用无核密度仪随时检查)</td></tr>
<tr><td colspan="2">厚度(mm)　不超过</td><td>1次/200m/车道</td><td>－4</td><td>钻孔检查并铺筑时随时插入量取，每日用混合料数量校核</td></tr>
<tr><td colspan="2">平整度(mm)不大于</td><td>每车道连续检测</td><td>1.2</td><td>用连续式平整度仪检测</td></tr>
<tr><td colspan="2">宽度</td><td>2处/100m</td><td>不小于设计宽</td><td>用尺量</td></tr>
<tr><td colspan="2">纵断面高度(mm)</td><td>3处/100m</td><td>±15</td><td>用水准仪或全站仪</td></tr>
<tr><td colspan="2">横坡度(%)</td><td>3处/100m</td><td>±0.3</td><td>用水准仪检测</td></tr>
<tr><td colspan="2">中线平面偏位 不大于</td><td>4点/200m</td><td>20mm</td><td>用经纬仪检测</td></tr>
<tr><td colspan="2">渗水系数　不大于</td><td>与压实度相同</td><td>120mL/min</td><td>改进型渗水仪</td></tr>
</table>

四、安全文明施工措施

1. 作业人员统一穿反光衣,戴好防护用品。

2. 设备操作手须持证上岗,拌和站、装载机、运输车、压路机、摊铺机等所有设备运行前和运行中,要注意其他人员的安全。

3. 操作手要加强设备保养,确保制动、灯光、喇叭、报警系统完好,遇有故障必须及时维修。

4. 运输车辆在行驶中,驾驶员必须控制车速,不得超速和超载。

5. 每天完工后,将工作面清理干净,施工中多余的切边料集中堆放,完工以后运出现场。

审核人	交底人	接受交底人

10 SBS 改性沥青混凝土中面层施工

<table>
<tr><td colspan="2" rowspan="2">技术交底记录</td><td rowspan="2">编　　号</td><td></td></tr>
<tr><td>10</td></tr>
<tr><td>工程名称</td><td colspan="3">××高速公路工程</td></tr>
<tr><td>部位名称</td><td>路面工程</td><td>工序名称</td><td>SBS 改性沥青混凝土中面层</td></tr>
<tr><td>施工单位</td><td></td><td>交底日期</td><td></td></tr>
</table>

交底内容:

采用 AC-20C 型中粒式 SBS 改性沥青混凝土施工中面层,设计厚度为 6cm。

一、作业条件

1. 完成沥青混合料的目标配合比和生产配合比,并已审批完成。

2. 混合料运输、摊铺、压实等设备已进场,且性能良好,数量满足施工需要,施工能力配套。

3. 下面层质量验收合格。

4. 下面层清理干净,封闭交通。

二、施工方法、工艺

混合料运输→混合料摊铺→碾压

1. 混合料运输

(1)18t 自卸车从拌和站运送中粒式 SBS 改性沥青混凝土到现场。到达现场,查看出场时间与温度,并逐车检测其沥青混合料到场温度,且如实记录。经检查温度及外观符合规定要求的运输车依次排队等待摊铺。如发现运输车出场时间过长或检测温度降低过多(但符合规范要求),应及时向现场负责人反映,做到尽快摊铺。运输车底板和侧板均匀涂刷油水混合物(柴油:水 =1 : 3),保证卸料顺畅。

(2)运输车苫布要在前一车摊铺时掀起,不得提前,以免表面温度过多降低,尽量采取不掀苫布卸料以利于保温。

2. 混合料摊铺

(1)2 台 ABG8820 摊铺机组成双机梯队联合摊铺,前后相距 5 ~ 10m。沥青混合料倒入料斗启动摊铺机螺旋布料器,混合料均匀输出布满搅龙的 2/3 以上后开始摊铺,并保持到摊铺结束。摊铺机前方保证至少有 5 台运料车处于等待卸料状态时,且卸料停在摊铺机前约 30 cm 处。

(2)松铺系数 1.2,沥青中面层设计厚度 6cm,计算松铺厚度 7.2cm;摊铺控制采用非接触式浮动基准梁,利用浮动基准梁的调控功能,达到满足高程、横坡度、厚度与平整度的要求。

(3)摊铺机摊铺速度2 ~ 3m/min,采用较高频率的熨平板夯实频率,使初始密度较高,利于保温,熨平板振动频率在摊铺过程中与摊铺速度匹配。摊铺 5～10m 后,用细线横向连续检查摊铺厚度、横坡,用钢尺检测宽度,调整无误后继续摊铺,摊铺时温度不低于 160℃。

(4)当摊铺 30～50m 时,测试摊铺混合料的温度,以便及时碾压。

(5)摊铺过程中遇到不能连续供料的情况,摊铺机将剩余混合料铺完后抬起熨平板,做好临时接头,压实混合料。

(6)个别加宽路段、边角等机械无法摊铺到位时,进行人工摊铺。摊铺时必须扣锹布料,用耙子迅速找平 2～3 次,人工所用工具用前加热并均匀涂抹少许油水混合液。

(7)注意事项

①摊铺机操作手,要时刻注意运输车内沥青混合料的外观质量,发现有花白料、不黏结料等异常料时要立即停止摊铺,并向现场负责人报告,尽快安排人员铲除,决不能将不合格料摊铺在路面上,造成返工。

②摊铺机尽量减少收斗次数,控制在 3 车收一次,减少摊铺离析。

③摊铺完的作业面上不宜随意走动,检测虚铺厚度与测温人员要尽可能站在摊铺机踏板或在路的两侧检测。

3. 碾压

压路机碾压速度控制要求见表 1。

碾压速度控制表(单位:km/h) 表 1

初压		复压		终压	
适宜	最大	适宜	最大	适宜	最大
2～3	4	3～5	6	3～6	6

(1)初压:紧跟在摊铺机后进行,采用一台 DD110 双钢轮压路机,去静回振碾压一遍,初压温度不低于 150℃。

(2)复压:紧跟在初压后进行,采用两台 XP302 胶轮压路机进行搓揉碾压各两遍后,采用 1 台 DD130 双钢轮去振回振碾压 1 遍,复压时温度不得低于 140℃。对路面边缘部分采用 DD110 压路机进行补充碾压。

(3)终压:紧跟在复压后进行,采用 DD110 双钢轮压路机静压 1～2 遍,碾压至路面无轮迹为止,碾压终了温度不得低于 90℃。

(4)接缝处碾压,采用 DD130 横向跨缝进行碾压,开始碾轮大部压在已完的路面上,10～15cm 压在新铺的一侧;然后每压一遍向新铺的一侧延伸 15～20cm,最后横向振压后恢复纵向振压至无明显轮迹为止。碾压过程中随时用 6m 直尺进行检测,直至接缝处路面平整度达到要求为止。

(5)注意事项

①摊铺面后铺 20m 土工布,并设专人负责清理干净碾压轮上的泥土和锈迹。

②碾压方向为纵向,轮迹要与路中心平行,驱动轮在前,从动轮在后。

③碾压时采用高频低幅、由边向中、由低向高慢速均匀的碾压,中途不得随意急停、急行、转向或制动,相邻碾压带重叠轮宽的 10～20cm。

④当碾压振动停止后,不要立即停机,必须再行驶一段后缓慢停机,禁止原地振动。

⑤每一碾压轮迹停机位置应在前一轮迹端头的 1m 以上,形成递进阶梯状。后上压路机不得超过先行压路机的碾压作业面。

⑥碾压过程中,胶轮喷涂植物油与洗衣粉混合水溶液,以混合料不粘碾轮为度,防止过量。

⑦压路机不得在温度高于50℃的已压实的混合料上停留,同时防止油料或其他杂质在压路机操作或停放期间洒落。

⑧压路机需要加水时,要在已完全冷却的路面加水。

三、质量要求

1. 基本要求

(1)沥青混合料的矿料质量及级配,应符合设计和施工规范要求。

(2)严格控制各种矿料和沥青用量及各种材料和沥青混合料的加热温度,沥青材料及混合料的各项指标,应符合设计和施工规范要求。沥青混合料的生产,应每日做抽提试验、马歇尔稳定度试验。矿料级配、沥青含量、马歇尔稳定度等结果合格率不小于90%。

(3)拌和后的沥青混合料均匀一致,无花白,无粗细料分离和结团现象。

(4)基层已碾压密实,表面干燥、清洁、无浮土,其平整度和路拱度符合要求。

(5)摊铺时严格控制摊铺厚度和平整度,无离析,控制摊铺和碾压温度,碾压密实度符合要求。

2. 实测项目

(1)及时对虚铺厚度、摊铺温度、碾压温度进行检测,并记录。

(2)对终压前的路面使用6m直尺横向纵向仔细检查,消除轮迹,保证成型路面平整度(表2)。

沥青混凝土面层实测项目 表2

项次	项目	检查频率	质量要求或允许差	试验方法
1	施工温度	每车料1次	拌和楼出场温度控制在170~185℃,超过195℃废弃;运输到现场温度不低于165℃;摊铺温度不低于160℃	水银温度计或热电偶插入式温度测定
		每碾压段2次(每次3点)	初压温度不低于150℃ 复压温度不低于140℃ 碾压终了不低于90℃	
2	矿料级配与标准生产配合比级配设计值的差	每日每台拌和楼2次	≤0.075mm控制在±2% ≤2.36mm控制在±5% 4.75mm及以上控制±6%(同时不能超出规范级配范围)	拌和厂取样,用抽提后的矿料筛分,至少检查0.075mm、2.36mm、4.75mm和最大集料粒径及中间粒径及中间粒径等5个筛孔
3	热料筛分	每日1次	同上(控制级配的主要依据)	热料仓取样
4	沥青含量(油石比)	每日每机2次	±0.2%	拌和厂取样,离心法抽提(或燃烧炉测定)
5	马歇尔试验	每日每机2次	稳定度>8kN 流值控制在15~40(0.1mm) 空隙率为3%~6%	拌和厂取样,室内成型试验

续上表

项次	项　目	检 查 频 率	质量要求或允许差	试 验 方 法
6	压实度(空隙率)	每 2000$m^2$1 芯	压实度≥97%(马歇尔试验密度) 孔隙率 3% ~7%	现场钻孔试验(用同等材料填补芯样坑洞)
7	平整度	平整度仪: 全线连续按 每 100m 计算	中面层不大于 1.2mm	平整度仪
8	厚度	每 2000 $m^2$1 芯	-4mm	钻孔检查,并铺筑时随时插入量取
9	中线平面偏差	每 200m 测 4 处	20mm	用经纬仪
10	纵断高程	每 200m 测 4 处	±15mm	用水准仪
11	宽度	每 200m 测 4 处	不小于设计宽	用尺量
12	横坡度	每 200m 测 4 处	±0.3%	用水准仪

3. 外观鉴定

(1)表面平整、密实,无泛油、松散、裂缝和明显离析现象。

(2)搭接处紧密、平顺,烫缝符合要求。

(3)面层与缘石及其他构筑物密贴,无积水、漏水现象。

四、安全文明施工措施

1. 作业人员统一穿反光衣,戴好防护用品。

2. 设备操作手须持证上岗;拌和站、装载机、运输车、压路机、摊铺机等所有设备运行前和运行中,要注意其他人员的安全。

3. 操作手要加强设备保养,确保制动、灯光、喇叭、报警系统完好,遇有故障必须及时维修。

4. 运输车辆在行驶中,驾驶员必须控制车速,不得超速和超载。

5. 每天完工后,将工作面清理干净,施工中多余的切边料集中堆放,完工以后运出现场。

审　核　人	交　底　人	接　受　交　底　人

11　SMA 细粒式沥青混凝土表面层施工

<table>
<tr><td colspan="2" rowspan="2">技术交底记录</td><td rowspan="2">编　　号</td><td></td></tr>
<tr><td>11</td></tr>
<tr><td>工程名称</td><td colspan="3">××高速公路工程</td></tr>
<tr><td>部位名称</td><td>路面工程</td><td>工序名称</td><td>SMA 细粒式沥青
混凝土表面层</td></tr>
<tr><td>施工单位</td><td></td><td>交底日期</td><td></td></tr>
</table>

交底内容：

路面表面层采用细粒式沥青混凝土改性 SMA－13 沥青混合料，设计厚度 4cm。

一、作业条件

1. 混合料配比完成并经批准。
2. 试验段已完成。
3. 完成下承层清理，黏层油洒布完毕，封闭交通。

二、施工方法、工艺

混合料运输及现场检测→混合料摊铺→碾压

1. 混合料运输及现场检测

18t 自卸车从拌和站运送中粒式 SBS 改性沥青混凝土到现场。到达现场，查看出场时间与温度，并逐车检测其沥青混合料到场温度，在温度 170～195℃间，且外观符合规定要求的运输车，依次等待摊铺，如发现运输车出场时间过长或检测温度降低过多（但符合规范要求），应及时向现场负责人反映，做到尽快摊铺。

2. 混合料摊铺

（1）2 台 ABG8820 摊铺机组成双机梯队联合摊铺，前后相距 5～10m。沥青混合料倒入料斗启动摊铺机螺旋布料器，混合料均匀输出布满搅龙的 2/3 以上后开始摊铺，并保持到摊铺结束。摊铺机采用较高频率的熨平板夯实频率、速度控制在 2～3m/min（熨平板振动频率在摊铺过程中与摊铺速度匹配），摊铺机前方保证至少有 5 台运料车处于等待卸料状态时，且卸料时停在摊铺机前约 30cm 处起斗。

（2）松铺系数 1.2，沥青下面层设计厚度 4cm，计算松铺厚度 4.8cm。摊铺控制采用非接触式浮动基准梁，利用浮动基准梁的调控功能，达到高程、横坡度、厚度与平整度的要求。桥面沥青混凝土摊铺要提前每 50m 测出桥断面高程（含桥头搭板），高程控制采用钢丝引导，作为摊铺机的高程基准线，将钢丝用紧线器拉紧，保证钢丝在摊铺时不下垂，设专人控制。

（3）摊铺机摊铺速度 2～3m/min，采用较高频率的熨平板夯实频率，使初始密度较高，利于保温，熨平板振动频率在摊铺过程中与摊铺速度匹配。摊铺 5～10m 后，用细线横向连续检查摊铺厚度、横坡，用钢尺检测宽度，调整无误后继续摊铺。

(4)当摊铺30～50m时，测试摊铺混合料的温度，以便及时碾压。

3. 碾压

沥青混凝土表面层的碾压分为初压、复压和终压三阶段，要求"刚压、高频、低幅、紧跟、慢压"，SMA必须用刚性碾碾压，"高频、低幅"碾压防止表面石料损坏，保证石料有良好的棱角性和嵌挤作用。"紧跟、慢压"要求压路机紧跟摊铺机后在高温状态下碾压，碾压速度控制在40～60m/min，不得在低温条件下反复碾压。

1)初压

沥青混合料摊铺整形后，采用DD130压路机紧跟摊铺机去静回振1遍，然后再高频低幅振动碾压1遍，初压温度为160℃，碾压从低到高碾压，相邻碾压带重叠10～20cm，压路机驱动轮朝向摊铺机方向。

2)复压

采用DD130和DD110压路机高频、低幅各振压2遍，复压紧随初压后进行，并不得低于140℃，碾压从低到高碾压，叠轮1/2轮宽，碾压速度控制在40～60m/min之间。碾压时测温员检测碾压温度并做好记录，质检人员采用密度仪跟踪检测碾压情况，密度仪检测混合料密实度没明显变化时，说明混合料已碾压密实。

3)终压

主要是消除复压留下的轮迹，采用DD110压路机静压2～3遍，以完全消除轮迹为准，碾压终了温度控制在90℃以上。碾压速度控制为40～60m/min。

4)压边

为避免混凝土缘石损坏，路两侧靠近混凝土缘石处沥青混凝土采用WACKER小双钢轮压路机碾压。

5)注意事项

(1)碾压过程中，碾轮喷水的喷洒量以混合料不沾碾轮为准。

(2)压路机起步缓慢平稳，沿摊铺方向直线行驶，碾压速度均衡一致。

三、质量要求

1. 基本要求

(1)沥青混合料的矿料质量及级配，应符合设计和施工规范要求。

(2)严格控制各种矿料和沥青用量及各种材料和沥青混合料的加热温度，沥青材料及混合料的各项指标，应符合设计和施工规范要求。沥青混合料的生产，应每日做抽提试验、马歇尔稳定度试验。矿料级配、沥青含量、马歇尔稳定度等结果合格率不小于90%。

(3)拌和后的沥青混合料均匀一致，无花白，无粗细料分离和结团现象。

(4)基层已碾压密实，表面干燥、清洁、无浮土，其平整度和路拱度应符合要求。

(5)摊铺时严格控制摊铺厚度和平整度，无离析，控制摊铺和碾压温度，碾压密实度符合要求。

2. 实测项目

(1)及时对虚铺厚度、摊铺温度、碾压温度进行检测，并记录。

(2)对终压前的路面使用6m直尺横向、纵向仔细检查，消除轮迹，保证成型路面平整度。

(3)沥青混凝土面层实测项目见表1。

沥青混凝土面层实测项目 表1

项次	项目	检查频率	质量要求或允许差	试验方法
1	接缝	随时	紧密、平整、顺直、无跳车	目测、3m直尺
2	施工温度检测	每车料1次	拌和楼出场温度175~185℃,超过195℃,低于155℃废弃;不运输到现场温度低于170~180℃;摊铺温度不低于165~175℃	水银温度计或热电偶插入式温度测定
		每碾压段2次(每次3点)	初压温度160~170℃ 复压温度145~155℃ 终压温度125~135℃	
3	矿料级配与标准生产配合比级配设计值的差	每日每台拌和楼2次	≤0.075mm控制在±2% ≤2.36mm控制在±5% 4.75mm及以上控制在±6% (同时不能超出规范级配范围)	拌和厂取样,用抽提后的矿料筛分,至少检查0.075mm、2.36mm、4.75mm和最大集料粒径及中间粒径及中间粒径等5个筛孔
4	热料筛分	每日1次	同上(控制级配的主要依据)	热料仓取样
5	沥青含量(油石比)	每日每机2次	±0.2%	拌和厂取样,离心法抽提(或燃烧炉测定)
6	马歇尔试验	每日每机2次	稳定度>8kN流值在15~40(0.1mm)范围空隙率3%~6%	拌和厂取样,室内成型试验
7	压实度(空隙率)	每2000m²1芯	压实度≥97%(马歇尔试验密度)空隙率3~7%	现场钻孔试验(用同等材料填补芯样坑洞)
8	厚度	每2000 m²1芯	上面层偏差~4mm 总厚度偏差~8mm	钻孔检查,并铺筑时随时插入量取,每日用混合料数量校核
9	平整度	平整度仪:全线连续按每100m计算	不大于1.2mm	平整度仪
10	中线平面偏位	每200m测4处	20mm	用经纬仪
11	纵断高程	每200m测4处	±15mm	用水准仪
12	宽度	每200m测4处	不小于设计宽	用尺量
13	横坡度	每200m测4处	±0.3%	用水准仪
14	弯沉值(0.01mm)	每一评定路段为双车道不超过1km检查80~100点	符合设计要求	用贝克曼梁
15	渗水系数	200m测1处	200mL/min	渗水试验仪
16	构造深度TD(mm)	200m测1处	≥0.45	手工铺砂

3.外观鉴定

(1)表面平整、密实,无泛油、松散、裂缝和明显离析现象。

(2)搭接处紧密、平顺,烫缝符合要求。

(3)面层与缘石及其他构筑物密贴,无积水、漏水现象。

四、安全文明施工措施

1. 作业人员应统一穿反光衣，戴好防护用品。

2. 设备操作手应须持证上岗，拌和站、装载机、运输车、压路机、摊铺机等所有设备运行前和运行中，要注意其他人员的安全。

3. 操作手要加强对设备保养，确保制动、灯光、喇叭、报警系统完好，遇有故障必须及时维修。

4. 运输车辆在行驶中，驾驶员必须控制车速，不得超速和超载。

5. 每天完工后，将工作面清理干净，施工中多余的切边料要集中堆放，完工以后运出现场。

审核人	交底人	接受交底人

12 水泥混凝土路面施工

<table>
<tr><td colspan="2" rowspan="2">技术交底记录</td><td rowspan="2">编　　号</td><td></td></tr>
<tr><td>12</td></tr>
<tr><td>工程名称</td><td colspan="3">××公路工程</td></tr>
<tr><td>部位名称</td><td>路面工程</td><td>工序名称</td><td>水泥混凝土路面</td></tr>
<tr><td>施工单位</td><td></td><td>交底日期</td><td></td></tr>
</table>

交底内容：

混凝土路面设计厚度30cm，弯拉强度≥5MPa，单幅路面宽度11.25m。

一、作业条件

1. 混凝土原材料试验检测合格，配合比设计完成，钢筋试验合格。

2. 模板验收合格。

二、施工方法、工艺

安设传力杆→摊铺振捣和整平→接缝施工→表面修整、防滑措施→养护→填缝

1. 安设传力杆

(1)侧模安装完毕后，在设计位置上安装传力杆，传力杆横向间距为50cm，传力杆距离面板顶部15cm。

(2)混凝土板连续浇筑时，采用钢筋支架法安设传力杆。即在嵌缝板上预留圆孔，以便传力杆穿过，嵌缝板上面设木制或铁制压缝板条，按传力杆位置和间距，在接缝模板下部做成倒U形槽，使传力杆由此通过，传力杆的两端固定在支架上，支架脚固定入基层内。

(3)混凝土板不连续浇筑时，采用顶头钢模固定法安设传力杆。即在端模板外侧增加一块定位模板，板上按照传力杆的间距及杆径、钻孔眼，将传力杆穿过端模板孔眼，并直至外侧定位模板孔眼。两模板之间可用传力杆一半长度的横木固定。继续浇筑邻板混凝土时，拆除挡板、横木及定位模板，设置接缝板、木制压缝板条和传力杆套管。

2. 混凝土摊铺及振捣和整平

混凝土使用自卸运输车运输。严格按配合比进行拌制，定时检测砂、石的含水率，以便于严格控制水灰比。混凝土出机时，测定坍落度并制做试件。每台班拌第一盘混合料时，增加10～15kg水泥及相应的水与砂，防止粘罐损失部分砂浆，并适当延长搅拌时间。

(1)采用人工配合机械布料，专人指挥车辆均匀卸料，准确控制布料高度，松铺系数为1.22，布料时使用排式振捣机前方的螺旋布料器辅助控制松铺高度。

(2)混凝土拌和物摊铺后，立即进行振捣密实作业，布料长度不小于10m，密排振捣棒间歇插入振实时，每次移动距离不超过ZN42振动器(直径44mm)有效作用半径的1.5倍，振捣时间宜为15～30s，以保证有效振实。振实密实以拌和物中粗集料停止下沉，表面不再冒气泡，并泛出水泥浆为准。

（3）整平采用三辊轴整平机作业，施工作业长度控制在20～30m之间，且振实和整平两道工序之间间隔不大于10min；三滚轴整平机在一个作业长度内，采用前进振动、后退静滚的方式作业，分别进行2～3遍，不能超过3遍。振动时，调整好振动轴的高度，与模板顶面留2mm的间隙，在整平作业时，要安排专人观察混凝土拌和物表面的高低情况，积料过多时，要人工铲除，轴下有间隙时，采用同一作业单元内的拌和物找平，随时安排人员刮除模板顶上留下的余浆，以保证两根整平轴始终接触模板顶面。

（4）三辊轴机基本整平后，随即采用3～5m的刮尺进行饰面，将刮尺纵向摆放，横向推拉，推拉速度均匀，中间不停顿，并调整好刮尺底面和混凝土表面全面接触，发现之间有空隙，要随时补浆。

（5）每工作班制取6组试件，抗压2组，抗折4组。

3. 接缝施工

（1）横向缩缝

横向缩缝施工采用切缝方法，混凝土立方体强度达到8MPa以上时，就可以进行硬切缝，横向缩缝缝宽5mm，深75mm。

（2）横向施工缝

每日施工结束或临时原因中断施工时，必须设置施工缝。施工缝宜设在缩缝或胀缝处，多车道施工缝避免设在同一横断面上。施工缝如设于缩缝处，板中增设传力杆，传力杆为50cm、ϕ38mm钢筋，传力杆其一半锚固于混凝土中，另一半先涂沥青，允许滑动。传力杆必须与缝壁垂直。施工缝缝宽5mm，深75mm。

（3）纵向施工缝、缩缝

一次铺筑宽度小于路面宽度时，要设置纵向施工缝，纵向施工缝采用平缝形式，上部锯切槽口；一次铺筑宽度大于4.5m时要设置纵向缩缝，纵向缩缝采用假缝形式，锯槽切口深度大于施工缝的槽口深度，其中施工缝缝深4cm，缩缝缝深12cm。

（4）胀缝

在邻近桥梁或涵洞通道处或与其他道路相交处设置胀缝。胀缝处要设置传力杆和支架钢筋。传力杆设置在板厚中央，且可以自由滑动，传力杆平行于板顶面并严格与接缝垂直，传力杆套子在相邻板中交错布置。胀缝支架准确定位锚固，摊铺混凝土并用振捣棒振实胀缝两侧的混凝土，胀缝板要连续贯通整个路面宽度，密封槽采用木条嵌缝，嵌入的木条暂时与胀缝板连成一体，填缝时在取出，填缝料采用聚氨酯道路嵌缝胶，填缝板采用油—180沥青事先处治过的软质木材。

4. 表面修整、防滑措施

采用人工配合机械进行抹光处理，在机械上安装圆盘进行粗光；安装细抹叶片进行精光，并用三米直尺检查平整度，等强度满足要求后，再采用刻纹机，横向刻纹施工。

5. 养生

采用覆盖土工布法洒水养生，养生期为14～21d，养生期间禁止重车辆进行通行。

6. 填缝

填缝料采用聚氨酯道路嵌缝胶，灌缝前如缝槽已有杂物彻底清除干净，灌缝必须在缝槽处于干燥状态下进行，确保缝壁及内部清洁、干燥。

三、质量要求

1. 主控项目

(1)基层质量,必须符合规范要求,并进行弯沉测定,验算的基层整体模量满足设计要求。

(2)施工中的各项原材,必须符合国家标准及有关规范的规定要求。

(3)混凝土制备时,要准确地控制混合料的配合比,严格控制水灰比,出机时检查坍落度等,每班制作试件保证混凝土质量。

(4)模板安装结实牢固,混凝土振捣时要防止侧力过大,挤倒侧模板。混凝土板周边加强振捣,严防石料集中,确保周边表面砂浆充实饱满,便于密封。

(5)接缝的位置、规格、尺寸及传力杆、拉力杆的设置符合设计要求。

(6)路面拉毛或机具压槽等抗滑措施,其构造深度符合施工规范要求。

2. 实测项目见表1。

水泥混凝土面层实测项目 表1

项次	检查项目		规定值或允许偏差	检查方法和频率
1	弯拉强度(MPa)		在合格标准之内	标准小梁法每工作班制取2组试件标养28d弯拉试验
2	板厚度(mm)	代表值	-5	挖坑或钻芯法,每200m每车道2处
		合格值	-10	
3	平整度	σ(mm)	1.2	平整度仪;全线每车道连续检测,每100m计算σ、IRI
		1RI(m/km)	2	
4	抗滑构造深度(mm)		一般路段不小于0.7且不大于1.1;特殊路段不小于0.8且不大于1.2	铺砂法:每200m测1处
5	相邻板高差(mm)		2	抽量:每条胀缝2点;每200m抽纵、横缝各2条,每条2点
6	纵、横缝垂直度(mm)		10	纵缝20m拉线,每200m4处;横缝沿板宽拉线,每200m4条
7	中线平面偏位(mm)		20	经纬仪:每200m测4点
8	路面宽度(mm)		±20	抽量:每200m测4处
9	纵断高程(mm)		±10	水准仪:每200m测4断面
10	横坡(%)		±0.15	水准仪:每200m测4断面

注:表中σ为平整度仪测定的标准差;IRI为国际平整度指数。

3. 外观鉴定

(1)混凝土的断裂块,不超过总块数的0.2%。

(2)混凝土板表的脱皮、印痕和缺边掉角,不超过总受检面积的0.2%。

(3)路面侧石直顺、曲线圆滑。

(4)接缝填筑饱满密实,不污染路面。

(5)胀缝无明显缺陷。

四、安全文明施工措施

1. 特殊工种及机械操作手,必须持证上岗。
2. 作业人员应统一穿反光马甲,戴好要求的防护用品。
3. 各种电气设备和线路必须绝缘良好;电动机具必须按规定接零接地。
4. 加强设备维护,保证不漏油和减少废气、噪声的排放。
5. 施工便道应每天安排洒水降尘。
6. 罐车剩余混凝土及现场施工垃圾等,应指定地点处理。

审 核 人	交 底 人	接 受 交 底 人

13 路基横向排水

<table>
<tr><td colspan="2" rowspan="2">技术交底记录</td><td rowspan="2">编　　号</td><td></td></tr>
<tr><td>13</td></tr>
<tr><td>工程名称</td><td colspan="3">××高速公路工程</td></tr>
<tr><td>部位名称</td><td>路基排水工程</td><td>工序名称</td><td>路基横向排水</td></tr>
<tr><td>施工单位</td><td></td><td>交底日期</td><td></td></tr>
</table>

交底内容：

横向排水采用管道内径 50cm 的钢筋混凝土管（图 1），埋设于超高段路床内，通过接入雨水井将纵向雨水方沟收集的路面水排入管道内，流出路外。

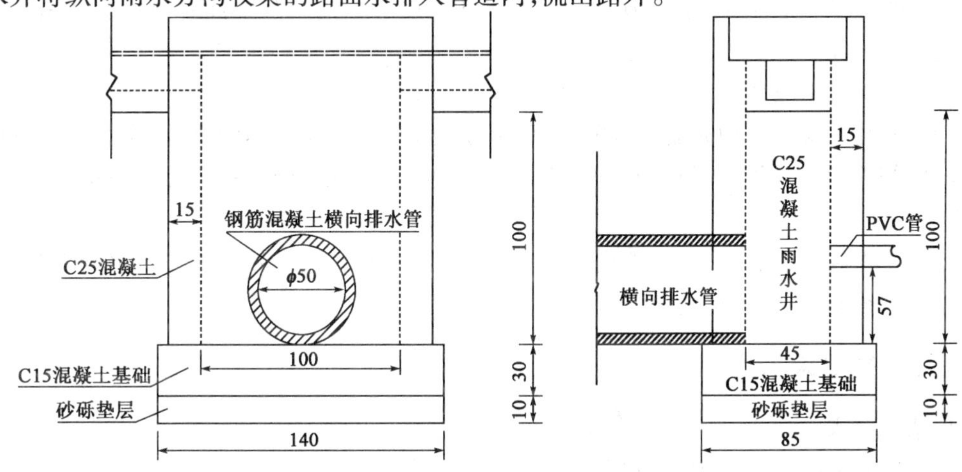

图 1　路面横向排水断面图（尺寸单位：cm）

一、作业条件

1. 使用的水泥、砂、石子等材料，进场检验、复试合格。

2. 预制 ϕ50 钢筋混凝土管和 ϕ62 钢筋管道套环须进场检验合格，复试强度、完整性合格。

二、施工方法、工艺

开挖→垫层→混凝土管基→管节安装→管座→管节接口→混凝土管座→回填

1. 开挖

（1）开挖前必须仔细核对施工图纸，确保在凹曲线最低点处有雨水井。开挖出来的土方，要整齐堆放在路侧。

（2）槽底宽度不小于设计，坡度求不得小于设计：2%，确保排水。

（3）按照设计的埋置深度与结构层厚度 73cm 计算，在路床内埋置时管顶覆盖层厚度仅 20cm，易被施工车辆压破管道，禁止使用压路机进行碾压。

2. 垫层

槽底验收合格以后，铺设 10cm 厚的砂砾垫层，垫层要求用小型振动夯实设备压实，压实度达到 95%。

3. 管基混凝土浇筑

垫层完成后，浇筑 9.5cm 厚 C15 混凝土管基作为 ϕ62cm 钢筋混凝土管道套环接触面。

4. 管节安装

基础混凝土强度达到 5MPa 时，在管基混凝土上弹出轴线，将 ϕ50cm 钢筋混凝土管道安放在轴线上，确保顺直，下管同时对相邻管之间加套 ϕ62cm 钢筋混凝土管道套环。

5. 接口

接口处管外壁及套环内壁刷净，先涂一道冷底子油，再灌沥青砂，冷底子油配合比（重量比）为：30 号建筑石油沥青：轻柴油 = 1 ∶ 1。沥青砂配合比（重量比）为：混合沥青：石棉粉：细砂 = 1 ∶ 0.67 ∶ 0.67，混合沥青为 50% 的 30 号沥青与 50% 的 10 号沥青混合，石棉粉中应有 30% 的纤维，细砂要通过 0.25mm 的筛孔。逐节将接口填塞油麻，挤紧、严密。确保平整、密实、牢固。

6. 管座混凝土浇筑

管节安装及接口处理完成后，浇筑 C15 混凝土 5.5cm，作为 ϕ50cm 管底基础接触面和 ϕ62cm 钢筋管道套环管座，与管基管一起保证 ϕ50cm 管底的基础厚度达到 15cm。

7. 回填

待混凝土硬化以后，采用人工用细粒土按不大于 15cm 一层分层对称回填到管顶，采用冲击夯分层夯实，压实度达到 96%。

三、质量要求

1. 基本要求

（1）管材逐节检查，无裂缝、破损。

（2）基础混凝土强度达到 5MPa 以上时，进行管节敷设。

（3）管节敷设平顺、稳固，管底无反坡，管节接头处流水面高差不大于 5mm，管内无泥土、砖石、砂浆等杂物。

（4）管口抹带前已洗刷干净，管口表面平整密实，无裂缝现象。

2. 实测项目要求见表 1

管道基础及管节安装实测项目 表 1

项次	检查项目		规定值或允许偏差	检查方法和频率
1	混凝土抗压强度（MPa）		在合格标准内	进行统计评定或非统计评定
2	管轴线偏位（mm）		15	拉线：每条支线测 3 处
3	管内底高程（mm）		±10	水准仪：每条支线测 2 处
4	基础厚度（mm）		150	尺量：每条支线测 3 处
5	管座	（mm）	+10，-5	尺量、挂边线：每条支线测 2 处
		（mm）	±10	
6	抹带	宽度	不小于设计	尺量按 10% 的抽查
		厚度	不小于设计	

3. 外观鉴定

(1)管道基础混凝土表面密实,侧面蜂窝不超过表面积的1%,深度不超过10mm。

(2)管节敷设直顺,管口缝带圈平整密实,无开裂脱皮。

(3)抹带接口表面密实光洁,无间断和裂缝、空鼓。

四、安全文明施工措施

1. 作业人员作业前,必须进行安全技术交底,并掌握交底内容。

2. 设备操作手,必须经安全培训上岗。

3. 操作人员作业,应配戴绝缘手套、绝缘鞋等必备安全防护用品。

4. 维修工要经常检查保养机械,消除安全因患

5. 现场用电必须符合安全技术规程要求,配备专业电工按照用电规范布设电路,电路中要安装漏电保护器。

6. 各种电气设备和线路必须绝缘良好;电动机具必须按规定接零、接地。

审　核　人	交　底　人	接　受　交　底　人

14 路缘石安装

技术交底记录		编　　号	14
工程名称	××市政道路工程		
分部工程名称	道路附属工程	分项工程名称	路缘石安装
施工单位		交底日期	

交底内容：

路缘石采用 A2 型花岗岩缘石，C15 豆石混凝土基础厚 12cm，1∶3 水泥砂浆卧底厚 2cm。断面图见图 1。

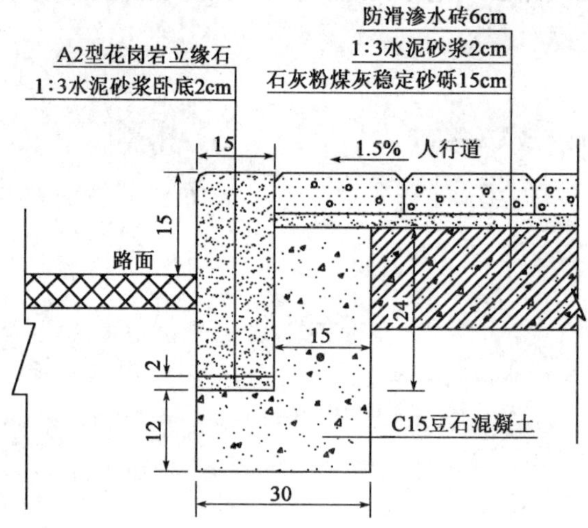

图 1　路缘石施工断面图(尺寸单位:cm)

一、作业条件

1. 缘石进场检验、复试合格；

2. 砂浆用水泥复试合格、砂浆配比已经批准，C15 混凝土已经完成材料报验。

二、施工方法、工艺

基层刨槽→混凝土及 1∶3 水泥砂浆垫层→缘石安装→缘石后背豆石混凝土浇筑→勾缝路缘石施工

1. 基层刨槽

按控制桩位拉线，以线为准对路面基层进行刨槽，刨槽要达到设计深度，槽底平整。

2. 混凝土及 1∶3 水泥砂浆垫层

用 C15 豆石混凝土浇筑 12cm 垫层，待混凝土达到设计强度的 70% 以上时，进行1∶3水泥砂浆找平层施工，平均厚度 2cm。

3. 缘石安装

每隔5m挂线，作为高程及平整度控制基准线，砌筑过程中用橡皮锤进行敲击，将路缘石坐稳，满足高程要求。计算好每段路口缘石块数，缘石调整块使用机械切割成型，雨水口处的缘石应与雨水口配合施工。

4. 后背 C15 豆石混凝土

砌筑完的路缘石及时浇筑后背 C15 豆石混凝土进行稳固。

5. 勾缝

灌缝采用水泥净浆做凹缝，缝宽控制在5mm左右。灌缝前须在缝两侧铺设塑料布，以防止灌缝时对路缘石的污染。

三、质量要求

1. 路缘石稳固，做到线条平直、曲线圆顺，表面洁净不被污染。
2. 路缘石的勾缝应严密。
3. 路缘石背后回填密实；背后回填混凝土，配合比应符合要求。
4. 路口、隔离带端部等曲线段路缘石，按设计弧度加工预制，单块长度不得小于70cm，不得使用小标准块拼接。
5. 外漏尺寸规定

除主辅隔离带路缘石按照现况步道砖高度，其他段落缘石均按照外漏15cm砌筑，路口无障碍坡由缘石高度15cm渐变为0（缘石渐变段每侧使用2块缘石、中间平石使用2块）。

6. 路缘石允许偏标准见表1。

花岗岩路缘石允许误差表　　　表1

序　号	项　　目	允许偏差（mm）	检 测 频 率		检 测 方 法
			范围	点数	
1	直顺度	≤10	100m	1	拉20m小线量取最大值
2	相邻块高差	≤3	20m	1	用塞尺量取最大值
3	缝宽	+3	20m	1	用钢尺量取最大值
4	顶面高程	±10	20m	1	用水准仪测量
5	外露尺寸	±10	20m	1	用钢尺量取最大值

四、安全文明施工措施

1. 作业人员作业前，必须进行安全技术交底，并掌握交底内容。
2. 装卸缘石要轻装轻放，码放整齐，码放高度不超过1.2m。
3. 用机动翻斗车运送材料，不得违章带人行驶。
4. 各种电气设备和线路必须绝缘良好；电动机具必须按规定接零接地。
5. 施工现场做好封闭措施，经常洒水，防止扬尘。
6. 砂浆搅拌机用后全面清洗，如人工进筒清洗，必须关断电源，设专人在外监护。

审　核　人	交　底　人	接　受　交　底　人

15 人行步道施工

技术交底记录		编　　号	
			15
工程名称	××市政道路工程		
分部工程名称	道路附属工程	分项工程名称	人行步道
施工单位		交底日期	

交底内容：

步道采用10cm×20cm×6cm渗水砖铺设，C15无砂混凝土垫层厚15cm，2cm中砂找平。

一、作业条件

1. 步道砖进场检验、复试合格。

2. 步道垫层施工完毕，并验收合格。

二、施工方法、工艺

分块挂线→步道砖铺设→平面高程检测→灌缝→表面清理

1. 分块挂线

采用2cm中砂找平后在人行步道中线（或边线上）每隔5～10m安设一块方砖作控制点，铺砌前对步道横纵两个方向进行挂线，先砌筑盲道，然后进行5m一道的黑砖“打带”，将整体框架做好后，进行普通方砖的填充。

2. 步道砖铺设

铺砌时将方砖轻轻放平，用橡皮锤轻敲稳定，不得损坏砖角。禁止向砖底填塞砂浆或支垫碎石块。

井室等构筑物周围、边角及不合模数处，切割方砖。铺设盲道砖时，严格区分行进砖和提示砖，不得混用。无障碍设施精细化施工要求如下：

（1）砌筑步道时，准确控制树池边框及乙2混凝土缘石的位置，以确保砌筑时均使用整砖，达到美观的效果。其要求如图1所示。

（2）人行道路口坡化坡度为1∶20，渐变段长度按3m控制，以保证行人行走的舒适性，如图2所示。

（3）盲道遇检查井时直接通过，检查井不作为障碍物处理（图3）。

（4）盲道遇障碍物须进行绕行，绕行方式如图4所示。

（5）盲道在公交车站的铺设，如图5所示。

（6）盲道导入天桥或地下通道时布置方式见图6：导入天桥和地下通道的梯道时，$L=25cm$；导入天桥和地下通道的坡道时，$L=0$。

（7）盲道交叉按下列方式布置：

①两条盲道交叉穿越时布置的布置如图7所示。

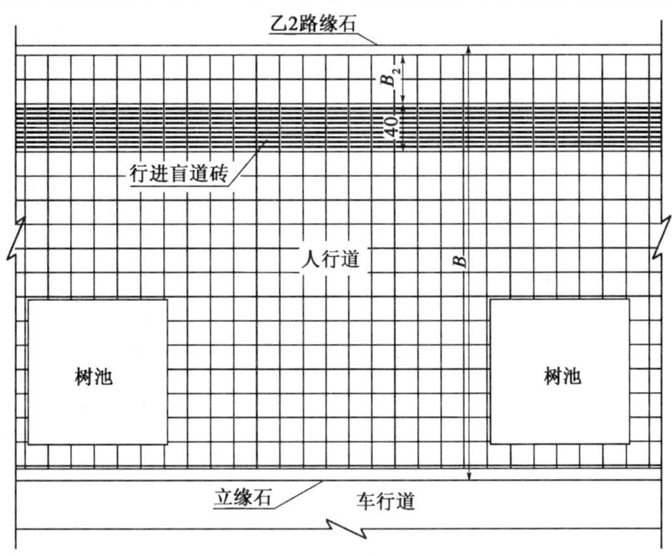

图 1　树池边框与乙 2 混凝土缘石的位置布置图

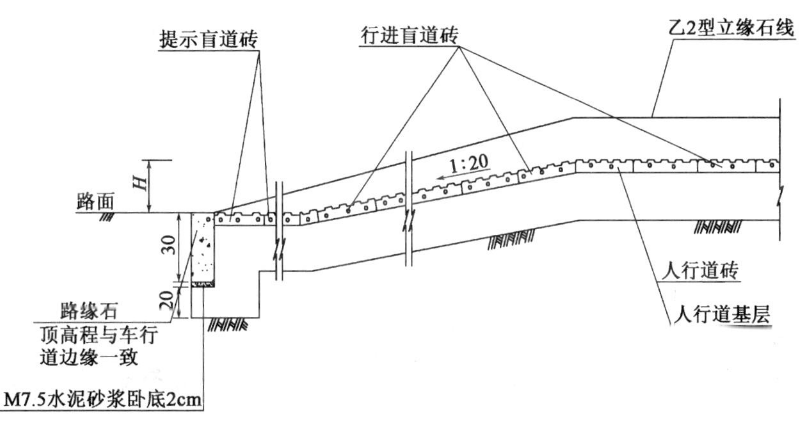

图 2　人行道路口坡化处理

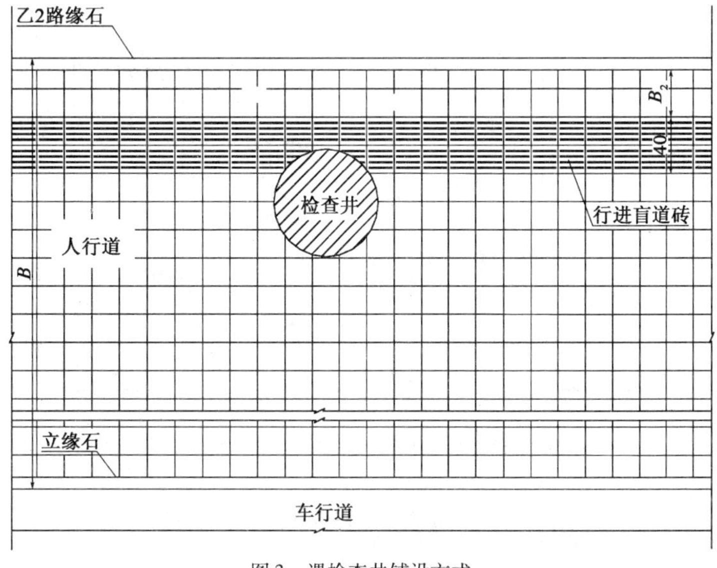

图 3　遇检查井铺设方式

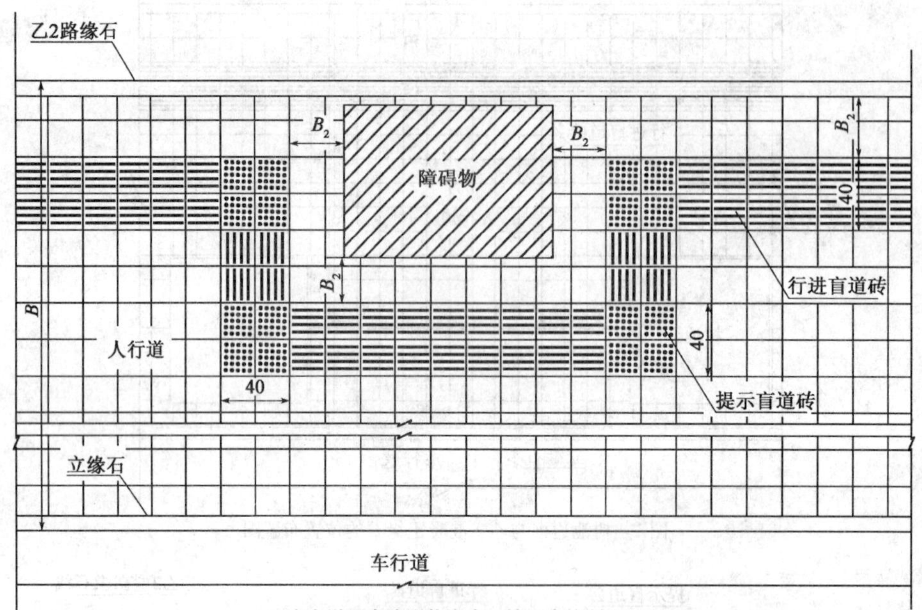

B_2为盲道距离障碍物宽度，施工中控制$B_2 \geqslant 40$cm。

图4　遇障碍物铺设方式

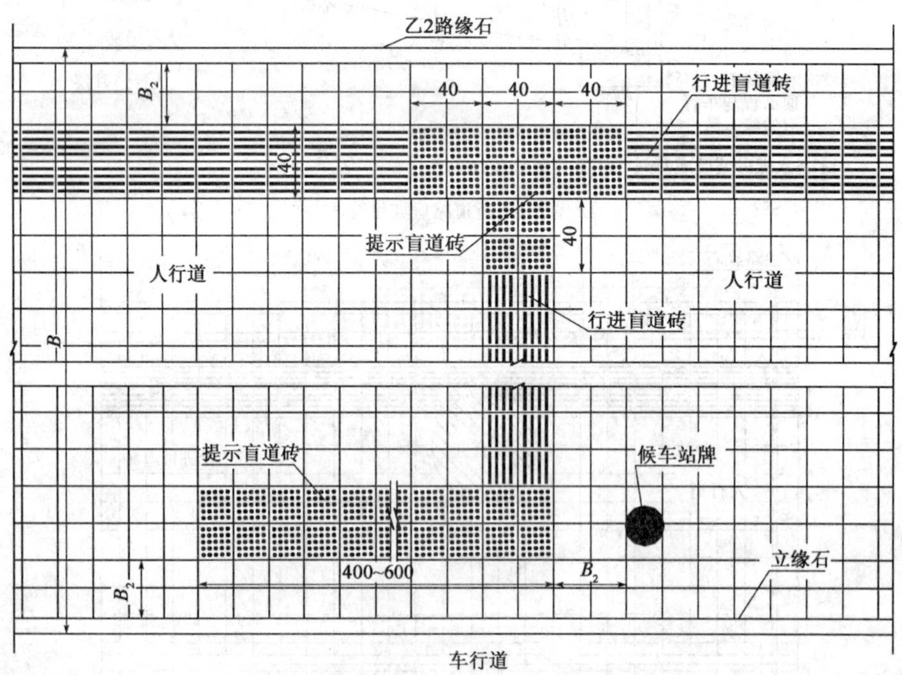

B_2为盲道距离候车站牌的宽度，施工中控制$B_2 \geqslant 40$cm。

图5　遇公交车站铺设方式

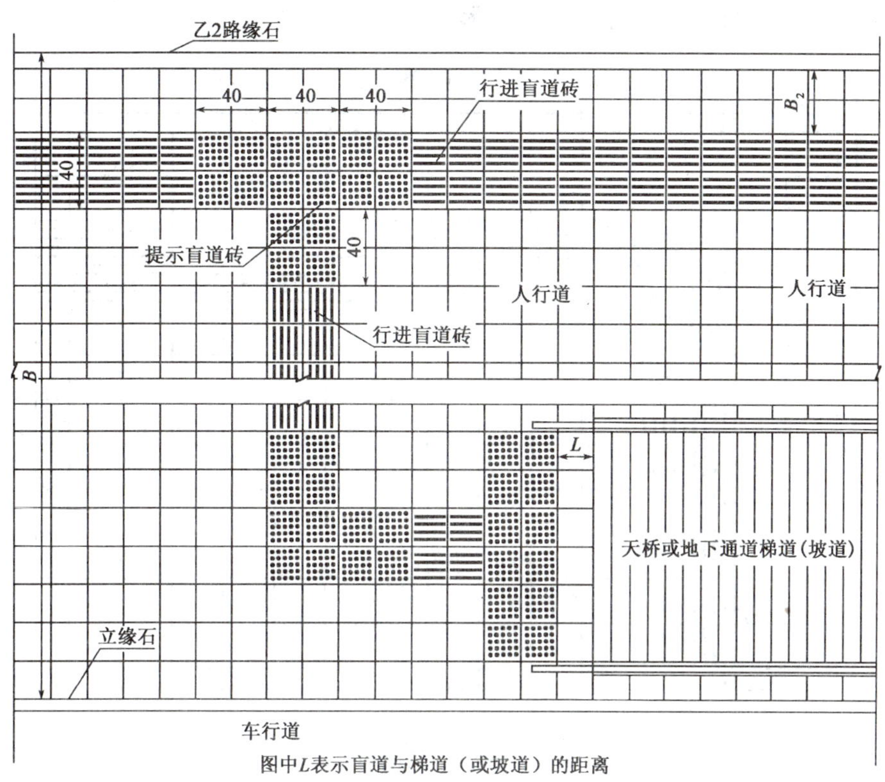

图6　天桥(通道)导行铺设方式

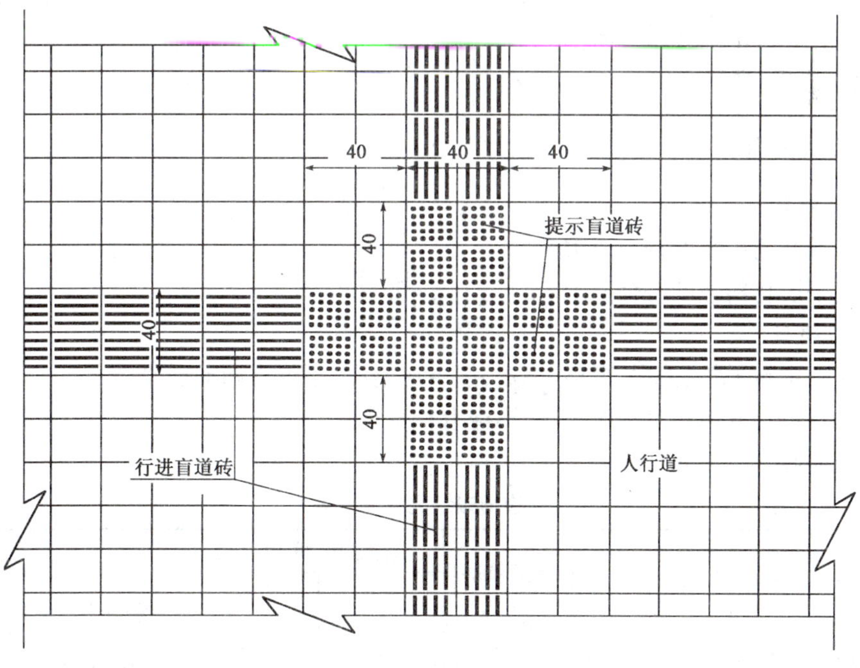

图7　盲道交叉时的铺设方式

②盲道转向时的布置的布置如图 8 所示。

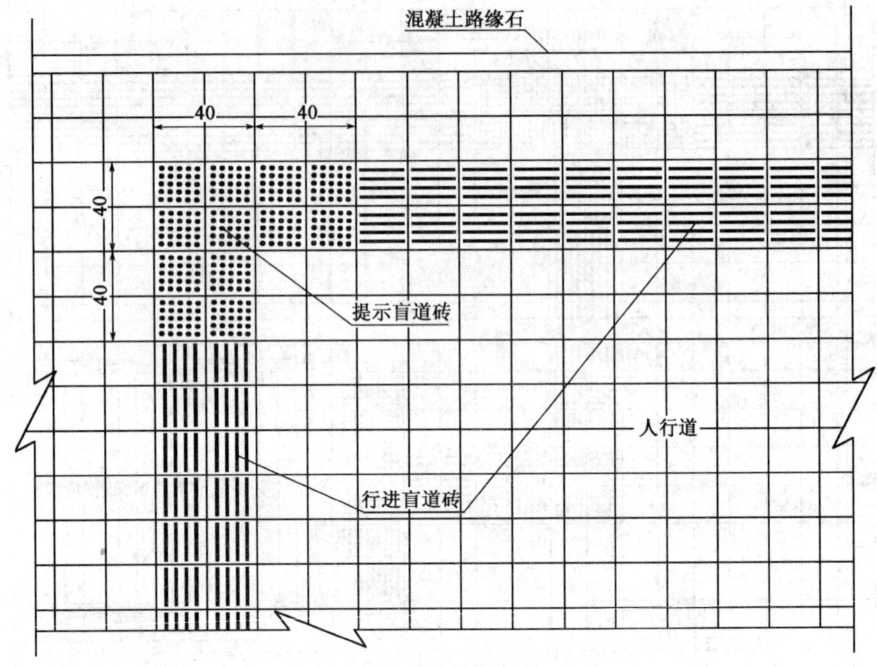

图 8　盲道转向时的铺设方式

③平面高程检测：方砖铺好后，每 5 ~ 10m² 用 2m 直尺检查平整度。

④灌缝：铺砌完成经检查合格后及时填缝，以 1 ∶ 10 的水泥干砂灌缝、扫缝填充。填缝从下至上，由里到外，填缝密实饱满整洁。

⑤表面清理：灌缝完成后，表面清理干净。

三、质量要求

1. 主控项目

(1)步道基层压实度符合要求。

(2)找平层材料强度符合要求。

2. 一般项目

(1)步道砌筑平整、美观、平整、稳定，灌缝应饱满，不得有翘动现象。

(2)人行道与其他构筑物应接顺，不得有积水现象。

(3)路面砖人行道允许偏差见表 1。

步道砖砌筑允许偏差表　　表 1

序　号	项　　目	规定值或允许偏差	检验频率		检验方法
			范围	点数	
1	平整度	≤5mm	20m	1	用 3m 直尺和塞尺连续量取两尺取最大值
2	宽度	不小于设计值	40mm	1	用钢尺量
3	相邻块高差	≤2mm	20m	1	用塞尺量取最大值

续上表

序号	项目		规定值或允许偏差	检验频率		检验方法
				范围	点数	
4	横坡		±0.5%	20m	1	用水准仪测量
5	纵缝直顺度		≤10mm	40m	1	拉20m小线量取最大值
6	横缝直顺度		≤10mm	20m	1	沿路宽拉小线量取最大值
7	缝宽	大方砖	≤3mm	20m	1	用钢尺量取最大值
		小方砖	≤2mm	20m	1	用钢尺量取最大值
8	井框与路面高差		≤3mm	每座	4	十字法 用塞尺量最大值

四、安全文明施工措施

1. 装卸步道砖要轻装轻放,码放整齐,码放高度不超过1.2m。
2. 用蛙式打夯机夯实作业时,应一人操作,一人送线。
3. 用机动翻斗车运送材料,不得违章带人行驶。
4. 各种电气设备和线路必须绝缘良好;电动机具必须按规定接零接地。
5. 砂浆搅拌机用后要全面清洗,如人工进筒清洗,必须关断电源,设专人在外监护。
6. 施工现场经常洒水,防止扬尘。

审核人	交底人	接受交底人

16 装配式挡土墙基础施工

技术交底记录		编　　号	16
工程名称	××市政道路工程		
分部工程名称	挡墙工程	分项工程名称	装配式挡土墙基础
施工单位		交底日期	

交底内容：

市政道路附属装配式挡土墙，现浇混凝土施工。

一、作业条件

基槽承载力满足设计要求，并经检验基槽、隐蔽工程验收合格。

二、施工方法、工艺

基础垫层→基础钢筋加工、绑扎→基础模板→混凝土浇筑→养生

1. 基础垫层

在挡墙基础槽底人工均匀、平整地摊铺设石灰粉媒灰碎石垫层，分层施工，冲击夯夯实，每层虚铺厚度不大于20cm，压实度不小于96%。铺设厚度根据面板高度不同而定。

2. 基础钢筋加工、绑扎要求

(1)钢筋按图纸要求尺寸加工，加工完的钢筋按不同使用部位设置绑挂式标牌。

(2)主筋的接头采用搭接焊，错开布置，受拉区同一截面钢筋接头数量不大于50%。焊接接头间距不小于35d，且大于50cm。当双面焊接时，焊缝长度不应小于5d(d为钢筋直径)，单面焊接时，焊缝长度不应小于10d。搭接焊时，两钢筋搭接端部应预先折向一侧，使钢筋轴线一致。

(3)挡墙基础预埋钢板埋设位置按图纸要求尺寸。

3. 基础模板

拼装的模板板面之间，应平整，接缝严密，不漏浆，保证结构物外露面美观，线条流畅。拼装时模板表面平整、接缝严密，卡扣卡接牢固。

(1)浇筑混凝土模板应涂刷脱模剂。但不得使用废机油等油料，且不得污染钢筋。

(2)模板安装完毕后，对平面位置、顶部高程及纵横向稳定性进行检查，签认后方可浇筑混凝土。浇筑时，发现模板有超过允许偏差变形值的可能时，及时纠正。

4. 混凝土浇筑

(1)扶壁挡墙基础混凝土强度等级为C30，人工配合溜槽浇筑，坍落度控制在14～16cm。

(2)挡墙一次浇筑后及时进行施工缝处理，按图纸要求设置，二次浇筑前用清水将施工缝出清理干净。

(3)挡土墙基础错台处，应留有沉降缝，挡土墙的沉降缝与伸缩缝合并，从墙顶到基底填

塞沥青木丝板等弹性材料，在沉降缝内侧加一层油毛毡。当同一高度基础较长时应加设沉降缝，沉降缝设置间距不大于14m。

5. 养生

混凝土浇筑完成后覆盖塑料布，养生不少于7d。

三、质量要求

1. 挡墙基础钢筋加工质量要求见表1。

挡墙基础钢筋加工质量要求 表1

序　号	项　目	允许偏差(mm)
1	受力筋成型后长度	-10～+5
2	箍筋尺寸	-3～0

2. 挡墙基础模板要求见表2。

挡墙基础模板要求 表2

序　号	项　目	允许偏差(mm)	
1	相邻两板表面高差	≤2	
2	表面平整度	≤3	
3	断面尺寸	宽度	±10
		高度	±10
		杯槽宽度	0～+20
4	轴线位移	中心线	≤10
5	杯槽底面高程	-10～+5	
6	预埋铁	高程	±5
		位移	±15

四、安全文明施工措施

1. 混凝土振捣人员，应戴绝缘手套、穿绝缘鞋。

2. 上下传递钢筋时，作业人员必须精神集中、站位安全，上下方人员不得站在同一竖直位置上。

3. 严禁操作人员站在模板或支撑上进行浇筑作业。

4. 混凝土振动设备应完好；防护装置应齐全有效；电气接线、拆卸必须有电工负责，使用前检查，确认安全。

5. 混凝土运输车辆进入现场后，应设专人指挥。车辆应行驶于安全路线，停止于安全处。

6. 钢筋场地应平整、无障碍物；钢筋原材料、半成品等按规格、型号码放整齐。

7. 施工余料等集中堆放，妥善处理。

审　核　人	交　底　人	接　受　交　底　人

17　装配式挡土墙板安装

技术交底记录		编　号	17
工程名称	××市政道路工程		
分部工程名称	挡墙工程	分项工程名称	装配式挡土墙板安装
施工单位		交底日期	

交底内容：

扶壁式挡土墙，墙面板采用 C30 水泥混凝土预制，装配式施工，高度 1.25m 至 5.75m，宽度为 1.98m，预制板面中间为圆孔，现浇 C30 豆石混凝土。图 1 为挡墙板安装大样图。

一、作业条件

1. 挡土墙板进场检验合格。

2. 挡土墙基础隐蔽工程验收合格，基础一次混凝土强度达到设计强度标准值的 75%。

二、施工方法、工艺

放线→墙板吊装、焊接→二次钢筋绑扎→二次混凝土浇筑→埋设排水管→支模、灌缝

1. 放线

在基础上弹好控制线，用经纬仪控制挡墙板安装垂直度。

图 1　挡土墙板安装大样图

2. 墙板吊装、焊接

扶壁式挡土墙根据其自身重量采用履带吊吊装，人工配合进行调整位置，板肋 2 号钢板（厚 2cm）与基础预留 1 号钢板用三角形钢板加固焊接，2 号钢板与墙板内的一号钢板及基础内的 1 号钢板采用双面焊，焊缝高度不低于 8mm，使板体与基础的连接牢固。钢板位置及大样如图 2、图 3 所示。

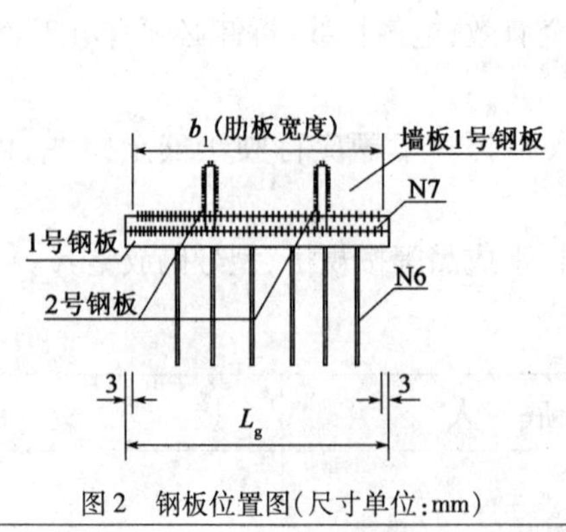

图 2　钢板位置图（尺寸单位：mm）

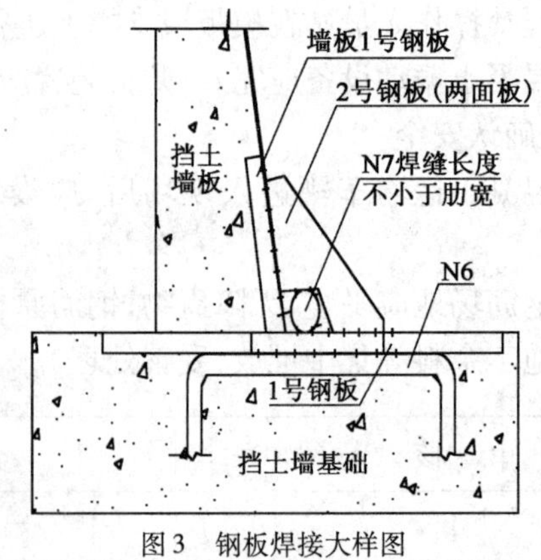

图 3　钢板焊接大样图

3. 二次钢筋绑扎

安装完毕面板在同一平面内,进行二次钢筋绑扎,扶壁两侧钢筋焊接连接,单面焊搭接长度不小于10d。

4. 二次混凝土浇筑

二次混凝土浇筑:混凝土采用C30,振捣密实,对预埋件部位应仔细振捣(图4)。

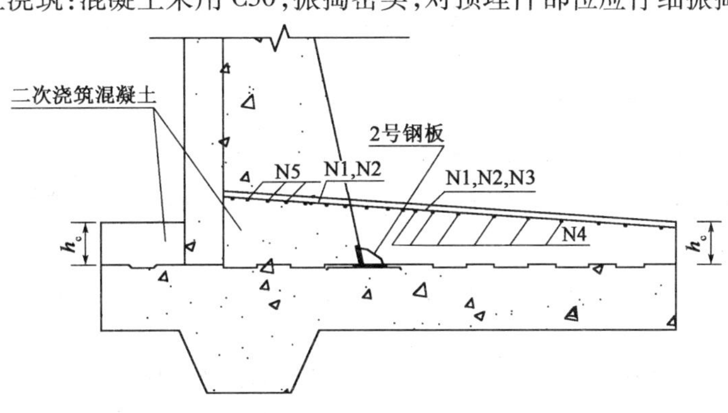

图4　二次浇筑立面图

5. 埋设排水管

在两块挡墙板板缝处埋设外径3cm、长度28cm钢管,外露挡土墙1cm,钢管安装坡度5%,安放于挡墙外路面以上30cm位置处。

6. 支模、灌缝

板缝内外各用一根ϕ48mm钢管作为灌缝模板,两侧16号铅丝对拉,间距为70cm,缝内采用C30豆石混凝土灌注,边灌注边振捣密实。

7. 养护

二次混凝土与灌缝混凝土保湿养护7d。

三、质量要求

1. 墙板间勾缝,要密实、平顺、美观;砂浆强度,应符合设计要求。

2. 墙板安装不得有缺棱、掉角、裂缝等外观损坏现象。

3. 墙板间的灌缝混凝土必须密实,强度应符合设计要求,灌缝施工时不得有灰浆污染墙面的现象。

4. 挡土墙板、基础沉降装置上下应垂直贯通。

5. 挡土墙板安装允许偏差表见表1、表2。

挡土墙板安装允许偏差表　　表1

序　号	项　　目	允 许 偏 差	检　　率		检 验 方 法
			范围	点数	
1	顶面高程	±5mm	20m	1	用水准仪具量测
2	墙面垂直度	0.5%H,且不大于15mm	20m	1	用垂线挂全高线量测
3	直顺度	≤10mm	20m	1	挂20m小线量较大值
4	板间错台	≤5mm	20m	1	用尺量较大值

挡墙板安装主控项目允许偏差　　表2

序号	项　目	规定值或允许偏差	检验频率		检验方法
			范围	点数	
5	预埋件	±5mm	每个	1	用水准仪量测
		≤15mm			用钢尺量位移

四、安全文明施工措施

1. 作业人员作业前必须学习安全技术交底，并掌握交底内容。

2. 作业人员应按规定佩戴防护镜、工作服、绝缘手套、绝缘鞋等劳动保护用品。

3. 吊装时，吊臂、吊钩运行范围严禁人员停留。

4. 焊接作业现场周围10m范围内，不得堆放易燃、易爆物品；不满足时，必须采用安全防护措施。

5. 电焊机安置在干燥通风的地点，雨季施工搭设防雨棚，雨天禁止焊接作业。

6. 挡墙板安装时，墙板底部应用钢板支垫平稳，墙板应竖直，待挡板就位，并在连接钢板焊接牢固后，方可摘钩。

7. 吊装作业必须设信号工指挥，指挥人员必须检查索具、环境等状况，确认安全。

审　核　人	交　底　人	接　受　交　底　人

18　夯扩碎石桩地基处理

技术交底记录		编　　号	18
工程名称	××高速公路工程		
分部工程名称	路基土方工程	分项工程名称	夯扩碎石桩地基处理
施工单位		交底日期	

交底内容：

路基坡脚填筑范围内有面积为950m²，土质为近年填筑杂填土软弱区域，处理范围内碎石桩桩按照三角形布置，桩距1.5m，桩径50cm，设计桩长为4m，共1000根。

一、作业条件

1. 碎石桩施工现场采用人工配合推土机进行整平，压路机碾压密实。
2. 碎石桩用碎石进场复试合格。

二、施工方法、工艺

桩机就位→振动桩锤→灌碎石→提升桩管→降落桩管→提出桩管成桩（图1）。

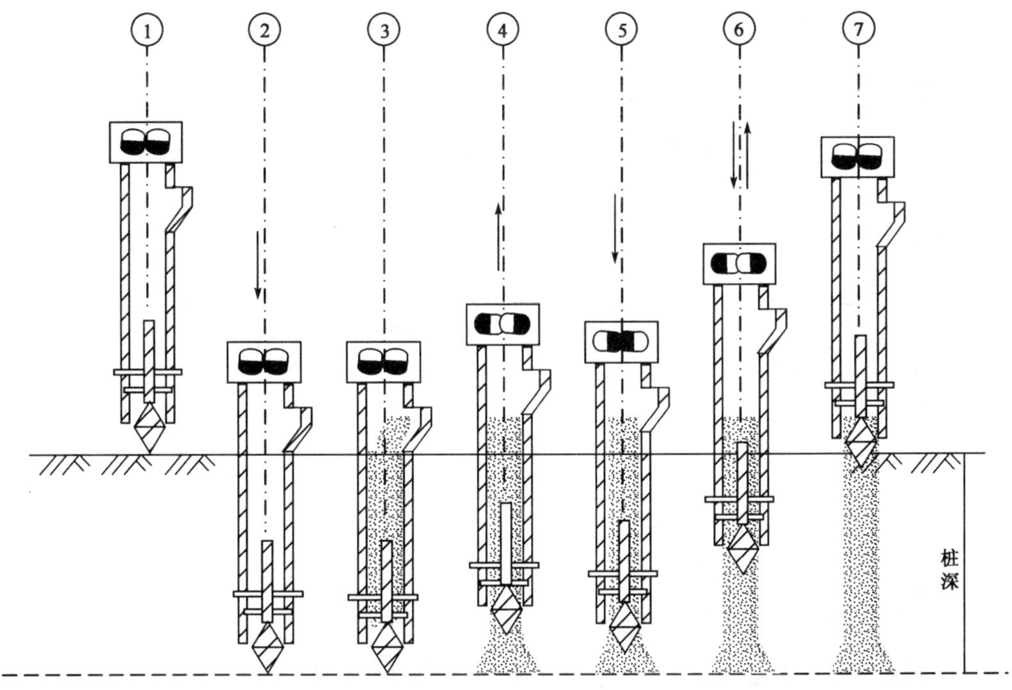

图1　施工操作示意图

1. 桩机就位

移动桩机,使桩机对准打桩线,启动1t卷扬机,按照下横梁上标出的桩位标记移动导向架,使桩管对准打桩点,并将卷扬机离合器刹紧;松动卷扬机离合器,使桩尖接触桩位点。

采取接近梅花型的插打法,施工推进按先打第一排的各桩,接着向前推进隔一排打第三排的各桩,然后再退回打第二排各桩,以此类推。

2. 振动桩锤

启动桩锤电机使桩锤振动,桩管沿桩位下沉(桩管必须下沉到设计深度)。

3. 灌碎石

根据桩深,按规定的灌碎石量将砂石装入桩管内;如果桩管一次容纳不了应灌入的全部碎石,剩余的碎石料待桩管提升后,振动挤实一段时间以后再补充装入。

碎石料:含泥量不大于5%,介于2~5cm颗粒占总量的55%~65%的砾石,最大粒径不大于50mm。

4. 提升桩管

第一次把桩管提升80~100cm,提升时桩尖自动打开,桩管内的砂石料流出。

5. 降落桩管

振动挤压15~20s,观察料斗中砂石料的变化,如砂石料没有减少,说明桩尖没有打开,要继续提升桩管,直到桩尖打开为止,沉桩过程中完成振动挤实。

其后每次提升桩管50cm,挤压时间以桩管难以下沉时为度。按上述办法经多次往复升降压拔桩管,灌砂挤密地基。

6. 提出桩管、成桩

完成该桩灌砂石量,桩管提升至地面。然后将桩管移到下一根桩位。

三、质量要求

1. 碎石桩施工7d后,进行单桩载荷试验,检测数量为桩总数的4根。承载力检验采用复合地基载荷试验,数量不少于总桩数的0.5%,本工程检验3根。

2. 夯扩碎石桩施工质量标准见表1。

夯扩碎石桩施工质量标准　　表1

项　次	检 查 项 目	规定值或允许偏差	检 查 方 法
1	桩距(mm)	±150	抽查2%
2	桩径(mm)	≥800	抽查2%
3	桩长(mm)	≥9500	查施工记录
4	竖直度(%)	1.5	查施工记录
5	灌石量(m^3)	1.52	查施工记录

四、安全文明施工措施

1. 作业人员作业前必须学习安全技术交底,并掌握交底内容。

2. 桩管下沉过程中,应沿导向架,并始终保持同导向架平行。如发生桩管偏斜须及时扶正桩管。

3. 启动卷扬机电机时,卷扬机离合器必须松开,以免烧坏电动机。

4. 导向架横向移动时，必须将1t卷扬机移动手把刹紧。

5. 扶管桩对位时，一定要在停机状态下进行，并在桩管的横向和纵向有专人观察桩管对位情况，发现偏斜，要随时纠正，以保证管桩垂直下沉。

6. 随时注意检查桩锤齿轮箱润滑油油量，要保持齿轮箱油位不低于齿轮下齿根（保持在3cm以上）。

7. 做好交接班工作，检查桩机工作状态、电机运转情况、桩锤工作状态、卷扬机系统有无问题，打桩深度，数量以及桩位都应记录交接清楚。

审 核 人	交 底 人	接 受 交 底 人

19 CFG 桩软弱地基处理

技术交底记录		编　号	19
工程名称	××高速公路工程		
分部工程名称	路基土方工程	分项工程名称	CFG 桩软弱地基处理
施工单位		交底日期	

交底内容：

道路路基区域内一段长 30m、宽 23m 左右路段为软弱粉土、砂土地段，采用 CFG 桩共 300 根进行复合地基处理，桩径 50cm 桩长 7m、桩距 1.5m。

一、作业条件

CFG 桩施工现场采用人工配合推土机进行整平，压路机碾压密实。

二、施工方法、工艺

钻机就位→钻进、成孔→灌注混合料→剔除桩头→挖除桩间土

1. 钻机就位

采用长螺旋钻机施工，钻机就位校正好钻杆的位置和垂直度，垂直度的容许偏差不大于 1%。

2. 钻进成孔

关闭钻头阀门，向下移动钻杆至钻头触及地面启动电机，将钻杆旋转下沉至设计高程，关闭电机，清理钻孔周围土。

成孔时应先慢后快，这样能避免钻杆摇晃，也能及时检查并纠正钻杆偏位的差值，孔深误差不大于 200mm。

3. 灌注混合料

(1) CFG 桩成孔到设计标高后，停止钻进。

(2) 用水泥砂浆润滑管道后灌注首盘混合料，成孔、泵送混合料紧密配合，尽量避免桩身灌注时发生停顿。

(3) 当钻杆芯管充满混合料后拔管，提钻冲开阀门的高度不超过 30cm，每泵压一次匀速提钻不超过 25cm，保证 CFG 混合料淹没钻具 1m；成桩的提拔速度宜控制在 1.2 ~ 1.5 m/min，成桩过程宜连续进行，应避免供料出现问题导致停机待料。桩顶实际混合料高程应该高于设计桩顶高程 0.5m 以上。施工中注意检查泵管密封情况，防止漏水。

(4) 浇筑期间，每 100m^3 混合料制作 1 组试块且每工作班不少于 1 组，做好养护。

4. 凿除桩头

(1) 人工采用钢钎剔除桩头设计桩顶高程以上的混合料，桩顶面用小钎修平，严禁出现斜面、裂缝。

(2) 因剔桩导致桩头混凝土出现裂缝或缺口，断面凿毛，刷素水泥浆后用比桩身混合料

强度高一个强度等级混合料填补并捣实。

(3)用人工挖除保护桩长内的桩间土。

三、质量要求

1. 施工质量检验主要检查施工记录、混合料坍落度、桩位偏差、桩体试块抗压强度等指标。

2. 按10%的比例抽取30根桩进行桩身完整性检测。

3. 桩身强度满足设计要求,施工结束28d后,进行复合地基承载力试验,试验取3点。

4. 桩基施工垂直度不大于1%即7cm,桩位偏差28cm。

四、安全文明施工措施

1. 作业人员作业前必须学习安全技术交底并掌握交底内容。

2. 做好孔口防护,防止人或异物坠入。

3. 机械设备运转部位有安全防护装置。

4. 高压泵管不得超过压力范围使用,防止高压泵管破裂。

5. 钻杆上的土及时清理,防止坠下伤人。

6. 已成桩区域禁止重型机械行走和扰动,防止损坏桩头造成桩顶混合料不成型。

7. 对设备采取隔音措施,尽量避免夜间施工。

8. 现场的散水泥、砂石料必须遮盖存放,废水泥回收。

审　核　人	交　底　人	接　受　交　底　人

第二部分

桥　梁

20　钻孔灌注桩护筒埋设

<table>
<tr><td colspan="2" rowspan="2">技术交底记录</td><td rowspan="2">编　　号</td><td></td></tr>
<tr><td>20</td></tr>
<tr><td>工程名称</td><td colspan="3">××公路桥梁工程</td></tr>
<tr><td>部位名称</td><td>基础与下部构造</td><td>工序名称</td><td>钻孔灌注桩护筒埋设</td></tr>
<tr><td>施工单位</td><td></td><td>交底日期</td><td></td></tr>
</table>

交底内容：

桩基直径 $D=150$cm，钢护筒内径为 170cm，护筒材质为 Q235 钢板，厚 12mm，护筒长度为 2m，埋设高出地面 30cm。

一、作业条件

1. 清除场地内杂物及地上、地下障碍物，场地平整。

2. 测量放线，确定桩位。

二、施工方法、工艺

栓桩→开挖→吊装、埋设

1. 栓桩

采用米字栓桩，如图 1 所示。

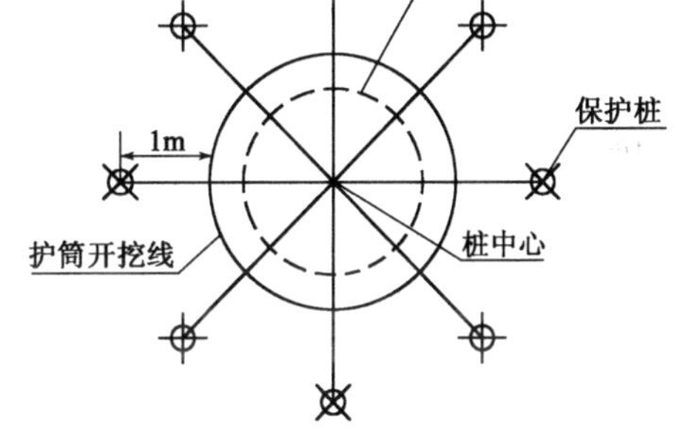

图 1　护筒米字栓桩示意图

2. 开挖

人工埋设护筒深度为 1.7m，黏性土质坡度比为 1∶0.2，坑底作业面宽度为 0.2m，护筒基坑开挖见图 2，开挖后将中心桩引至槽底。

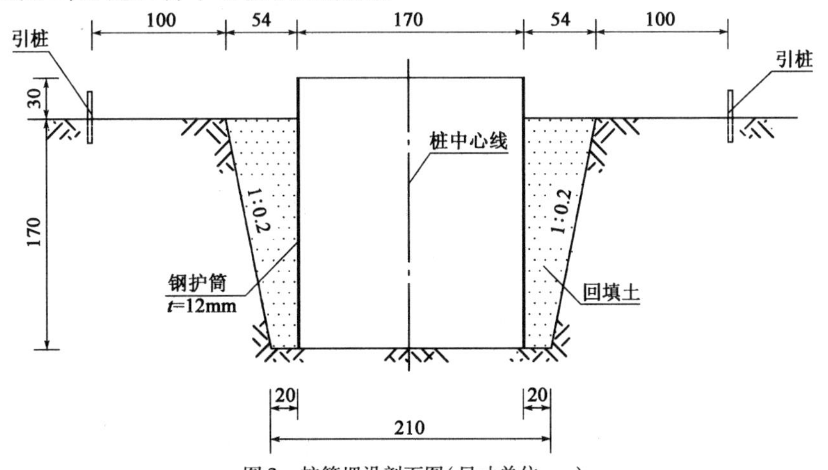

图 2　护筒埋设剖面图(尺寸单位：cm)

3. 吊装、埋设

根据槽底中心桩，采用吊车将护筒就位，确保护筒中心轴线与桩中心轴线重合。护筒四周采用黏质土分层回填夯实，每层压实厚度不超过20cm，填夯过程中应随时校核护筒中心位置和垂直度。

三、质量要求

钻孔灌注桩护筒中心与桩中心的平面位置偏差应不大于10mm，护筒垂直度不大于10mm。

四、安全文明施工措施

1. 进入施工现场的人员必须戴安全帽。
2. 护筒吊装前应检查吊钩等吊具是否满足安全操作要求，确保吊点准确、吊绳牢固。
3. 做好栓桩的标识和保护。

审　核　人	交　底　人	接　受　交　底　人

21 人工挖孔桩成孔

<table>
<tr><td colspan="2" rowspan="2">技术交底记录</td><td rowspan="2">编　　号</td><td></td></tr>
<tr><td>21</td></tr>
<tr><td>工程名称</td><td colspan="3">××公路桥梁工程</td></tr>
<tr><td>部位名称</td><td>基础与下部构造</td><td>工序名称</td><td>人工挖孔桩成孔</td></tr>
<tr><td>施工单位</td><td></td><td>交底日期</td><td></td></tr>
</table>

交底内容：

桩径 $D=150$cm，桩长 25m，采用间隔开挖成孔。孔口设置 C20 混凝土护圈，高出地面 30cm，宽 40cm。人工挖孔护壁结构形式为阶梯形，混凝土护壁等级为 C20，护壁每节段高 1m，上部壁厚约 12cm，下部壁厚约 6cm，搭接 10cm。阶梯形护壁大样见图 1。

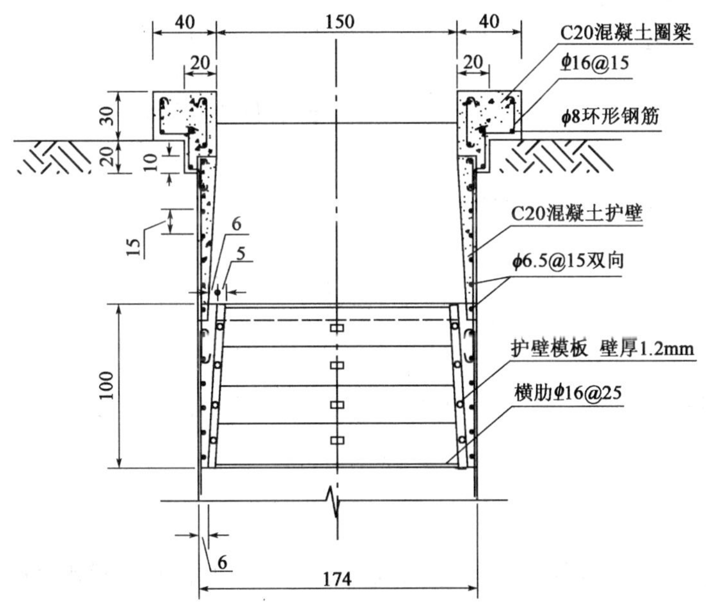

图 1 阶梯形护壁大样示意图（尺寸单位：cm，钢材：mm）

一、作业条件

1. 清除地上、地下障碍物，完成管线等构筑物的拆、改移或保护。
2. 施工方案通过审批。
3. 桩位复核完毕。

二、施工方法、工艺

施工混凝土护圈→分节开挖和出土→安装护壁钢筋→安装护壁模板→灌注护壁混凝土→养护、拆模→循环开挖作业至设计桩底高程→验底

1. 施工混凝土护圈

每 15cm 间隔竖向配置 ϕ8mm 的钢筋，末端设 5cm(6.25d)弯钩，用 8 号铅丝与 ϕ8mm 的环形筋绑扎连接，下部插入土体 25cm，支立模板后浇筑 C20 混凝土成型。

2. 分节开挖和出土

开挖分节段进行，每层按照从上到下，从中间向周边的顺序实施，每一节段开挖深度为 1m。

3. 安装护壁钢筋

护壁钢筋的主筋采用 ϕ6.5mm，横、纵向布置，间距 15cm，插入下层护壁长度为 25cm，孔底末端护壁主筋伸出 25 cm 落地防滑。每节段上下主筋应搭接，搭接长度为 20cm。在主筋内侧，每隔 2.5m 设置一道ϕ25mm 的加强箍。

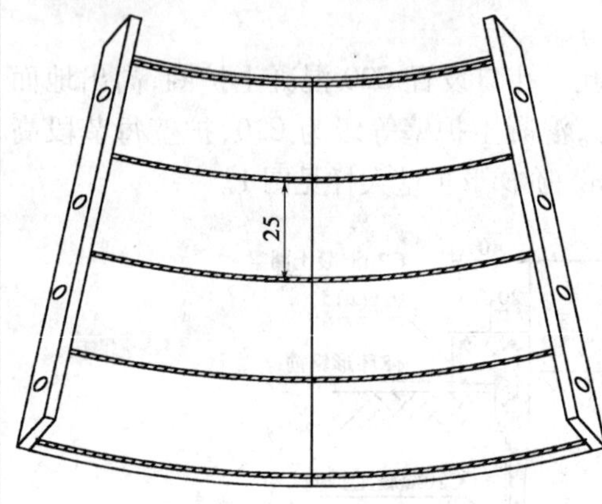

图 2　定型模板单元设计示意图(尺寸单位:cm)

4. 安装护壁模板

采用定型钢模板，角钢做骨架，钢板做面板，板厚 1.2mm，高 1m，ϕ16mm 钢筋做板肋，间距 25cm，模板分为四块，用螺栓连接，定型模板单元设计形式如图 2 所示。

5. 灌注护壁混凝土

护壁混凝土等级为 C20，坍落度 16 ~ 18cm；浇筑时，边灌注边振捣。

6. 养护、拆模

混凝土养护时间要大于 24h，混凝土强度拆模不低于 1MPa。

循环开挖作业至设计桩底高程。

7. 验底

成孔至设计桩底高程后，由地质勘察单位、监理、施工及建设单位共同验底，填写验底记录。

三、质量要求

1. 基本要求

(1)每挖完一节，必须根据桩孔口上的轴线吊直、修边，使孔壁圆弧保持上下顺直。

(2)挖孔达到设计深度后，应及时进行孔底处理，必须做到无松渣、淤泥等扰动软土层，使孔底情况满足设计要求。

(3)护壁厚度允许偏差 -10mm。

2. 实测项目(表 1)

挖孔桩成孔实测项目　　表 1

序　号	检 查 项 目		规定值或允许偏差	检验方法及频率
1	排架桩位(mm)	允许	50	全站仪:每桩检查
		极值	100	
2	孔深(m)		不小于 25	测绳量:每桩测量
3	孔径(mm)		不小于 1500	探孔器:每桩测量
4	孔的倾斜度(mm)		不大于 125	垂线法:每桩检查

四、安全文明施工措施

1. 进入施工现场的人员必须戴安全帽。

2. 挖孔桩作业的人员应经健康检查和操作安全培训。

3. 每日作业前，必须对施工现场的设备、设施、装置、工具、配件及个人劳动保护用品等进行检查；孔口作业人员应系安全带，桩孔作业人员应穿绝缘鞋，戴安全帽和绝缘手套。

4. 挖出的弃土应随出随运，暂不能运走的应堆放在孔口 3m 以外，堆土高度不得超过 1m。

5. 桩孔口四周必须设护栏，孔内应设置应急软梯，现场应准备安全绳；作业面上方设置活动安全棚，吊斗提升超过棚顶位置时应及时盖上棚板。

6. 作业结束时应及时用孔盖遮蔽。

7. 施工现场应配备鼓风机、氧气袋等急救用品，遇到黑色、深灰色土层或当发现孔内有异味时，应停止作业并及时上报项目部。

8. 桩孔内照明采用 36V 低压电源防爆照明灯。

9. 操作时挖孔桩上、下人员必须保持密切联系，做到协同一致。

审核人	交底人	接受交底人

22　桩基反循环钻机成孔

技术交底记录		编　号	22
工程名称	××公路桥梁工程		
部位名称	基础与下部构造	工序名称	桩基反循环钻机成孔
施工单位		交底日期	

交底内容：

桩径 $D = 120cm$，桩长 39m，地层土质为回填土、粉质黏土、细砂、卵石，桩基采用反循环钻机成孔。

一、作业条件

1. 护筒埋设经验收合格。

2. 泥浆循环系统已布置完毕。

二、施工方法、工艺

钻机就位→成孔→清孔

1. 钻机就位

钻机坐平稳牢固后，钻头对准护筒中心，校正钻杆垂直度，偏差不大于 100mm。

2. 成孔

（1）启动泥浆泵，泥浆循环正常后，开动钻机慢速回转下放钻头至护筒底。开始钻进时应轻压慢转，待钻头全部进入地层后，方可正常钻进。逐渐加大转速，调整压力，并使钻头不产生堵水。GPS-15 型泵吸反循环钻进参数和钻速控制见表 1。

GPS-15 型泵吸反循环钻进参数和钻速表　　表 1

地层性质	钻压（kN）	钻头钻速（r/min）	砂石泵排量（m^3/h）	钻进速度（m/h）
黏性土、硬土层	10～25	30～50	180	4～6
砂土层	5～15	20～40	160～180	6～10
砂层、砂砾层、砂卵石层	3～10	20～40	160～180	8～12
中硬以下基岩	20～40	10～30	140～160	0.5～1.0

（2）钻进时，要仔细观察进尺情况和泥浆泵排水出渣情况，排量减少或出水中含渣量较多时，要控制钻进速度。在砂砾、砂卵石地层中钻进时，采用间断钻进、间断回转的方法控制钻进速度。当在砂砾中钻进缓慢时，每钻进 4～6m 时专门清渣一次，加大泵量处理。

（3）加接钻杆时，应先停止钻进，将机具提离孔底 10～20cm，维持冲洗液循环 1～2min，清洗孔底并将管道内的钻渣带出排净，然后停泵加接钻杆，钻杆连接必须拧紧上牢。

(4)如孔内出现坍塌、涌砂等异常情况,应立即将钻具提离孔底,控制泵量,保持冲洗液循环,吸除塌落物和涌砂,并向孔内补充1.15~1.25比重的泥浆,始终保持孔内水位比地下水位高2m以上水头压力。

(5)钻进达到深于设计孔深20cm后停钻。起钻时应操作轻稳,防止钻头拖刮孔壁,并向孔内补入适量冲洗液,稳定水头高度。

3. 清孔

(1)第一次清孔:在终孔时停止钻具回转,将钻头提离孔底10~20cm,维持冲洗液的循环,直到返出冲洗液的钻渣含量小于4%时为止,并向孔中注入比重1.05~1.15的新泥浆,让钻头在原位空转10~30min左右,直至达到清孔要求为止。

(2)第二次清孔:在吊入钢筋笼、灌注水下混凝土前,再次检查孔内泥浆性能指标和孔底沉淀厚度,当超出质量标准时再次清孔。清孔时,将送风管通过导管插入到孔底,气管与导管底部的最小距离为2m左右,搅起的沉渣沿导管排出孔外,直至达到清孔要求为止。清孔时要不断地向孔内补充清水,保持孔内水位。

三、质量要求

1. 基本要求

清孔后泥浆控制相对密度为1.03~1.10,黏度为17~20Pa·s,含砂率小于2%,胶体率大于98%,沉渣厚度不大于20cm。

2. 实测项目(表2)。

钻孔灌注桩成孔实测项目　　表2

检查项目	允许偏差	检验方法及频率
桩位(mm)	50	全站仪或经纬仪:每桩检查
孔深(m)	不小于设计	测绳量:每桩测量
孔径(mm)	不小于设计	探孔器:每桩测量
钻孔倾斜度(mm)	1%桩长,且不大于500	用测壁(斜)仪或钻杆垂线法:每桩检查
沉淀厚度(mm)	≤200mm	测绳测量:每桩检查

四、安全文明施工措施

1. 进入施工现场的人员必须戴安全帽,操作工人必须佩戴劳动保护用品。特殊工种及机械操作手必须持证上岗。

2. 钻进中,当发现塌孔、偏孔、斜孔时,应及时处理。因钻头问题导致钻进缓慢时,应修复或及时更换钻头。

3. 施工机械和电气设备在使用过程中发现不正常情况应立即停机检查,不得在运转中修理。

4. 施工用泥浆、清出的钻渣应及时清运出现场。

5. 成孔作业完成后应及时用盖板覆盖,泥浆池设置护栏围护。

审核人	交底人	接受交底人

23 灌注桩钢筋笼制作

<table>
<tr><td colspan="2" rowspan="2">技术交底记录</td><td rowspan="2">编 号</td><td></td></tr>
<tr><td>23</td></tr>
<tr><td>工程名称</td><td colspan="3">××公路桥梁工程</td></tr>
<tr><td>部位名称</td><td>基础与下部构造</td><td>工序名称</td><td>灌注桩钢筋笼制作</td></tr>
<tr><td>施工单位</td><td></td><td>交底日期</td><td></td></tr>
</table>

交底内容：

桩基直径 $D=150$cm，桩长 38.8m，钢筋笼长 39.5m，分两段制作，第一段长 18m，第二段长 21.7m，钢筋笼分段制作如图 1 所示。

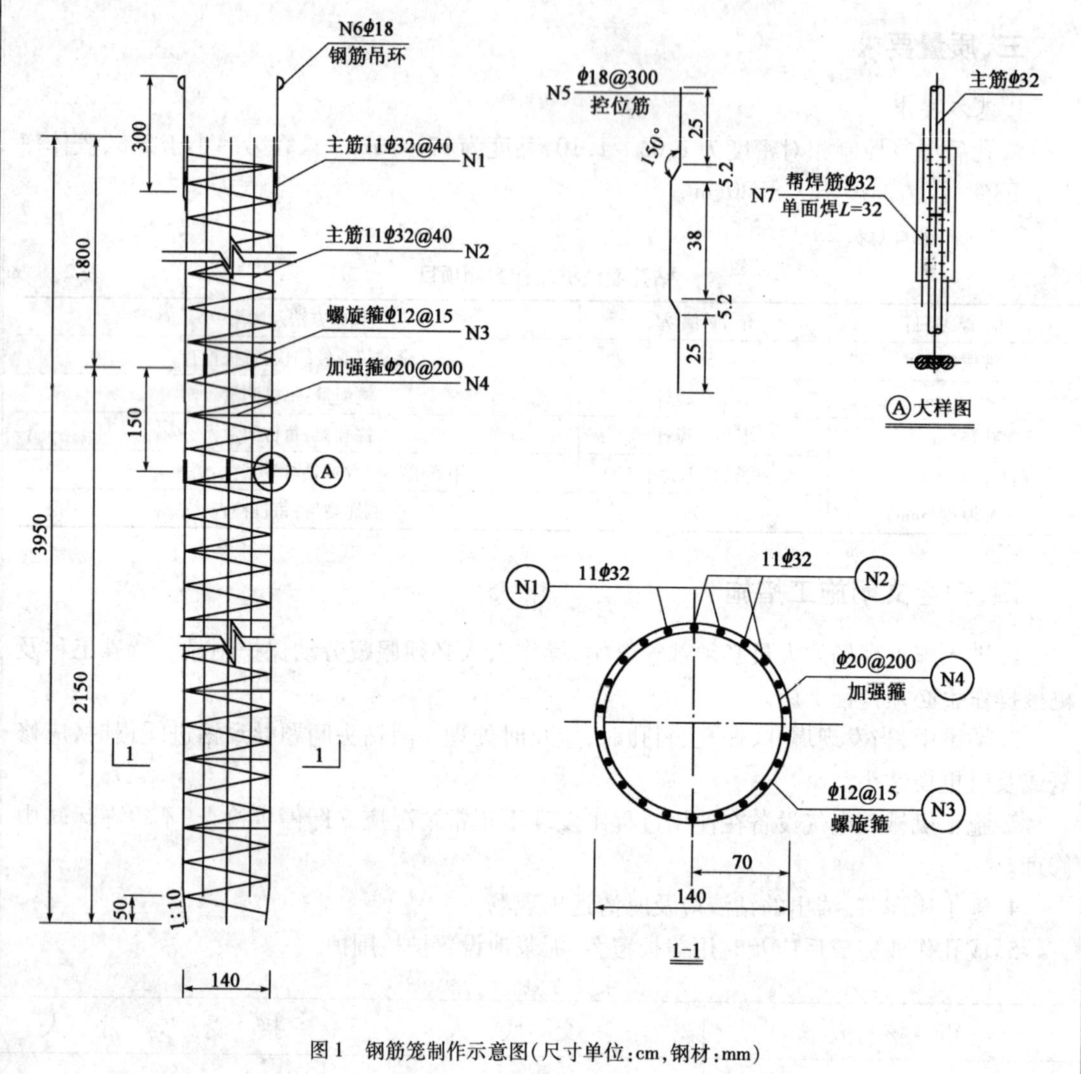

图 1 钢筋笼制作示意图(尺寸单位：cm，钢材：mm)

一、作业条件

1. 钢筋笼制作所需钢筋已进场检验、复试合格。

2. 钢筋笼加工用场地准备完毕。

二、施工方法、工艺

钢筋下料→钢筋笼制作→保护层垫块安装

1. 钢筋下料

钢筋笼分为两段，第一段长 18m，第二段长 21.7m，钢筋笼主筋搭接采用φ32 的钢筋单面帮条焊，焊缝长度不小于 320mm，主筋焊接位置错开 1.5m，同一截面接头数量为 50%。单根钢筋笼钢筋加工见表 1。

单根钢筋笼钢筋加工料表 表 1

钢筋编号	规格(mm)	单根长度(cm)	数量(根)	单根重量(kg)	钢筋加工形状(cm)	下料长度(cm)
N1	φ32	3950	11	250.83	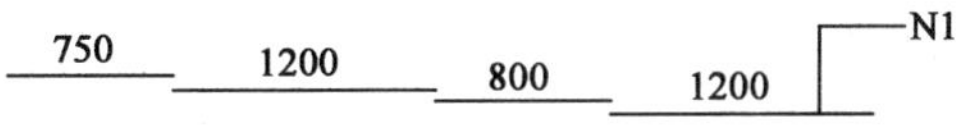 750 1200 800 1200 N1	3950
N2	φ32	3900	11	247.75	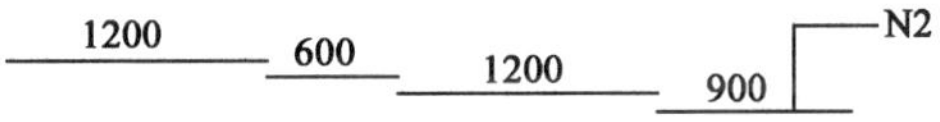 1200 600 1200 900 N2	3900
N3	φ12	436	260	3.87	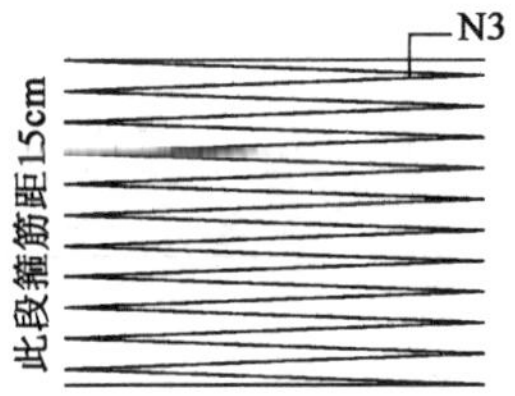 N3 此段箍筋距15cm	450
N4	φ20	406	19	10.02	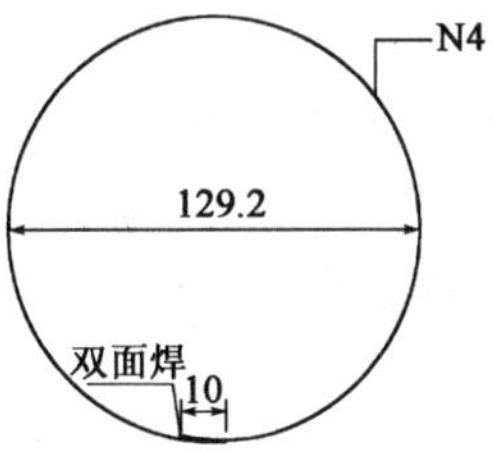 N4 129.2 双面焊 10	416
N5	φ18	100	52	2	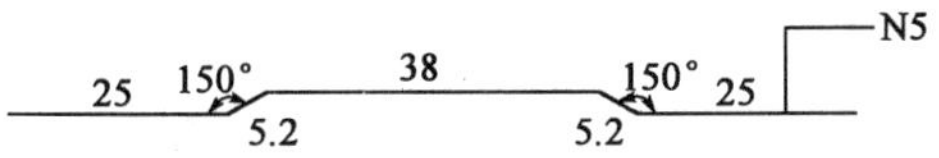 25 150° 38 150° 25 5.2 5.2 N5	100
N6	φ18	300	2	6	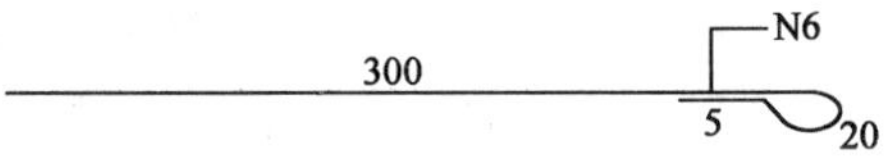 300 N6 5 20	325
N7	φ32	32	44	2.02	32 N7	32

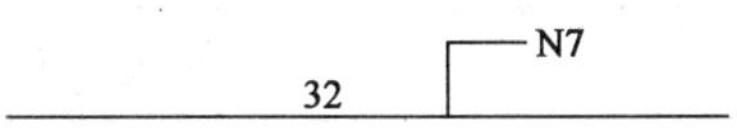

2. 钢筋笼制作

每3m放置一道槽钢或方木，在其上排放两根主筋，主筋间距19.1cm，然后点焊加强筋，每2m一道，在加强筋上依次安放其他主筋。主筋连接采用套筒机械连接。主筋安装完毕后，以缠绕的方式安装螺旋箍筋，箍筋与主筋绑扎，箍筋的连接采用焊接，焊接长度不小于12cm。

三、质量要求

1. 基本要求

(1)钢筋笼制作过程中，钢筋、焊条等的规格、级别和技术性能，以及钢筋绑扎的数量、位置和间距质量均应符合设计图纸和规范要求。

(2)钢筋表面无铁锈和焊渣；受力钢筋应平直，表面不得有裂纹和其他损伤；钢筋笼必须顺直，无局部弯曲。

(3)钢筋的连接接头质量均应符合设计规范要求，不得有变形、松脱、开焊，加强筋与主筋必须焊接牢固。焊接接头的焊缝应表面平整，不得有较大的凹陷、焊瘤，接头处不得有裂纹。

2. 实测项目(表2)

灌注桩钢筋笼制作实测项目 表2

项次	检查项目	规定值或允许偏差	检验方法及频率
1	主筋间距	±10	尺量：每构件检查2个断面
2	长度	±10	尺量：按骨架总数30%抽查
3	保护层厚度	±20	尺量：每构件沿周边检查8处
4	箍筋间距	±20	尺量：每构件沿周边检查5~10个间距
5	外径	±10	尺量：按骨架总数30%抽查

四、安全文明施工措施

1. 进入施工现场的人员必须戴安全帽。特殊工种及机械操作手必须持证上岗。
2. 现场配备专职电工，电气设备停止工作时，必须拉闸断电，锁好配电箱。
3. 使用手动、电动工具必须戴绝缘手套、穿绝缘鞋。
4. 经验收合格的钢筋笼应挂牌标识、苫盖，避免污染、碰撞和雨淋。

审核人	交底人	接受交底人

24 灌注桩钢筋笼安装

<table>
<tr><td colspan="2" rowspan="2">技术交底记录</td><td rowspan="2">编　　号</td><td></td></tr>
<tr><td>24</td></tr>
<tr><td>工程名称</td><td colspan="3">××公路桥梁工程</td></tr>
<tr><td>部位名称</td><td>基础与下部构造</td><td>工序名称</td><td>灌注桩钢筋笼安装</td></tr>
<tr><td>施工单位</td><td></td><td>交底日期</td><td></td></tr>
</table>

交底内容：

桩基直径 $D=1.5$m，单桩长 38.8m，钢筋笼长 39.7m，分两段制作，分段安装，第一段长 24m，第二段长 15.7m，钢筋笼安装如图 1 所示。

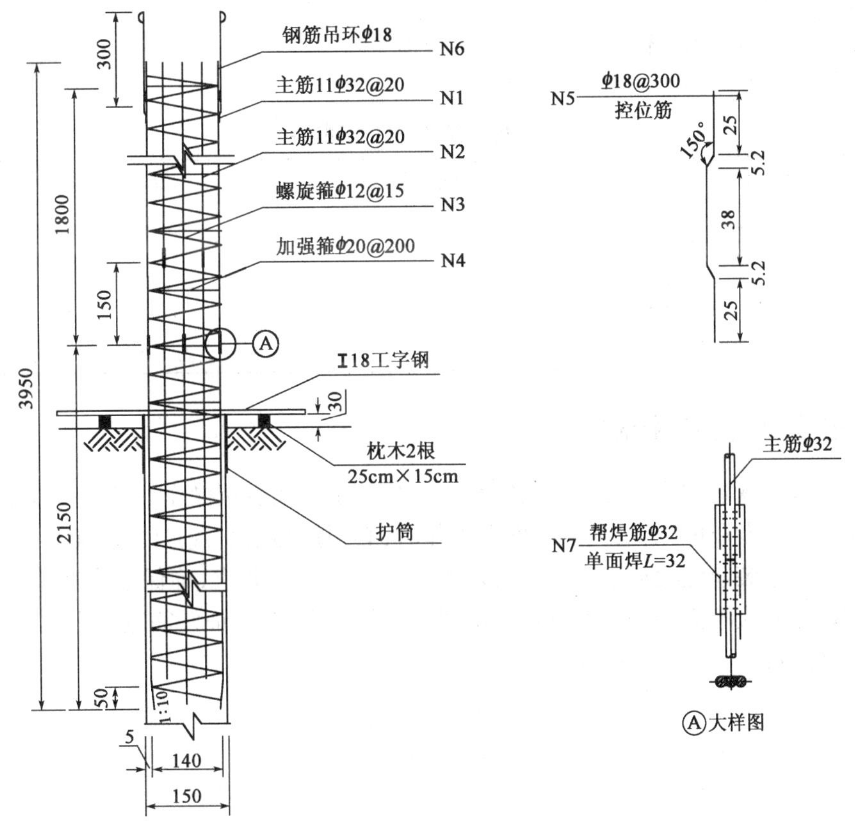

图 1　钢筋笼安装示意图（尺寸单位：cm；钢材：mm）

一、作业条件

1. 成孔验收合格。
2. 经验收合格的钢筋笼已运至现场。

二、施工方法、工艺

第一段钢筋笼下笼、临时固定→第二段与第一段钢筋笼对接→解除临时固定、下笼就位

1. 第一段钢筋笼下笼、临时固定

采用吊车起吊。第一段钢筋笼吊至孔口上方,入孔口时要有专人扶正,对准孔中心,然后缓慢垂直下放,利用其上部加强箍筋临时固定在护筒上部。

2. 第二段与第一段钢筋笼对接

吊起第二段钢筋笼顺直后,与第一段钢筋笼位置对正,采用帮条焊接连接主筋。

3. 解除临时固定、下笼就位

钢筋笼居中缓慢吊放就位,检查钢筋笼顶端高程,复核无误后,将钢筋笼最上端预留定位筋与孔口井字架焊接固定。

三、质量要求

1. 基本要求

钢筋的连接应牢固,不得有变形、松脱、开焊。

2. 实测项目(表1)

灌注桩钢筋笼安装实测项目 表1

项次	检查项目	规定值或允许偏差	检验方法及频率
1	倾斜度(%)	0.5	垂线法:每桩检查
2	中心平面位置(mm)	20	全站仪:每桩检
3	顶端高程(mm)	±20	水准仪:每桩检查
4	底面高程(mm)	±50	水准仪:测每桩骨架顶面高程后反算

四、安全文明施工措施

1. 进入施工现场的人员必须佩戴安全帽。特殊工种及机械操作手必须持证上岗。

2. 现场配备专职电工,电气设备停止工作时,必须拉闸断电,锁好配电箱。

3. 钢筋笼吊装前应检查吊钩等吊具是否满足安全操作要求,确保吊点准确、吊绳牢固;吊车要支撑地面应牢固,并加设垫板;起吊时要系好牵引绳,保证钢筋笼稳定。

4. 做好栓桩的标识和保护。

审核人	交底人	接受交底人

25　桩基水下混凝土灌注

<table>
<tr><td colspan="2" rowspan="2">技术交底记录</td><td rowspan="2">编　　号</td><td></td></tr>
<tr><td>25</td></tr>
<tr><td>工程名称</td><td colspan="3">××公路桥梁工程</td></tr>
<tr><td>部位名称</td><td>基础与下部构造</td><td>工序名称</td><td>桩基水下混凝土灌注</td></tr>
<tr><td>施工单位</td><td></td><td>交底日期</td><td></td></tr>
</table>

交底内容：

桩直径 $D=150\text{cm}$，桩长 39m，桩间距 1.5m。混凝土强度等级为 C30，每根桩混凝土用量约 82m^3。水下混凝土灌注作业如图 1 所示。

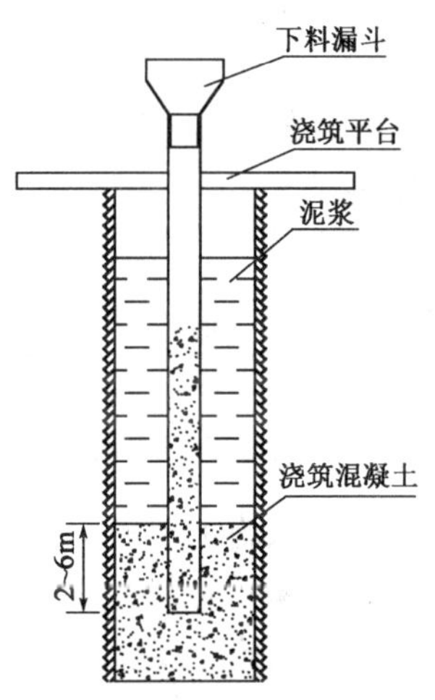

图 1　水下混凝土灌注作业示意图

一、作业条件

1. 钢筋笼安装固定并清孔完毕，验收合格。

2. 导管使用前进行严密性试验，试验合格并将导管节段编号。

3. 到场的商品混凝土按批次抽样检测，坍落度控制在 18 ~ 22cm。

二、施工方法、工艺

导管安装→灌注首批混凝土→连续灌注混凝土、提升导管→拔出护筒

1. 导管安装

导管内径为 30cm，每节长 2m。按照试验时的编号顺序组装导管，将导管置于孔口中心位置，接头处加胶垫圈、抹黄油，最后紧固。下导管至孔底 40cm 处。

2. 灌注首批混凝土

在灌注首批混凝土前，先将隔水塞（采用球胆制作）放在漏斗颈部，随后灌入首批混凝土 3m^3。导管下口埋入混凝土的深度约 1.5m。首批混凝土灌入孔底后，立即探测孔内混凝土顶面高度，计算出导管埋置深度，符合要求后再正常连续灌注混凝土。

3. 连续灌注混凝土、提升导管

（1）灌注速度不得小于 $2\text{m}^3/\text{h}$，单桩混凝土灌注时间控制在 4 ~ 6h。

（2）保持水头高度，观察管内混凝土下降和孔内水位升降情况，及时测量孔内混凝土面的上升高度，适时提升和拆卸导管。导管逐步提升时应保持轴线竖直、位置居中，埋置深度应控制在 2 ~ 6m。

（3）每次提升导管前探测一次混凝土面高度，及时调整导管埋深。遇灌注量异常时，应增加探测次数。

（4）当灌注的混凝土顶面距离钢筋笼底部1m左右时，应降低混凝土的灌注速度；当混

凝土上升到钢筋笼底部4m以上时，提升导管，使其导管底口高于钢筋笼底部2m以上后再恢复正常灌注速度。

(5)混凝土灌注到接近桩顶设计高程时，计算所需混凝土数量(计算时应将导管内及混凝土输送泵内的混凝土数量估计在内)。最后一段导管拔出时速度要慢，混凝土的灌注高度应超出桩顶设计高程50~100cm。

4. 拔出护筒

桩基混凝土初凝前，用吊车起吊护筒。

三、质量要求

1. 基本要求

(1)到场混凝土必须有材料试验检测报告、混凝土开盘报告，所用的水泥、砂、石、水、外掺剂及混合材料的质量和规格符合相关技术规范要求，按规定的配合比施工。每桩混凝土制作3组标养试件。

(2)混凝土灌注过程中，要填写水下混凝土灌注记录。

2. 实测项目(表1)

钻孔灌注桩混凝土浇筑实测项目　表1

序号	项　目	允许偏差	检验方法及频率
1	混凝土强度(MPa)	符合设计值	按水泥混凝土抗压强度评定

四、安全文明施工措施

1. 进入施工现场所有人员必须戴安全帽，操作工人必须佩戴劳动保护用品。特殊工种及机械操作手必须持证上岗。

2. 夜间施工要保证照明。各种电气设备和线路必须绝缘良好；各种电动机具必须按规定接零接地，并设置单一开关；遇有临时停电或停工休息时，必须拉闸加锁。

3. 施工前必须对混凝土灌注作业中使用的机械设备、施工机具等进行逐一检查，确保性能良好。

4. 罐车剩余混凝土及现场施工垃圾等应指定地点处理；泥浆池污水应集中排放到指定地点。

5. 采取必要的钢筋笼抗浮措施。

6. 泥浆池和桩孔周围设置安全警示标志，采取防护措施。

审　核　人	交　底　人	接　受　交　底　人

26　承台基坑开挖

技术交底记录		编　号	26
工程名称	××市政桥梁工程		
部位名称	基础与下部构造	工序名称	承台基坑开挖
施工单位		交底日期	

交底内容：

承台宽3m，长15m，现场土质为粉质黏土，地下水位深25m。基坑开挖深3m，上口宽9.5m，下口宽5m，长17m，坡度比为1∶0.5。承台基坑开挖断面如图1所示。

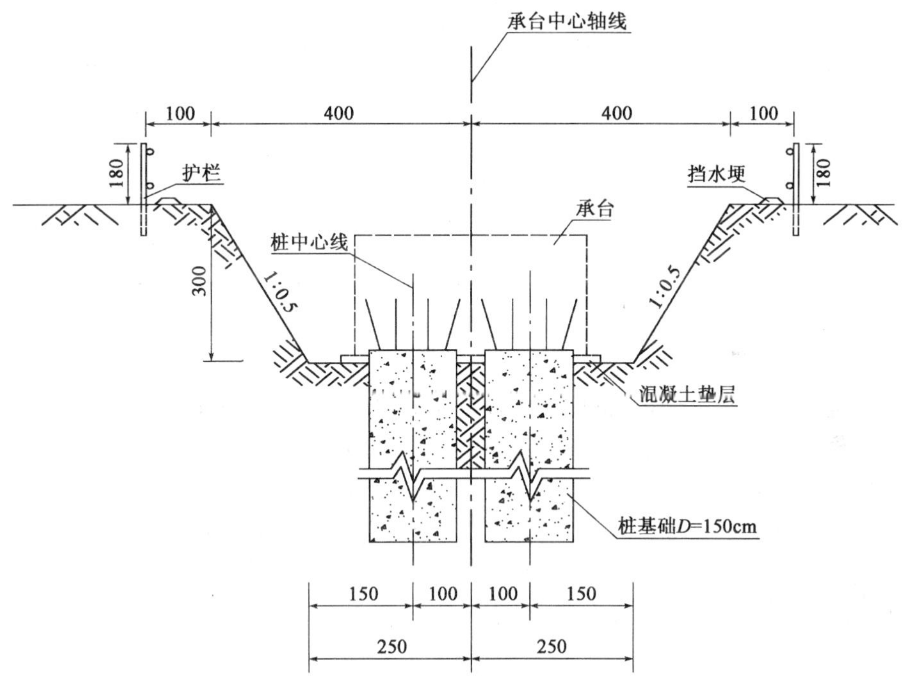

图1　承台基坑开挖断面示意图（尺寸单位：cm）

一、作业条件

1. 清除场地内杂物及地上、地下障碍物，场地平整。
2. 完善了临时排水设施。
3. 挖掘机和弃土运输车的配备能满足施工要求。
4. 测量放线，定出承台的定位控制线（桩），水准基点（桩），基坑开挖轮廓线。

二、施工方法、工艺

基坑及桩间土挖除→清底→测量复核

1. 基坑及桩间土挖除

开挖基坑深3m,设计基坑坡度比为1:0.5,下口宽5m,上口宽8m,长17m。机械开挖至距桩顶高程1m、桩周0.3m时,由人工配合清除桩顶和桩周土。基坑开挖时应随挖随修坡,并随时检查边坡稳定情况。

2. 清底

机械开挖至设计基底标高以上20cm后由人工清至基底。

三、质量要求

1. 基本要求

(1)不得扰动基底原状土,如基坑扰动、超挖,基底应按设计要求处理。

(2)基底应无积水和其他杂物,基坑放坡应符合要求。

2. 实测项目(表1)

基坑开挖允许偏差表 表1

<table>
<tr><th rowspan="2">项次</th><th rowspan="2" colspan="2">检查项目</th><th rowspan="2">允许偏差(mm)</th><th colspan="2">检验频率</th><th rowspan="2">检查方法</th></tr>
<tr><th>范围</th><th>点数</th></tr>
<tr><td>1</td><td>基底高程</td><td>土方</td><td>0　-20</td><td rowspan="4">每座</td><td>5</td><td>用水准仪量测四角和中心</td></tr>
<tr><td>2</td><td colspan="2">轴线偏位</td><td>≤50</td><td>4</td><td>用经纬仪量测,纵横各计2点</td></tr>
<tr><td>3</td><td colspan="2">基坑尺寸</td><td>不小于规定</td><td>4</td><td>用钢尺量每边各计1点</td></tr>
<tr><td>4</td><td colspan="2">对角线差</td><td>0　50</td><td>1</td><td>用钢尺量两对角线</td></tr>
</table>

四、安全文明施工措施

1. 进入施工现场的人员必须戴安全帽,特殊工种及机械操作手必须持证上岗。
2. 开挖作业设专人指挥,连续进行,同时应监控边坡稳定。
3. 基坑边2m内不得堆土,堆土高度不得超过1.5m。
4. 人员上下基坑走安全梯道,距基坑边1m处设置不低于1.2m高栏杆。
5. 夜间施工要有足够的照明,施工期间设警示标志。
6. 土方运输作业时必须用苫布遮盖,不得遗撒。

审　核　人	交　底　人	接　受　交　底　人

27　承台钢筋绑扎、安装

<table>
<tr><td colspan="2" rowspan="2">技术交底记录</td><td rowspan="2">编　　号</td><td></td></tr>
<tr><td>27</td></tr>
<tr><td>工程名称</td><td colspan="3">××市政桥梁工程</td></tr>
<tr><td>部位名称</td><td>地基与基础</td><td>工序名称</td><td>承台钢筋绑扎、安装</td></tr>
<tr><td>施工单位</td><td></td><td>交底日期</td><td></td></tr>
</table>

交底内容：

承台尺寸为5.4m×5.4m×1.65m，共计40座。每个承台钢筋用量近5t，钢筋型号有四种，其中N1为ϕ28，N2～N5为ϕ16，N6为ϕ12，N7为ϕ8。承台结构横截面配筋如图1所示。

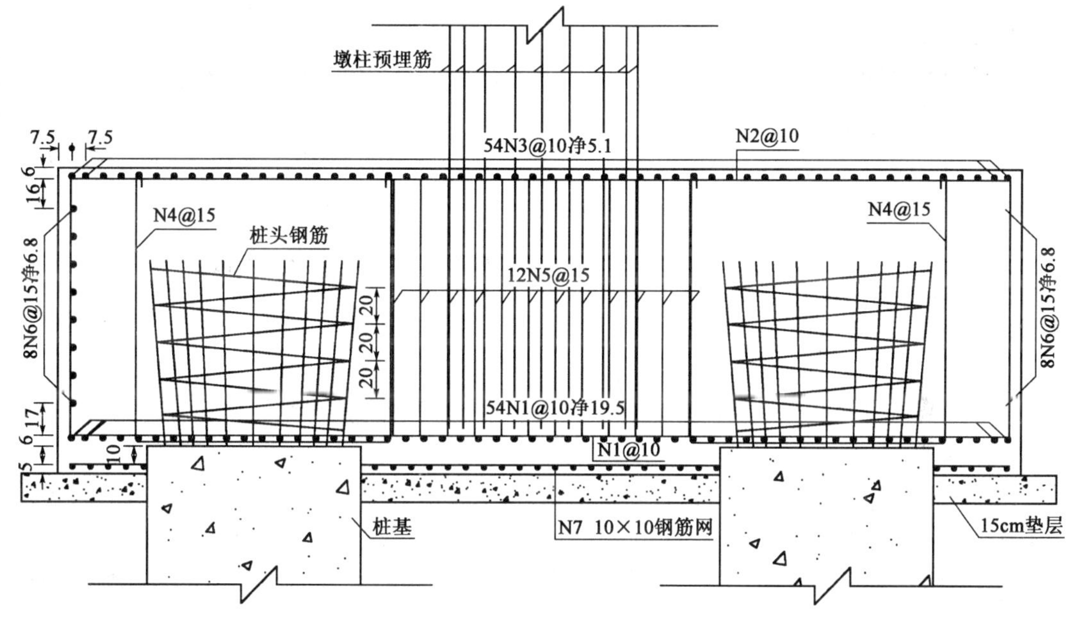

图1　承台结构横截面配筋图(尺寸单位:cm;钢材:mm)

一、作业条件

1. 经验收合格的承台钢筋已运至现场。
2. 承台基坑清理完毕，承台垫层经验收合格。
3. 在承台垫层上进行承台钢筋骨架绑扎的定位放线。

二、施工方法、工艺

安装桩头周围钢筋→安装承台底层钢筋、架立筋→安装顶层钢筋→安装分布筋→安装保护层垫块→支立模板→预埋墩柱钢筋

1. 安装桩头周围钢筋

(1)在承台垫层上用石笔划出N7钢筋位置，间距10cm，按照划出的钢筋位置摆放N7

钢筋,并用扎丝绑扎牢固。

(2)在垫层前、后和中部安放三道马蹬,马蹬按照承台的尺寸通长布置,高度为20cm。在横向两颗桩头之间安放N4钢筋,间距15cm。

2. 安装承台底层钢筋、架立筋

(1)按照划出的钢筋位置,纵向安放54根N1钢筋,间距10cm;

(2)在纵向两颗桩头之间安放N5钢筋,间距15cm;

(3)按照划出的钢筋位置线横向安放54根N1钢筋,间距10cm;

(4)用22号火烧扎丝将纵、横向两层N1钢筋的交叉点绑扎牢固,丝头朝内,成八字形。

3. 安装顶层钢筋

(1)纵向安放N2钢筋,N2钢筋与底层N1钢筋一一对应,并与N1钢筋焊接。

(2)N2钢筋安放完毕后,在其横向安放N3钢筋,N3钢筋与上层N1钢筋一一对应,并与N1钢筋焊接。

(3)用22号火烧扎丝将N2、N3钢筋的交叉点绑扎牢固,丝头朝内,成八字形。

4. 安装分布筋

在承台钢筋四个侧面安放N6钢筋,每侧8根均布,并分别与N2、N3钢筋绑扎牢固。

5. 安装保护层垫块

在钢筋的侧面卡好垫块,确保护层厚度5cm,垫块截面小的一侧朝外,横竖向间距为60~75cm,梅花型布置。

6. 预埋墩柱钢筋

模板支设完毕后,依据测量预先放出的墩柱中心位置,预埋墩柱钢筋。为防止墩柱钢筋倾倒,将墩柱钢筋与承台钢筋点焊在一起。

三、质量要求

1. 基本要求

(1)钢筋的连接形式应符合设计要求,其中在1.3倍搭接长度内接头不大于25%;焊接接头在35d范围内接头数不得大于50%。

(2)钢筋安装时的规格、数量、形状、间距和位置必须符合设计要求,承台预埋件的规格、数量、位置等必须符合设计要求。

(3)钢筋表面和钢筋接头不得有焊渣、油污、颗粒状或片状老锈等。

(4)多层钢筋要有足够的钢筋支撑,保证骨架的施工刚度。

2. 实测项目(表1)

承台钢筋安装允许偏差 表1

<table>
<tr><th rowspan="2">项次</th><th rowspan="2" colspan="2">检查项目</th><th rowspan="2">允许偏差(mm)</th><th colspan="2">检验频率</th><th rowspan="2">检查方法</th></tr>
<tr><th>范围</th><th>点数</th></tr>
<tr><td>1</td><td>受力钢筋间距</td><td>同排</td><td>±20</td><td rowspan="5">每座承台</td><td>2</td><td>用钢尺量</td></tr>
<tr><td>2</td><td colspan="2">横向水平筋</td><td>+0 −20</td><td>5</td><td>连续量取5个间距,其平均值计1点</td></tr>
<tr><td rowspan="2">3</td><td rowspan="2">钢筋骨架尺寸</td><td>长</td><td>±10</td><td>3</td><td>用钢尺量</td></tr>
<tr><td>宽、高</td><td>±5</td><td>3</td><td>用钢尺量</td></tr>
<tr><td>4</td><td colspan="2">保护层厚度</td><td>±10</td><td>6</td><td>沿模板周边检查,用钢尺量6点</td></tr>
</table>

四、安全文明施工措施

1. 进入施工现场所有人员必须戴安全帽。焊工、电工等特殊工种及机械操作手必须持证上岗。

2. 现场配备专职电工,电气设备停止工作时,必须拉闸断电,锁好配电箱。

3. 钢筋焊接应采取防风、雨措施,使用手动、电动工具必须戴绝缘手套,穿绝缘鞋。

4. 设专人指挥吊装作业,确保吊点准确、吊绳牢固;吊车作业半径下严禁站人。

5. 钢筋在运输过程中,应避免锈蚀和污染。现场应分类码放,设立标识,垫高并加遮盖。

审核人	交底人	接受交底人

28　承台模板组拼与安装

技术交底记录		编　　号	28
工程名称	××市政桥梁工程		
部位名称	地基与基础	工序名称	承台模板组拼与安装
施工单位		交底日期	

交底内容：

承台结构尺寸为5.4m×5.4m×1.65m。模板由方木和覆膜酚醛胶合板制作而成，基坑支护采用钢管架横撑基坑四壁形式。承台模架支撑如图1所示。

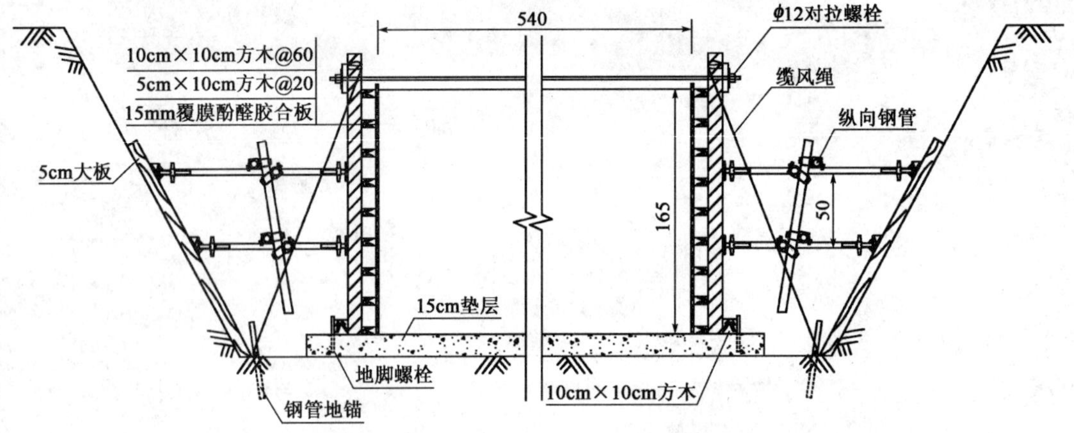

图1　承台剖面支架支撑图（尺寸单位：cm；钢材：mm）

一、作业条件

1. 承台钢筋隐蔽工程验收合格。
2. 模板及支撑材料已准备完成。

二、施工方法、工艺

模板组拼→模板安装

1. 模板组拼

模板尺寸为5.4m×1.7m，模板面板采用15mm厚的覆膜酚醛胶合板（尺寸2.44m×1.22m），主肋采用5cm×10cm方木，间距为20cm，背楞采用10cm×10cm方木，间距为60cm。板缝之间粘贴双面胶条。

2. 模板安装

（1）模板采用8t吊车安装就位。

（2）模板加固采用顶丝与ϕ48钢管配合支撑，顶丝一端支撑于模板背楞上，水平间距为

60cm,竖向间距50cm,另一端支撑在基坑四壁上,基坑四壁与顶丝间用大板配合支撑,并用木楔子卡紧。

(3)钢管支撑水平上下设置两层,间距与模板背楞相同。模板底部预埋长20cm的ϕ16mm钢筋,埋深10cm,采用5cm×10cm方木锁底加固。

(4)在钢筋与模板间交错绑扎砂浆垫块,间距60cm,梅花型布置。

三、质量要求

1. 基本要求

(1)承台模板及支撑体系必须满足强度、刚度、稳定性要求。

(2)拼装过程中,模板应支撑牢固,拼缝接触严密。

(3)模板面板应干净。

(4)混凝土必须达到10MPa后方可拆模。

2. 实测项目(表1、表2)

承台模板制作允许偏差表 表1

<table>
<tr><th rowspan="2">序号</th><th rowspan="2">项　目</th><th rowspan="2">允许偏差(mm)</th><th colspan="2">检验频率</th><th rowspan="2">检查方法</th></tr>
<tr><th>范围</th><th>点数</th></tr>
<tr><td>1</td><td>模板的长度和宽度</td><td>±3</td><td rowspan="5">每个构件</td><td rowspan="4">4</td><td rowspan="2">用钢尺量</td></tr>
<tr><td>2</td><td>相邻两板表面高低差</td><td>3</td></tr>
<tr><td>3</td><td>平板模板表面
最大的局部不平</td><td>5</td><td>用3m直尺检查</td></tr>
<tr><td>4</td><td>拼合板中木板间的
缝隙宽度</td><td>2</td><td rowspan="2">用钢尺量</td></tr>
<tr><td>5</td><td>榫槽嵌接紧密度</td><td>2</td><td>2</td></tr>
</table>

承台模板安装允许偏差表 表2

<table>
<tr><th rowspan="2">序号</th><th rowspan="2">项　目</th><th rowspan="2">允许偏差(mm)</th><th colspan="2">检验频率</th><th rowspan="2">检查方法</th></tr>
<tr><th>范围</th><th>点数</th></tr>
<tr><td>1</td><td>相邻两板表面高低差</td><td>≤4</td><td rowspan="5">每个
构筑物</td><td>4</td><td>用钢尺量</td></tr>
<tr><td>2</td><td>模板表面平整度</td><td>≤5</td><td>4</td><td>用3m直尺检验</td></tr>
<tr><td>3</td><td>垂直度</td><td>0.2%H,且不大于20</td><td>2</td><td>用垂线或经纬仪检验</td></tr>
<tr><td>4</td><td>模内尺寸</td><td>±10</td><td>3</td><td>用钢尺量,长、宽、高各1点</td></tr>
<tr><td>5</td><td>轴线位移</td><td>≤10</td><td>2</td><td>用经纬仪测量,纵、横向各计1点</td></tr>
</table>

注:表中H为承台高度(mm)。

四、安全文明施工措施

1. 进入施工现场的人员必须戴安全帽。

2. 平刨、圆锯的安全防护装置必须齐全，不准拆卸，严禁使用有裂缝的圆锯片，使用手动、电动工具必须带绝缘手套、穿绝缘鞋。非电工人员不得进行接电操作。

3. 设专人指挥吊装作业，按照安全操作要求作业。

4. 施工现场严禁吸烟。

审核人	交底人	接受交底人

29　承台混凝土浇筑与养护

<table>
<tr><td colspan="2" rowspan="2">技术交底记录</td><td rowspan="2">编　　号</td><td></td></tr>
<tr><td>29</td></tr>
<tr><td>工程名称</td><td colspan="3">××市政桥梁工程</td></tr>
<tr><td>部位名称</td><td>地基与基础</td><td>工序名称</td><td>承台混凝土浇筑、养护</td></tr>
<tr><td>施工单位</td><td></td><td>交底日期</td><td></td></tr>
</table>

交底内容：

承台结构尺寸为5.4m×5.4m×1.65m。承台混凝土强度等级为C30，每个承台需48.2m^3，采用商品混凝土浇筑成型。

一、作业条件

1. 支架、模板、钢筋和预埋件等经检查，验收合格。

2. 混凝土到场后浇筑前，用清水将模板及承台顶浇筑面湿润。

3. 按批次检查混凝土的和易性和坍落度，坍落度控制为12~16cm，检测合格后方可浇筑。浇筑时应填写好混凝土施工记录，取样制作标准养护和同条件养护混凝土试件。

二、施工方法、工艺

混凝土浇筑→混凝土振捣→养护

1. 混凝土浇筑

(1)混凝土浇筑采用自卸罐车配合溜槽下料，配置两个溜槽，对称置于承台两侧，其长度应使底端伸过承台中线，自两侧向中间浇筑。浇筑时，溜槽随着混凝土浇筑情况而移动位置，混凝土不得集中卸料。

(2)浇筑应按水平分层，均匀、连续进行，每次分层厚度应控制在30cm以内。

(3)承台混凝土浇筑完成并初凝后进行人工收面，用木抹子压实搓平，用铁抹子赶光。操作时，工人应站在混凝土顶面架立的大板上，不得踩踏混凝土。

(4)混凝土浇筑时设专人检查模板支撑，如发现有松动、变形、移位时应及时加固处理。

2. 混凝土振捣

(1)混凝土振捣采用50型插入式振捣棒。

(2)振捣棒应快插慢拔，插点均匀，呈梅花状布置，移动间距不应超过60cm；振捣棒插入下层混凝土5~10cm，与侧模应留有10~20cm的距离，相邻层振捣棒插入混凝土深度应没入下层5cm为宜；每一振点的延续时间以表面出现浮浆和不再出现大的气泡为准，一般为20~30s。

(3)振动完毕后应边振动边缓慢将振动棒提出，避免振动棒碰撞模板和钢筋。

3. 养护

混凝土采用土工布保湿养生，上面覆盖塑料薄膜并压实。安排专人定时洒水养护，每天浇水养生遍数以混凝土表面处于湿润状态为准,养护期不小于7d。

三、质量要求

1. 基本要求

(1)预拌混凝土进场时必须有发货单等合格证明材料。按混凝土进场的批次进行抽样检验,要求混凝土强度必须符合设计要求,符合经审批的施工配合比。

(2)每座承台应制取标准养护试件3组,试件的取样、制作、养护和试验应符合标准要求;混凝土坍落度的检查应每工作班不少于两次。

(3)承台不得有大于0.2mm的裂缝,承台不得有缺棱掉角、蜂窝麻面。

2. 实测项目(表1)

现浇混凝土承台允许偏差　　表1

序号	项目		允许偏差(mm)	检验频率		检验方法
				范围	点数	
1	断面尺寸	长、宽	±15	每个基础	4	用钢尺量,长、宽各计2点
2	基础厚度		0,+10		2	用钢尺量
3	顶面高程		±10		4	用水准仪测量四角
4	轴线位移		≤15		4	用经纬仪测量,纵、横各计2点
5	预埋件位置		≤10	每件	1	用经纬仪和钢尺测量,每件量最大偏差值

四、安全文明施工措施

1. 进场人员必须戴安全帽,操作工人必须佩戴劳动保护用品,使用手动、电动工具必须戴绝缘手套,穿绝缘鞋。特殊工种及机械操作手必须持证上岗。

2. 施工前必须对混凝土灌注作业中使用的机械设备、机具等逐一检查,确保性能良好。

3. 浇筑时罐车要有专人指挥,并确保罐车与基坑边的安全距离不得小于2m;混凝土下料溜槽及支撑架必须稳固。

4. 夜间施工要保证照明。各种电气设备和线路必须绝缘良好;各种电动机具必须按规定接零接地,并设置单一开关;遇有临时停电或停工休息时,必须拉闸加锁。

5. 罐车剩余混凝土及现场施工垃圾等应指定地点处理。

审核人	交底人	接受交底人

30　现浇混凝土墩柱钢筋加工

技术交底记录		编　　号	30
工程名称	××市政桥梁工程		
部位名称	墩台	工序名称	现浇混凝土墩柱钢筋加工
施工单位		交底日期	

交底内容：

圆柱形墩柱直径为 $D = 150\text{cm}$，高度 11m。钢筋型号有 $\phi 28\text{mm}$、$\phi 25\text{mm}$、$\phi 12\text{mm}$ 三种，钢筋加工种类有三种，主筋采用直螺纹连接。墩柱配筋及加密区箍筋如图 1、图 2 所示。

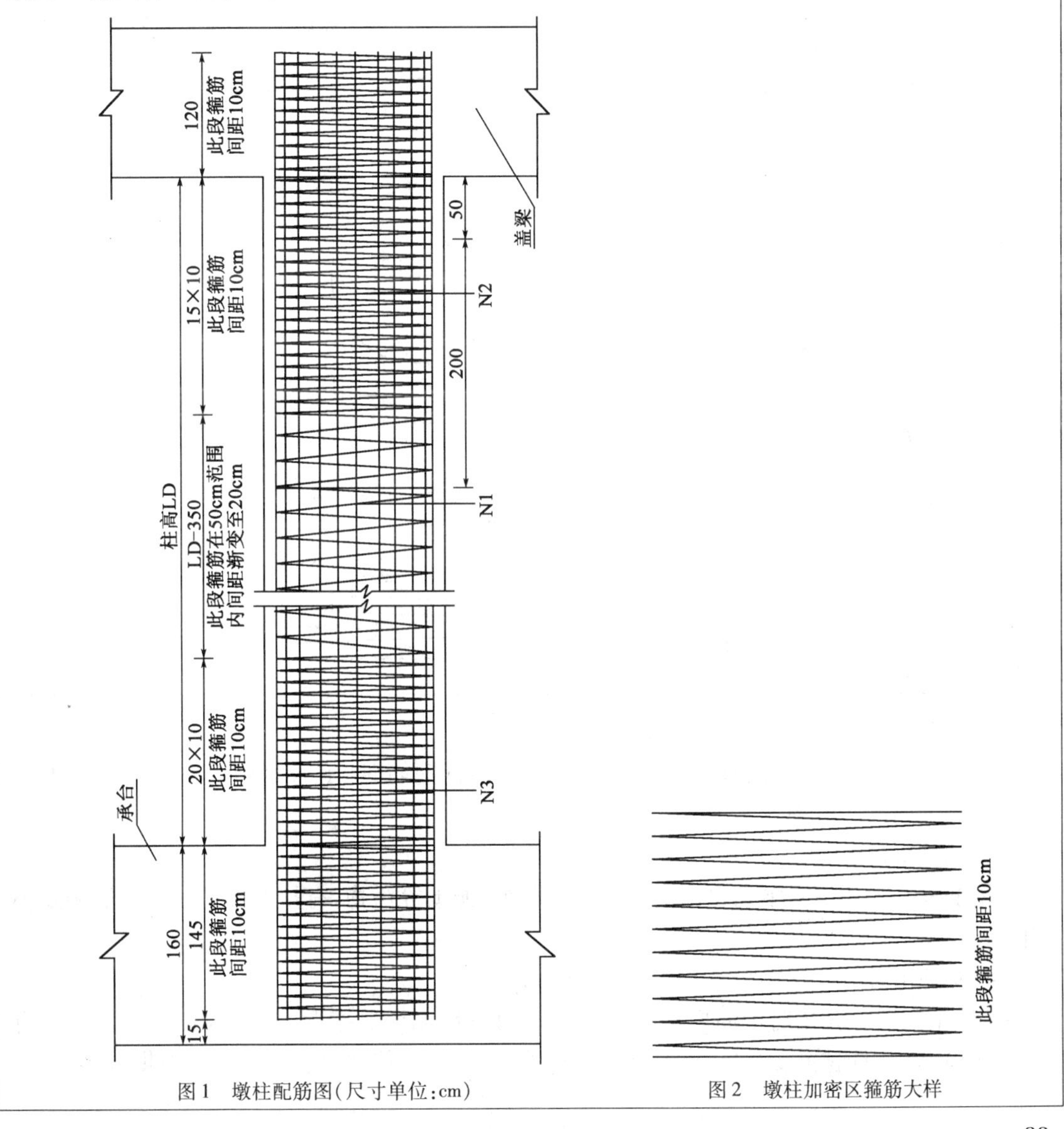

图 1　墩柱配筋图（尺寸单位：cm）

图 2　墩柱加密区箍筋大样

一、作业条件

1. 钢筋加工场地已经硬化、道路通畅，供电等满足施工需要，钢筋加工棚搭设完毕。

2. 墩柱所需钢筋已进场，复试合格。

3. 钢筋切割机、弯曲机、电焊机等设备全部到位，设备状况良好。

4. 依据设计图纸完成钢筋下料表的编制和审核。

二、施工方法、工艺

1. 单根墩柱钢筋加工见本节表1。

墩柱钢筋加工料表　　表1

钢筋编号	规格（mm）	单根长（cm）	单根重量（kg）	数量（根）	钢筋加工形状（cm）	钢筋下料长度（cm）
N1	ϕ28	1385	66.9	44	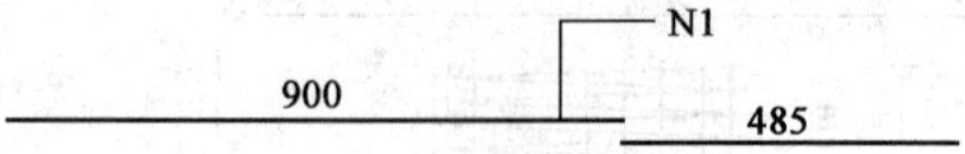 N1 900 485	1385
N2	ϕ25	452	17.4	6	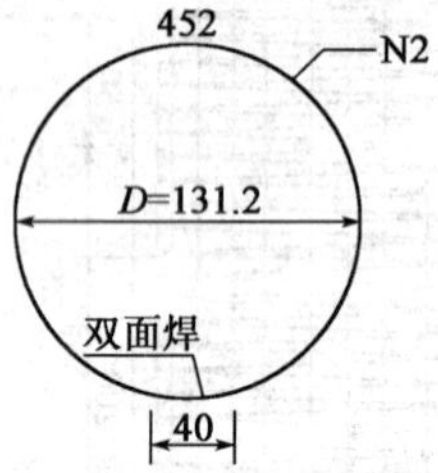 452 N2 D=131.2 双面焊 40	452
N3	ϕ12	45250	401.8	1	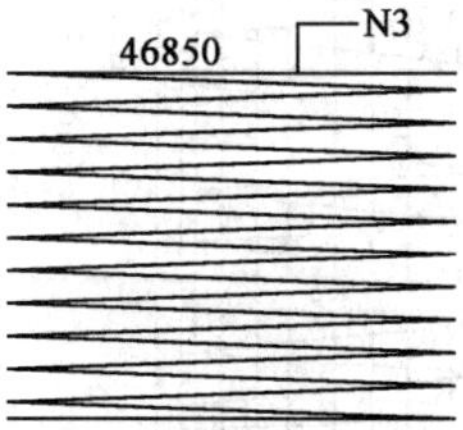 46850 N3	46850

2. 钢筋的调直

弯曲的钢筋加工前必须调直，采用冷拉方法调直钢筋时，Ⅰ级钢筋的冷拉率不宜大于2%，Ⅱ级钢筋的冷拉率不宜大于1%。

3. 钢筋除锈去污

钢筋加工前要清除钢筋表面油漆、油污、锈蚀、泥土等污物，有损伤和锈蚀严重的剔除不用。

4. 钢筋下料

（1）下料前认真核对钢筋规格、级别及加工数量，无误后按配料单下料。下料时，先将每种规格、形状的钢筋按安装设计长度下料，试加工一根，首件验收合格后方可批量加工。

(2)钢筋的切割采用钢筋切断机进行;在钢筋切断前,先在钢筋上用粉笔按配料单标注下料长度将切断位置做明显标记,切断时,切断标记对准刀刃将钢筋放入切割槽将其切断;钢筋较细时,可用铁钳人工切断。

(3)断料时应根据长度先下长料,后下短料以减少短头。

5. 钢筋弯制

(1)N2 钢筋的弯制按照本节表 1 中的钢筋大样图加工,采用钢筋弯曲机加工。

(2)N3 钢筋采用盘条机加工方法弯制成型。

6. 钢筋的连接

(1)N1(φ28mm)连接采用直螺纹连接(图 3)。

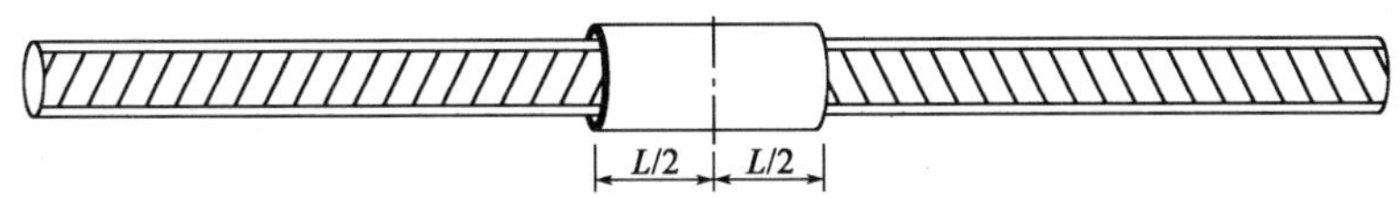

图 3　直螺纹连接示意图

注:L:直螺纹连接套筒长度

(2)加强筋与主筋采用点焊连接。

三、质量基本要求

1. 钢筋、焊条的品种、牌号、规格和技术性能必须符合规范和设计要求。每批次进场时均要有出厂合格证明和进场复验报告,按规定抽取试件作力学性能检验。

2. 螺纹连接应符合钢筋切口的端面与轴线垂直,不得有马蹄形或挠曲;拧紧后的钢筋单边外露有效丝扣不得小于一个丝扣且不得大于两个丝扣。

3. 钢筋弯制和末端弯钩、钢筋连接均应符合设计和技术规范要求,严禁用电气焊切割。

4. 钢筋成型时,其规格、数量、形状、间距和位置必须符合设计要求。

5. 钢筋应平直、无损伤,不得有裂纹、结疤和折叠。钢筋表面和钢筋接头表明不得有焊渣、油污、颗粒状或片状老锈等。

四、安全文明施工措施

1. 施工现场所有人员必须戴安全帽。焊工、电工等特殊工种及机械操作手必须持证上岗。

2. 现场配备专职电工,电气设备停止工作时,必须拉闸断电,锁好配电箱。

3. 钢筋焊接应采取防风、雨措施,使用手动、电动工具必须戴绝缘手套,穿绝缘鞋。

4. 设专人指挥吊装作业,确保吊点准确、吊绳牢固;吊车作业半径下严禁站人。

5. 钢筋在运输过程中,应避免锈蚀和污染。现场应分类码放,设立标识,垫高并加遮盖。

审　核　人	交　底　人	接　受　交　底　人

31 现浇混凝土墩柱钢筋绑扎、安装

<table>
<tr><td colspan="2" rowspan="2">技术交底记录</td><td rowspan="2">编　号</td><td></td></tr>
<tr><td>31</td></tr>
<tr><td>工程名称</td><td colspan="3">××市政桥梁工程</td></tr>
<tr><td>部位名称</td><td>墩台</td><td>工序名称</td><td>现浇混凝土墩柱钢筋绑扎、安装</td></tr>
<tr><td>施工单位</td><td></td><td>交底日期</td><td></td></tr>
</table>

交底内容：

墩柱直径 $D = 150$cm，高 11m。钢筋型号有ϕ28mm、ϕ25mm、ϕ12mm 三种，其中主筋为ϕ28mm，加强筋ϕ25mm，螺旋筋ϕ12mm。墩柱配筋及加密区箍筋如图 1、图 2 所示。

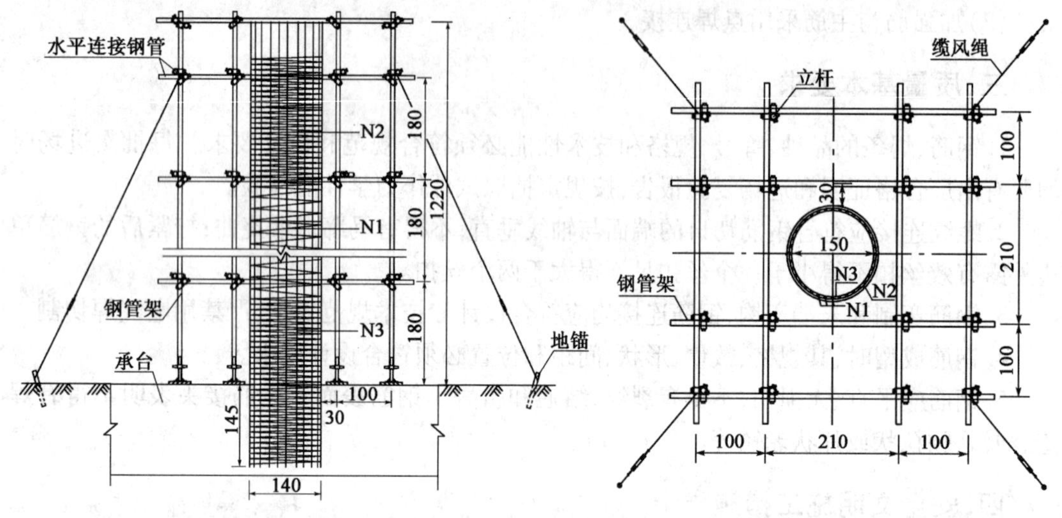

图 1　墩柱钢筋安装立面图（尺寸单位：cm）　　图 2　墩柱钢筋安装平面图（尺寸单位：cm）

一、作业条件

1. 经验收合格的承台钢筋已运至现场。
2. 承台基坑分层回填至承台顶面高程，密实度达到 95% 以上。
3. 承台结构顶面已经清理干净，经隐蔽工程检查验收合格。
4. 在承台上测放墩柱结构中心点和墩柱钢筋安装定位线。
5. 墩柱钢筋绑扎、安装支架及操作平台搭设完毕，经验收合格。

二、施工方法、工艺

主筋、加强筋安装→螺旋筋安装→保护层垫块安装

1. 主筋、加强筋安装

(1) 主筋为ϕ 28mm，中心间距为10.2cm，底部伸入承台145cm，上面伸入盖梁120cm。

加强钢筋为ϕ25mm，上下间距为2m。螺旋筋为ϕ12mm，在墩柱下部2m范围、伸入承台部分以及墩顶以下1.5m范围的螺旋筋间距均为10cm，其余部分螺旋筋间距在50cm范围内渐变为20cm。

(2)在承台上搭设双排脚手架，脚手架上部设置4道缆风绳。

(3)主筋安装之时，先将承台插筋安装完毕，将墩柱加强筋与承台钢筋绑扎固定，并按照主筋设计间距标出主筋位置；然后采用小型吊装设备将墩柱主筋吊起，由钢管支架上口吊入就位，并调整好主筋的上下高程，由焊工施焊，将主筋与加强筋焊接固定。安装四至五根主筋后，在承台上2m处安装第二个加强筋，并与主筋焊接固定。再继续安装主筋，并将每根主筋与两个加强筋焊接固定，防止主筋倾斜。主筋安装完毕后，按设计图纸，将未安装的加强筋安装完毕。

2. 螺旋筋安装

在主筋上用粉笔标出螺旋筋间距，根据不同部位分别标出间距10cm、20cm，由人工将螺旋筋从墩柱底部盘旋绑扎箍筋。钢筋的交叉点用22号火烧扎丝绑扎，间隔绑扎，绑丝接头朝向钢筋内侧。

3. 保护层垫块安装

绑扎完成后，在钢筋的侧面安装垫块，厚3cm，垫块截面小的一侧朝外，梅花形布置，横竖向间距1.2m。

三、质量要求

1. 基本要求

(1)钢筋的连接形式应符合设计要求，其中在1.3倍搭接长度内接头不大于25%；直螺纹连接或焊接接头在35d范围内接头数不得大于50%。

(2)钢筋安装时的规格、数量、形状、间距和位置必须符合设计要求。

(3)钢筋应平直、无损伤，钢筋表面和钢筋接头不得有焊渣、油污、颗粒状或片状老锈。

2. 实测项目(表1)

钢筋安装允许偏差　　表1

序号	检查项目		允许偏差(mm)	检验频率		检验方法
				范围	点数	
1	受力钢筋间距		±20	每个构筑物	2	用钢尺量
2	箍筋间距		+0 −20		5	连续量取5个间距，其平均值计1点
3	钢筋骨架尺寸	长	±10		3	用钢尺量
		直径	±5		3	
4	保护层厚度		±5		6	沿模板周边检查，用钢尺量6点

四、安全文明施工措施

1. 施工现场所有人员必须戴安全帽。焊工、电工等特殊工种及机械操作手必须持证上岗。

2. 电气设备停止工作时，必须拉闸断电，锁好配电箱。

3. 使用手动、电动工具必须戴绝缘手套，穿绝缘鞋。

4. 设专人指挥吊装作业。作业前要仔细检查吊钩等吊具是否满足安全操作要求，确保吊点准确、吊绳牢固；吊车要支撑地面应牢固，并加设垫板；起吊时要系好牵引绳；吊车作业半径下严禁站人。

5. 脚手架、脚手板要安全牢固，架上作业时操作工人要系安全带。

6. 施工人员上、下架子必须走安全梯道。

审核人	交底人	接受交底人

32 现浇混凝土墩柱模板组拼、安装

<table>
<tr><td colspan="2" rowspan="2">技术交底记录</td><td rowspan="2">编　　号</td><td></td></tr>
<tr><td>32</td></tr>
<tr><td>工程名称</td><td colspan="3">××市政桥梁工程</td></tr>
<tr><td>部位名称</td><td>墩台</td><td>工序名称</td><td>现浇混凝土墩柱
模板组拼、安装</td></tr>
<tr><td>施工单位</td><td></td><td>交底日期</td><td></td></tr>
</table>

交底内容：

墩柱直径 $D=130\text{cm}$，高 3.7～6.8m。墩柱模板采用定型钢模板，面板厚度为 4mm，筋板为 6mm 厚钢板及 10 号角钢。墩柱模板支护如图 1、图 2 所示。

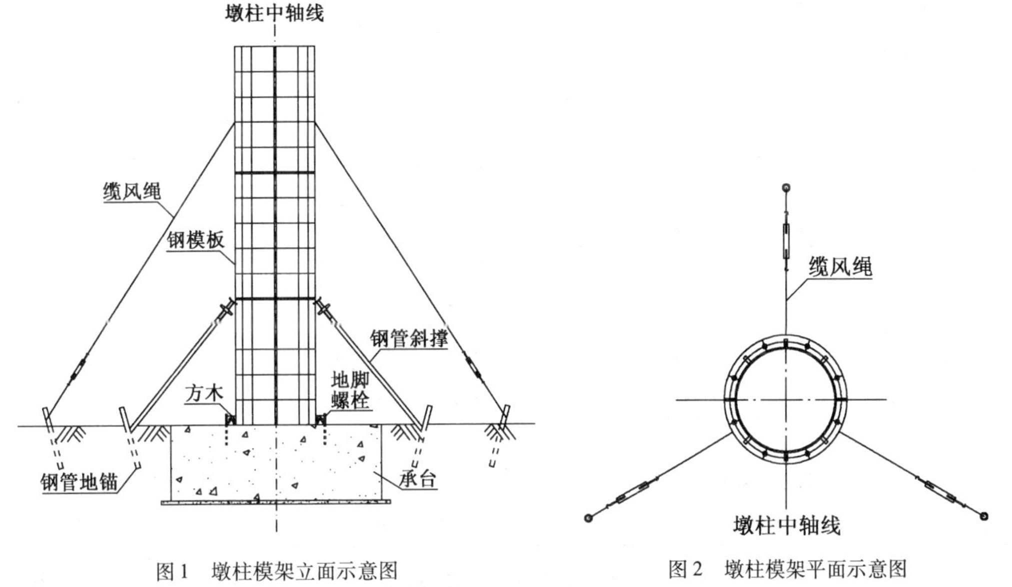

图 1　墩柱模架立面示意图　　图 2　墩柱模架平面示意图

一、作业条件

1. 模板与支架专项施工方案已通过业主及监理审批。
2. 墩柱钢筋经隐蔽工程经检查验收合格。
3. 定型钢模板按设计图纸完成制作，在出厂前完成工装，经验收合格后运至现场。
4. 测量人员在承台上测放墩柱中心控制线和模板安装定位线。

二、施工方法、工艺

模板组拼→模板安装

1. 模板组拼

(1) 检查其直径、板缝和相邻模板表面高低差，对不合格的部位应进行清理、打磨，错茬高差应小于2mm。

(2)模板拼装时,拼缝处加1cm厚海绵带;使用前应打磨、除锈至露出金属光泽为止。

(3)在模板上均匀涂抹植物油并擦拭干净,柱模两端用塑料布封堵。

2. 模板安装

(1)用16t吊车起吊后缓慢套入钢筋骨架,根据测量定位线就位,采用预埋在承台顶面的定位筋进行辅助定位。

(2)柱模就位后,底部用方木将模板与预埋的锚固钢筋顶紧,顶部采用3根揽风绳调整模板垂直度。柱模调整好后,由测量人员测出墩柱顶的设计高程并标记在模板内侧。柱模根部用砂浆封堵严密。

三、质量要求

1. 基本要求

(1)模板接缝不得漏浆,在浇筑混凝土前模板内应无积水,无杂物。

(2)模板内表面应均匀涂刷脱模剂。

2. 实测项目(表1、表2)

墩柱模板制作允许偏差表 表1

序号	检查项目		允许偏差(mm)	检验频率		检验方法
				范围	点数	
1	模板的长度和宽度		0,-1	每个构件	4	用钢尺量
2	肋高		±5		2	
3	面板端偏斜		≤0.5		2	用水平尺检查
4	连接配件的孔眼位置	孔中心与面板的距离	±0.3		4	用钢尺量
		板端孔中心与板端的距离	0,-0.5			
		沿板长和宽方向的孔	±0.6			
5	板面局部不平		1			用300mm长水平尺检验
6	板面和板侧挠度		±1		1	用水准仪检验

墩柱模板安装允许偏差表 表2

序号	项目	允许偏差(mm)	检验频率		检验方法
			范围	点数	
1	相邻两板表面高低差	≤2	每个构筑物	4	用钢尺量
2	模板表面平整度	≤3		4	用3m直尺检验
3	垂直度	0.2%H,≯20		2	用垂线或经纬仪检验
4	模内尺寸	+5 -8		3	用钢尺量,长、宽、高各1点
5	轴线位移	≤10		2	用经纬仪测量,纵、横各1点
6	支承面高程	+2 -5	每支撑面	1	用水准仪测量

注:1. 表中H为墩柱高度(mm);

2. 支撑面高程指模板底模上表面支撑混凝土面的高度。

四、安全文明施工措施

1. 进入施工现场所有人员必须戴安全帽，操作工人必须佩戴劳动保护用品，特殊工种及机械操作手必须持证上岗。

2. 高空作业人员必须系安全带。

3. 电气设备停止工作时，必须拉闸断电，锁好配电箱。严禁非电工人员进行接电。使用手动、电动工具必须带绝缘手套，穿绝缘鞋，防止漏电伤人。

4. 吊装作业前要仔细检查吊具是否满足安全操作要求，确保吊点准确、吊绳牢固。吊车作业半径下严禁站人；六级以上大风不得进行吊装作业。

5. 施工人员上、下架子必须走安全梯道。

审　核　人	交　底　人	接　受　交　底　人

33 墩柱混凝土浇筑、养护

<table>
<tr><td colspan="2" rowspan="2">技术交底记录</td><td rowspan="2">编　号</td><td></td></tr>
<tr><td>33</td></tr>
<tr><td>工程名称</td><td colspan="3">××市政桥梁工程</td></tr>
<tr><td>部位名称</td><td>墩台</td><td>工序名称</td><td>墩柱混凝土浇筑、养护</td></tr>
<tr><td>施工单位</td><td></td><td>交底日期</td><td></td></tr>
</table>

交底内容：

墩柱直径 $D=130$cm，高6.68m，墩柱强度等级为C40，抗冻等级F250。墩柱采用商品混凝土，泵送浇筑成型。

一、作业条件

1. 对钢筋、模板、支架等进行检查，验收合格。
2. 测量人员在柱模顶测放混凝土高程控制点。

二、施工方法、工艺

混凝土进场→浇筑→振捣→拆模→养护

1. 混凝土进场

混凝土到场后浇筑前，逐车检查混凝土的和易性和坍落度，坍落度控制为16～18cm，检测合格后方可浇筑。浇筑时应填写混凝土浇筑记录，制作一组标准养护试件。

2. 浇筑

混凝土采用泵车浇筑，自由泻落高度不大于2m。混凝土应分层浇筑，每层厚度不大于40cm，浇筑间隔时间不大于30min。浇筑时要边浇筑边量测墩柱模板垂直度。

3. 振捣

混凝土振捣使用50型插入式振捣棒，操作时应快插慢拔，插点均匀，按顺序逐点移动，移动间距不大于60cm，并与模板保持5～10cm的距离。振捣时，插入下层混凝土5～10cm，每一振点的延续时间以混凝土停止下沉、不冒气泡、表面呈现平坦浮浆为准，振捣时间控制在20～30s。振捣完毕后应边振动边徐徐提出振捣棒，避免碰撞模板。

4. 浇筑高程

混凝土应浇筑至设计高程以上2cm。

5. 混凝土拆模

当混凝土抗压强度达到10MPa时方可拆除模板，拆模时使用16t吊车配合，起钩应缓慢、匀速进行。

6. 养护

拆模后墩柱采用土工布、塑料薄膜包裹，顶部浇水，保湿养生，养生时间不少于7d。

三、质量要求

1. 基本要求

(1)预拌混凝土进场须有出场合格证、配合比设计等合格证明材料。按混凝土进场的批次进行抽样检验,制取标准养护试件2组,同条件养护试件1组,强度必须符合设计要求。

(2)试块的取样、制作、养护和试验应符合标准要求;混凝土的和易性、坍落度等每工作班至少检查两次。

(3)混凝土表面应平整,施工缝平顺、线条直顺、清晰,不得有蜂窝、露筋和裂缝。

2. 实测项目(表1)

现浇混凝土墩柱允许偏差表　　表1

序号	项　目	允许偏差(mm)	检验频率		检验方法
			范围	点数	
1	直 径	±5	每个柱	2	用钢尺量
2	柱 高	±10		1	用钢尺量柱全高
3	顶面高程	±10		1	用水准仪量测
4	垂 直 度	0.15%H,且≤10		2	用垂线或经纬仪量测
5	轴线位移	≤8		2	用经纬仪量测
6	平 整 度	≤3		2	用2m直尺量最大值
7	麻 面	≤1%		1	用钢尺量麻面总面积

注:表中H系墩柱高度(mm)。

四、安全文明施工措施

1. 进场人员必须戴安全帽,操作工人必须佩戴劳动保护用品,使用振捣棒时操作工人必须戴绝缘手套,穿绝缘鞋。特殊工种及机械操作手必须持证上岗。

2. 施工前必须对混凝土灌注作业中使用的机械设备、机具等逐一检查,确保性能良好。

3. 夜间施工要保证照明。各种电气设备和线路必须绝缘良好;各种电动机具必须按规定接零接地,并设置单一开关;遇有临时停电或停工休息时,必须拉闸加锁。

4. 浇筑作业时,不得从高处向下扔工具或其他物体。

5. 施工人员上、下架子必须走安全梯道。

6. 罐车剩余混凝土及现场施工垃圾等应指定地点处理。

审　核　人	交　底　人	接　受　交　底　人

34 重力式桥台钢筋加工

<table>
<tr><td colspan="2" rowspan="2">技术交底记录</td><td rowspan="2">编　　号</td><td></td></tr>
<tr><td>34</td></tr>
<tr><td>工程名称</td><td colspan="3">××公路桥梁工程</td></tr>
<tr><td>部位名称</td><td>基础及下部构造</td><td>工序名称</td><td>重力式桥台钢筋加工</td></tr>
<tr><td>施工单位</td><td></td><td>交底日期</td><td></td></tr>
</table>

交底内容：

重力式桥台总高5.5m，下底宽2.3m，上端宽1.1m，雉墙宽0.5m，高1m，横桥向长6m（图1）。桥台钢筋型号有ϕ25mm、ϕ20mm、ϕ18mm、ϕ16mm、ϕ14mm、ϕ12共6种，单个桥台钢筋总量共15.5t，钢筋加工类型主要有N1（ϕ25mm）、N7（ϕ12mm）、N15（ϕ16mm）等。桥台主要钢筋加工料表见表1。

一、作业条件

1. 钢筋加工场地已经硬化、道路通畅，供电等满足施工需要，钢筋加工棚搭设完毕。

2. 盖梁所需钢筋已进场，钢筋进场具有出厂证明书及合格证，复试合格。

3. 钢筋切割机、弯曲机、电焊机等设备全部到位，设备状况良好。

4. 依据设计图纸完成钢筋下料表的编制和审核。

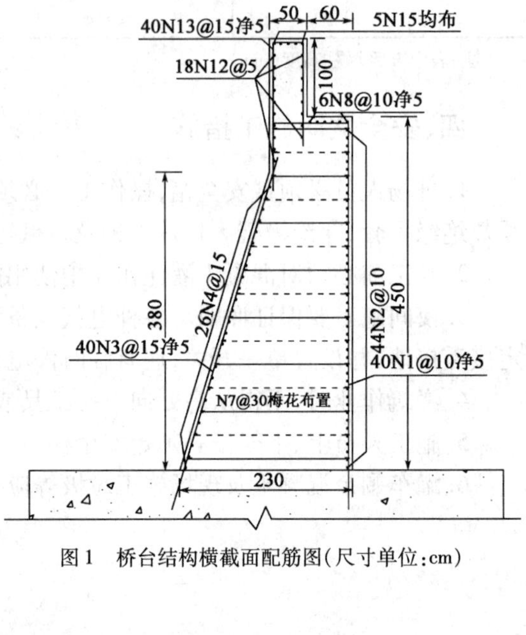

图1　桥台结构横截面配筋图（尺寸单位：cm）

二、施工方法、工艺

1. 桥台主要钢筋加工下料见本节表1。

2. 钢筋的调直：弯曲的钢筋加工前必须调直，采用冷拉方法调直钢筋时，Ⅰ级钢筋的冷拉率不宜大于2%，Ⅱ级钢筋的冷拉率不宜大于1%。

3. 钢筋除锈去污：钢筋加工前要清除钢筋表面油漆、油污、锈蚀、泥土等污物，不能使用有损伤和锈蚀严重的钢筋。

4. 钢筋下料

（1）下料前认真核对钢筋规格、级别及加工数量，按配料单合理配料。下料时，先将每种规格、形状的钢筋按下料长度下料，试加工一根，首件验收合格后方可批量加工。

（2）钢筋的切割采用钢筋切断机进行；在钢筋切断前，先在钢筋上用粉笔按料表单标注下料长度，按切断标记切断。

桥台主要钢筋加工料表 表 1

钢筋编号	规格(mm)	单根长(cm)	单根重量(kg)	数量(根)	钢筋加工形状	钢筋下料长度(cm)
N1	φ25	581	22.3	60	486 N1 R5 95	588.9
N2	φ16	590	9.3	44	590 N2	590
N3	φ20	470	11.6	33	470 N3	470
N4	φ12	500	4.4	26	500 N4	500
N7	φ12	110 ~225	1.1 ~2.9	150	10 R5 90~205 N7 R5 10	135.4 ~250.4
N8	φ18	540	10.8	6	540 N8	540
N12	φ14	540	6.5	18	540 N12	540
N13	φ16	353.8	5.4	40	N13 30 R5 183 125	353.8
N15	φ16	590	9.31	5	590 N15	590

5. 钢筋弯制

(1)钢筋的弯制采用钢筋弯曲机在工作平台上进行。

(2)N1、N13 钢筋的弯制和末端弯钩按照钢筋大样图所示。

(3)N7 的末端应做弯钩,弯钩角度为 135°;弯曲的半径为 50mm。

6. 钢筋的连接

(1)主筋 N1(φ25mm)连接采用双面焊接,如图 2 所示,采用 T506 型,双面焊焊缝长度不小于 $5d$,取 14cm。

(2)其他钢筋采用单面焊接,单面焊焊缝长度不小于 $10d$,接头应错开布置,焊接接头在 $35d$ 范围内接头数不得大于 50%。

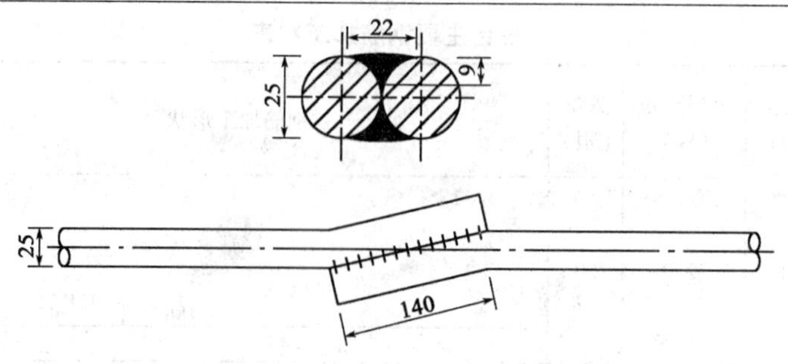

图2 N1主筋双面焊接大样图(尺寸单位:mm)

三、质量要求

1. 基本要求

(1)钢筋、焊条的品种、牌号、规格和技术性能必须符合规范和设计要求。每批次进场时均要有出厂合格证明和进场复验报告,按规定抽取试件作力学性能检验。

(2)钢筋弯制和末端弯钩、钢筋连接均应符合设计和技术规范的要求。

(3)钢筋成型时,其规格、数量、形状必须符合设计要求。

(4)受力钢筋应平直、无损伤,表面不得有裂纹、结疤和折叠。钢筋表面和钢筋接头表明不得有焊渣、油污、颗粒状或片装老锈等。

2. 实测项目(表2)。

钢筋加工实测项目　　表2

项次	检查项目	规定值或允许偏差	检查方法
1	受力筋顺长度方向加工后的全长(mm)	±0	受力筋总数30%
2	箍筋尺寸(mm)	±5	每构件检查5－10个间距

3. 外观鉴定

钢筋表面无铁锈及焊渣。

四、安全文明施工措施

1. 进入施工现场所有人员必须佩戴安全帽,操作工人必须佩戴劳动保护用品。焊工、电工等特殊工种及机械操作手必须持证上岗。

2. 现场配备专职电工,各类用电人员必须掌握安全用电的基本知识和所用电气设备的机械性能。电气设备停止工作时,必须拉闸断电,锁好配电箱。

3. 焊接作业时,严禁在主筋上打火引弧,以防烧伤主筋;钢筋焊接应采取防风、雨措施。

4. 使用手动、电动工具必须带绝缘手套,防止漏电伤人。

5. 钢筋原材料及加工成品应挂牌标识、分类码放,钢筋在运输过程中,应避免锈蚀和污染,露天堆置时应垫高并加遮盖。

审核人	交底人	接受交底人

35 重力式桥台钢筋绑扎、安装

<table>
<tr><td colspan="2" rowspan="2">技术交底记录</td><td rowspan="2">编　　号</td><td></td></tr>
<tr><td>35</td></tr>
<tr><td>工程名称</td><td colspan="3">××公路桥梁工程</td></tr>
<tr><td>部位名称</td><td>基础及下部构造</td><td>工序名称</td><td>重力式桥台钢筋绑扎、安装</td></tr>
<tr><td>施工单位</td><td></td><td>交底日期</td><td></td></tr>
</table>

交底内容：

重力式桥台总高5.5m，下底宽2.3m，上端宽1.1m，雉墙宽0.5m，高1m，横桥向长6m。桥台钢筋型号有ϕ25mm、ϕ20mm、ϕ18mm、ϕ16mm、ϕ14mm、ϕ12共6种，单个桥台钢筋总量共15.5t（图1）。

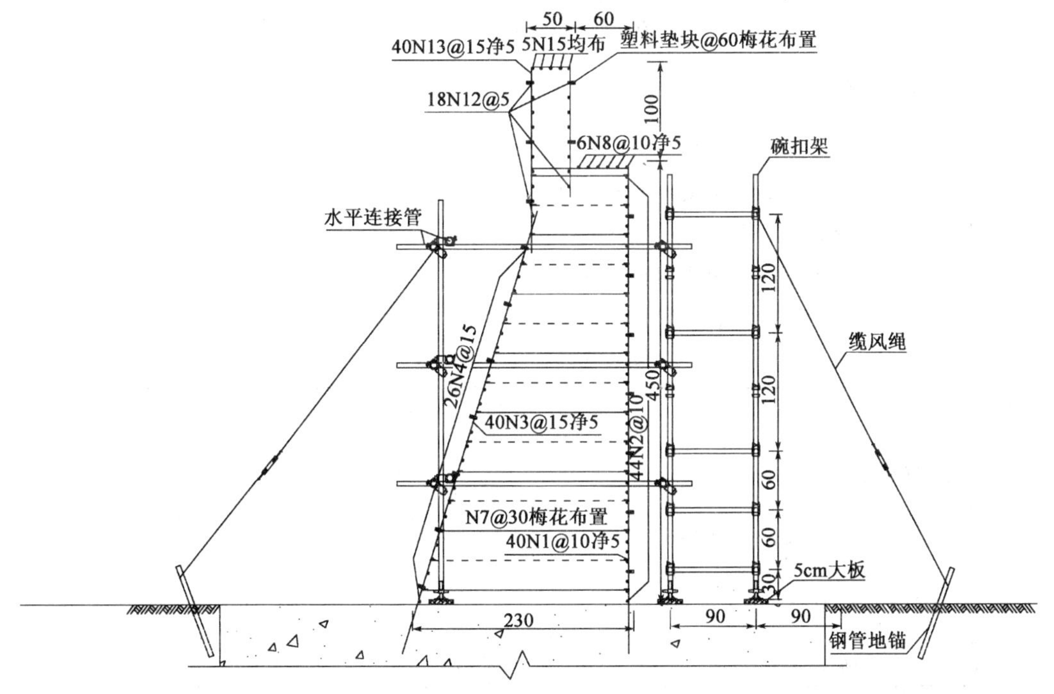

图1　桥台钢筋支架安装图（尺寸单位：cm；钢材：mm）

一、作业条件

1. 经验收合格的桥台钢筋已运至现场。
2. 承台基坑分层回填至承台顶面高程，密实度达到95%以上。
3. 承台经隐蔽工程检查验收合格。
4. 在承台上测放桥台结构中心点和钢筋安装定位线，经测量复核合格。

二、施工方法、工艺

1. 主要钢筋安装顺序

(1)N1、N3 筋在承台施工时已预埋完成，首先将倾斜的 N1(N3)筋扶正调直，用粉笔按间距 10cm(15cm)标出 N2(N4)的位置，然后自下而上开始绑扎水平筋 N2(N4)筋，两筋交叉处，用扎丝绑扎牢固，要求满绑。

(2)N2、N4 筋安装完成后安装 N7 和 N8 筋。N7 梅花形布置，间距 30cm。

(3)在雉墙中间和两头各安装一个 N13 筋，与 N1、N3 绑扎牢固，其次穿端角的两根 N15 筋，在其上按间距 15cm 画点，安装 N13 筋，最后绑扎 N12 筋和另外三根 N15 筋。

2. 桥台底部钢筋绑到 2m 高位置后，搭设临时脚手架辅助绑扎安装桥台上部钢筋。脚手架最先搭设高度为 1.5m，随着绑扎钢筋，同步增加脚手架高度，在脚手架顶部的四个端角设置缆风绳。

3. 钢筋搭接处，在中心和两端用铁丝绑扎牢固。绑扎丝甩头一律朝内。保护层垫块采用塑料垫块，间距 60～75cm，梅花形布置。

4. 在绑扎桥台钢筋时应注意桥台中预埋的抗震设施。抗震预埋件中心距桥台顶部距离为 50cm，预埋件中心与支座中心对齐，两个预埋件间距为 310cm，预埋时应保证位置准确。

三、质量要求

1. 基本要求

(1)钢筋安装时的规格、数量、形状、间距和位置必须符合设计要求，墩柱预埋件的规格、数量、位置等必须符合设计要求。

(2)受力钢筋应平直，表面无裂纹和损伤。

2. 实测项目(表 1)

桥台钢筋安装实测项目 表 1

项次	检查项目		规定值或允许偏差	检查方法和频率
1	受力钢筋间距(mm)	两排以上排距	±5	每构件检查 2 个断面、用
		同排	±20	
2	箍筋、横向水平筋间距(mm)		+0，-20	每构件检查 5～10 点
3	钢筋骨架尺寸(mm)	长	±10	按骨架总数抽查
		宽、高	±5	
4	保护层厚度(mm)		±10	每构件沿模板周边检查 8 处

3. 外观鉴定

(1)钢筋表面无铁锈及焊渣。

(2)多层钢筋网要有足够的钢筋支撑，保证骨架的施工刚度。

四、安全文明施工措施

1. 进入施工现场所有人员必须戴安全帽，操作工人必须佩戴劳动保护用品。焊工、电工等特殊工种及机械操作手必须持证上岗。

2. 现场配备专职电工。电气设备停止工作时，必须拉闸断电，锁好配电箱。

3. 使用手动、电动工具必须带绝缘手套，防止漏电伤人。

4. 支架安装必须符合安全操作要求。施工人员上、下架子，要走安全梯道。

5. 吊装作业设专人指挥，吊车作业半径下严禁站人；六级风以上天气不得进行吊装作业。

6. 钢筋在运输过程中，应避免锈蚀和污染；现场钢筋应分类码放，设立标识，垫高并加遮盖。

审 核 人	交 底 人	接 受 交 底 人

36 重力式桥台模架安装

技术交底记录		编　号	36
工程名称	××公路桥梁工程		
部位名称	基础及下部构造	工序名称	重力式桥台模架安装
施工单位		交底日期	

交底内容：

重力式桥台总高5.5m，下底宽2.3m，上端宽1.1m，雉墙宽0.5m，高1m，横桥向长6m。桥台模板面板采用竹胶板，钢管脚手架作辅助支撑。模板及支撑体系如图1所示。

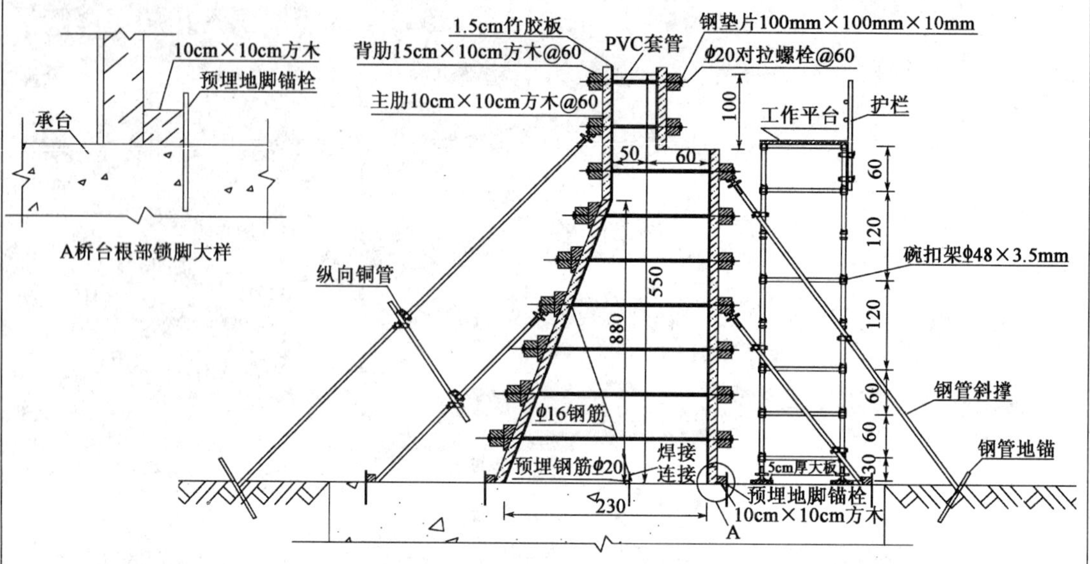

图1　模板及支撑体系示意图（尺寸单位：cm；钢材：mm）

一、作业条件

1. 桥台钢筋隐蔽工程验收合格。
2. 模板及支撑材料已准备完成。

二、施工方法、工艺

1. 模板制作

桥台模板面板采用15mm厚竹胶板（244cm×122cm），主肋采用10cm×10cm方木，竖向布置，间距为30cm，背楞采用方木，间距为60cm，模板现场分块制作。

2. 现场组拼

采用8t吊车吊装就位，用穿墙螺栓连成一整体。在进行模板安装时，在钢筋与模板间绑扎砂浆垫块，间距 80cm × 80cm，梅花形布置。

3. 模板支立

(1)在横肋和面板上用手持式电钻穿孔打眼，打眼时应将两侧横肋和面板的孔位位于一条直线上，且与墙身保持垂直。将ϕ20 的对拉螺栓穿入眼孔及 PVC 硬套管，PVC 硬套管夹在两侧面板内，安装螺栓时不得斜拉硬顶。对拉螺栓长度应满足墙身厚度并每侧突出横肋外侧 5cm，最后用线锤重新校正模板并锁紧对拉螺栓。

(2)将预埋在承台里每 60cm 一道的预埋锚固筋与模板拉接。

(3)在桥台一侧搭设脚手架支撑模板，脚手架底部第一层横杆步距为 60cm，中间横杆步距为 120cm，最后一层横杆步距为 60cm，立杆排距为 90cm。桥台模板加固采用 ϕ48 钢管配合支撑，顶丝一端支撑于模板背楞上，另一端支撑在钢管地锚上，钢管斜撑与碗扣支架交叉点用锁扣紧锁。

(4)桥台根部锁脚采用方木与承台预埋筋连接的方法加固。

(5)模板面板拼缝间塞海绵条，模板支立根部采用砂浆找平。

三、质量要求

1. 基本要求

(1)模板接缝不得漏浆，面板与背楞之间应密贴；在混凝土浇筑前，桥台底部无杂物，模板内侧表面应均匀涂刷脱模剂并应保持平整、干净。

(2)模板应按设计要求准确就位；安装侧模板时，支撑应牢固；模板在安装过程中，必须设置防倾覆的临时固定设施。模板安装完成后，其尺寸、平面位置和顶部高程等应符合设计要求，节点联系应牢固。

2. 实测项目(表 1、表 2)

模板制作实测项目 表 1

项次	检 查 项 目	允许偏差(mm)	检验方法及频率
1	模板的长度和宽度	±5	用钢尺量:4 点
2	模板相邻两板表面高低差	1	
3	平面模板表面最大的局部不平	3	用 3m 直尺检查:4 点
4	拼合板中木板间的缝隙宽度	2	

模板安装实测项目 表 2

项次	检 查 项 目	允许偏差(mm)	检验方法及频率
1	模板高程	±10	用经纬仪量测，纵、横向各计 1 点
2	模板尺寸	±20	用钢尺量，长、宽、高各量 1 点
3	轴线偏位	10	用经纬仪量测，纵、横向各计 1 点
4	模板相邻两板表面高低差	2	用钢尺量:4 点
5	模板表面平整	5	用 3m 直尺检查 4 点

四、安全文明施工措施

1. 施工现场人员必须戴安全帽，操作工人必须佩戴劳动保护用品。特殊工种及机械操作手必须持证上岗。

2. 平刨、圆锯的安全防护装置必须齐全，不准拆卸，圆锯片有裂缝的严禁使用，使用手动、电动工具必须带绝缘手套，防止漏电伤人。非电工人员不得进行接电操作。

3. 支架安装必须符合安全操作要求。施工人员上、下架子，要走安全梯道。

4. 吊装作业设专人指挥，吊车作业半径下严禁站人；六级风以上天气不得进行吊装作业。

审核人	交底人	接受交底人

37 重力式桥台混凝土浇筑、养护

<table>
<tr><td colspan="2" rowspan="2">技术交底记录</td><td rowspan="2">编　　号</td><td></td></tr>
<tr><td>37</td></tr>
<tr><td>工程名称</td><td colspan="3">××公路桥梁工程</td></tr>
<tr><td>部位名称</td><td>基础及下部构造</td><td>工序名称</td><td>重力式桥台混凝土浇筑、养护</td></tr>
<tr><td>施工单位</td><td></td><td>交底日期</td><td></td></tr>
</table>

交底内容：

重力式桥台高4.5m，上端宽1.1m，下底宽2.3m，横桥向长6m。台身混凝土强度等级为C30混凝土，总方量为121.6m^3。采用商品混凝土，泵送浇筑。

一、作业条件

1. 支架、模板、钢筋、预应力体系及预埋件等经检查，验收合格。
2. 测量放线完毕。
3. 施工人员、机具到位，满足施工要求。

二、施工方法、工艺

混凝土浇筑→振捣→养护

1. 混凝土浇筑

混凝土罐车就位后，用泵送混凝土，坍落度控制在16～18cm，分层浇筑，每层厚度不大于50cm，浇筑间歇时间不大于30min。

2. 振捣

采用50型振捣棒，边角处及钢筋密集处采用人工辅助振捣。振捣棒移动间距不应超过60cm，与侧模应留有5～10cm的距离，插入下层混凝土5～10cm；每点振捣时间为30s，相邻层振捣棒入混凝土深度以没入下层5cm为宜。振捣棒移动采用梅花形布置，以快插慢拔为振动原则，振捣棒须略有倾斜插入混凝土中，使棒头全部没入混凝土中，每一处振捣完毕后应边提棒边振捣，至混凝土不再下沉、无显著气泡上升、顶面平坦、泛浆为止。

3. 养护

混凝土浇筑后，采用土工布覆盖，洒水保湿养护，上面覆盖塑料布。养护期不小于7d。

三、质量要求

1. 基本要求

(1)预拌混凝土进场须有配合比设计等质量证明材料。按混凝土进场的批次进行抽样检验，强度必须符合设计要求。留取标准养护试件6组。

(2)无空洞和露筋现象。

2. 实测项目(表1)

台身实测项目 表1

项次	检查项目	规定值允许偏差	检查方法和频率
1	混凝土强度(MPa)	在合格标准内	水泥混凝土抗压强度评定
2	断面尺寸(mm)	±20	尺量:检查3个断面
3	竖直度或斜度(mm)	0.3%H,且不大于20	吊垂线或经纬仪:测量2点
4	顶面高程(mm)	±10	水准仪:测量3处
5	轴线偏位(mm)	10	全站仪或经纬仪:纵、横各测量2点
6	大面积平整度(mm)	5	2m直尺:检查竖直、水平两个方向,每20m^2测1处
7	预埋件位置(mm)	10	尺量:每件

注:表中H为桥台高度(mm)。

3. 外观鉴定

(1)混凝土表面平整、棱角线平直、外露面色泽一致。

(2)混凝土表面无蜂窝麻面。

(3)混凝土表面无受力裂缝,不应出现非受力裂缝,缝宽超过0.15mm时必须处理。

(4)施工临时预埋件已清除干净。

四、安全文明施工措施

1. 进场所有人员必须戴安全帽,操作工人必须佩戴劳动保护用品。焊工、电工等特殊工种及机械操作手必须持证上岗。

2. 在进行混凝土浇筑时,使用振捣棒应注意用电安全。使用振捣棒必须戴绝缘手套,穿绝缘鞋。

3. 夜间要有足够的照明。

4. 浇筑混凝土时,派专人指挥车辆。

5. 混凝土浇筑作业完成后,应及时清理现场,罐车和泵车中的废浆、余料及洗车水要在指定地方倾倒。

审核人	交底人	接受交底人

38 盖梁钢筋加工

<table>
<tr><td colspan="2" rowspan="2">技术交底记录</td><td rowspan="2">编　　号</td><td></td></tr>
<tr><td>38</td></tr>
<tr><td>工程名称</td><td colspan="3">××市政桥梁工程</td></tr>
<tr><td>部位名称</td><td>盖梁</td><td>工序名称</td><td>盖梁钢筋加工</td></tr>
<tr><td>施工单位</td><td></td><td>交底日期</td><td></td></tr>
</table>

交底内容:

盖梁钢筋型号有ϕ25mm、ϕ16mm、ϕ12mm 3 种,钢筋总量有6.52t,钢筋加工类型共有15 种,N1、N2、N15、N16 为ϕ25;N7 为ϕ16;N3 ~ N14 为ϕ12。盖梁结构横截面配筋如图 1 所示。

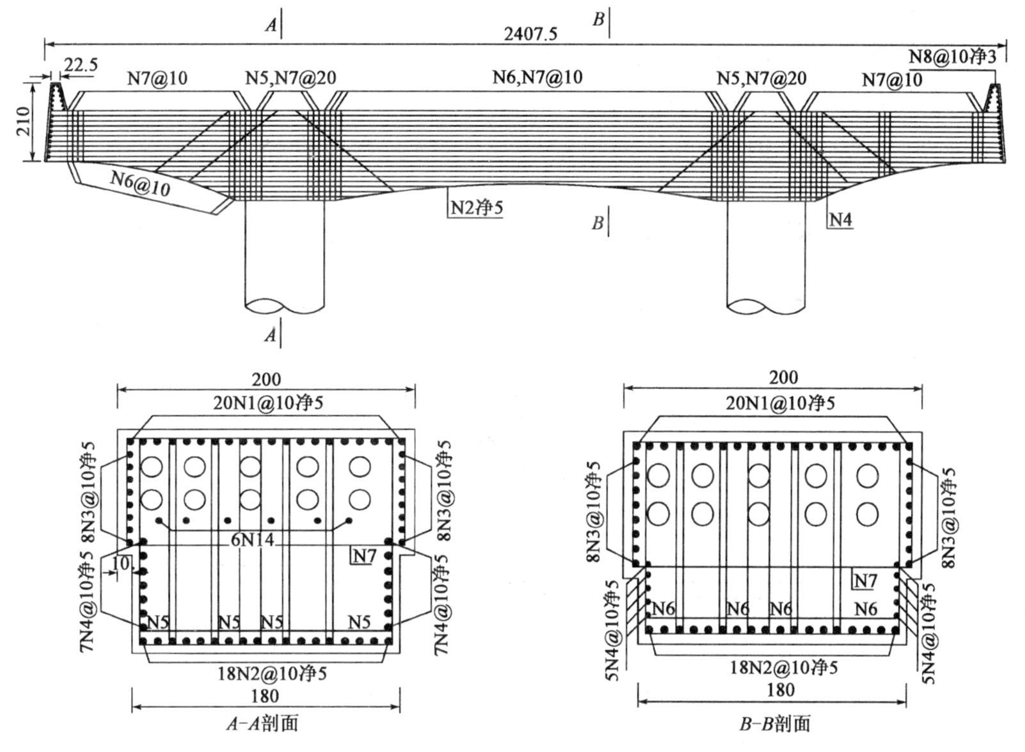

图 1　盖梁结构横截面配筋图(尺寸单位:cm;钢材:mm)

一、作业条件

1. 钢筋加工场地已经硬化、道路通畅,供电等满足施工需要,钢筋加工棚搭设完毕。
2. 盖梁所需钢筋已进场,钢筋进场具有出厂证明书及合格证,复试合格。
3. 钢筋切割机、弯曲机、电焊机等设备全部到位,设备状况良好。
4. 依据设计图纸完成钢筋下料表的编制和审核。

二、施工方法、工艺

1. 单片盖梁钢筋加工下料见本节附表1。

2. 钢筋的调直

弯曲的钢筋加工前必须调直，采用冷拉方法调直钢筋时，Ⅰ级钢筋的冷拉率不宜大于2%，Ⅱ级钢筋的冷拉率不宜大于1%。

3. 钢筋除锈去污

钢筋加工前要清除钢筋表面油漆、油污、锈蚀、泥土等污物，不能使用有损伤和锈蚀严重的钢筋。

4. 钢筋下料

(1)下料前认真核对钢筋规格、级别及加工数量，按配料单合理配料。下料时，先将每种规格、形状的钢筋按下料长度下料，试加工一根，首件验收合格后方可批量加工。

(2)钢筋的切割采用钢筋切断机进行；在钢筋切断前，先在钢筋上用粉笔按料表单标注下料长度，按切断标记切断。

5. 钢筋弯制

(1)钢筋的弯制采用钢筋弯曲机在工作平台上进行。

(2)N2 为ϕ25 钢筋，中间弯曲直径为 50cm(20d)。

(3)N5、N6 为ϕ12 钢筋，箍筋末端做成 135°弯钩，弯曲直径为 6cm，平直段长度为15cm；

(4)N7 为ϕ16 钢筋，箍筋末端做成 135°弯钩，弯曲直径为 8cm，平直段长度为 16cm。

6. 钢筋的连接

(1)主筋 N1(ϕ25)连接采用双面焊接，如图 2 所示，采用 T506 型，双面焊焊缝长度不小于 5d，取 14cm。

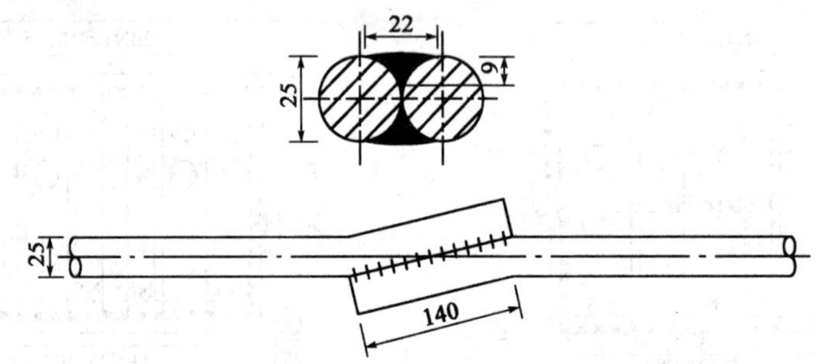

图 2　N1 主筋双面焊接大样图(尺寸单位：mm)

(2)N2(ϕ25mm)采用直螺纹连接。

(3)其他钢筋采用单面焊接，单面焊焊缝长度不小于 10d，接头应错开布置，焊接接头在 35d 范围内接头数不得大于 50%。

三、质量基本要求

1. 按钢筋进场的批次检查产品合格证，出厂检验报告和进场复验报告，钢筋、焊条的品种、牌号、规格和技术性能必须符合规范和设计要求。

2. 钢筋弯制和末端弯钩、钢筋连接均应符合设计和技术规范要求。

3. 钢筋应平直、无损伤，不得有裂纹、结疤和折叠。钢筋表面和钢筋接头表面不得有焊渣、油污、颗粒状或片状老锈等。

四、安全文明施工措施

1. 进入施工现场的人员必须戴安全帽。特殊工种及机械操作手必须持证上岗。
2. 现场配备专职电工，电气设备停止工作时，必须拉闸断电，锁好配电箱。
3. 操作工人使用手动、电动工具必须戴绝缘手套、穿绝缘鞋。
4. 经验收合格的盖梁钢筋应挂牌标识、苫盖，避免污染、碰撞和雨淋。

审　核　人	交　底　人	接　受　交　底　人

附表 1

盖梁钢筋加工料表

钢筋编号	规格（mm）	单根长（cm）	单根重量（kg）	数量（根）	钢筋加工形状（cm）	钢筋下料长度（cm）
N1	Φ25	1590	61.3	20	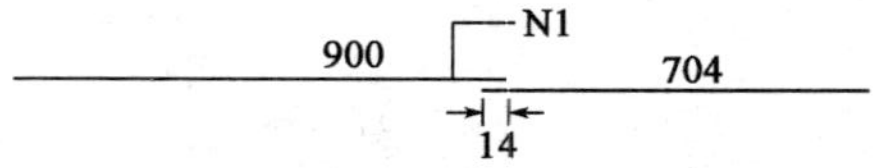 N1 900 704 14	900 + 704
N2	Φ25	1588.2	61.5	18	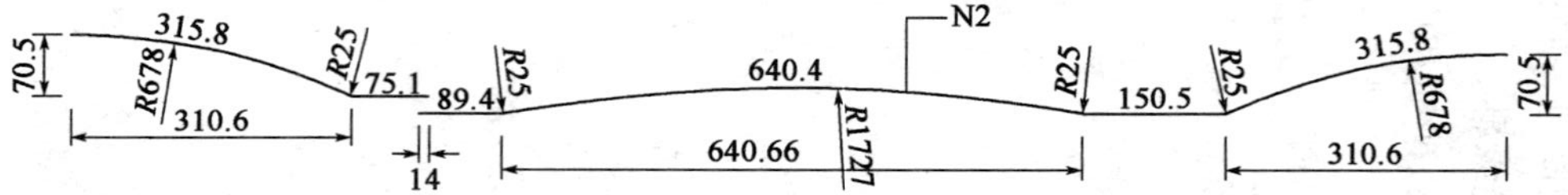 N2 70.5 315.8 R678 310.6 R25 75.1 14 89.4 R25 640.4 640.66 R1727 R25 150.5 R25 315.8 R678 310.6 70.5	1200 + 402.2
N3	Φ12	1590	14.1	16	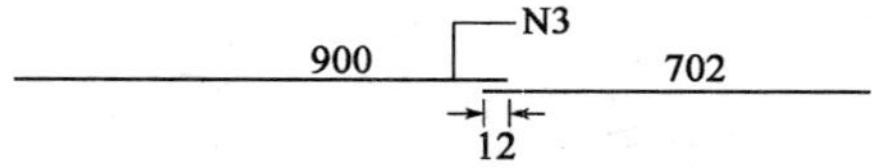 N3 900 702 12	900 + 702
N4	Φ12	1223	10.9	7	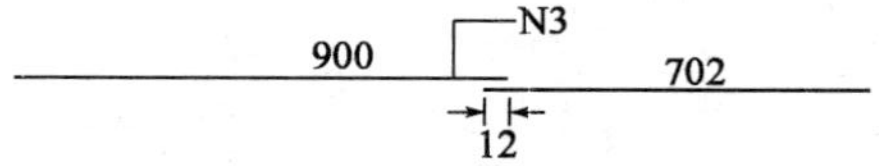 N3 900 702 12	900 + 335
N5	Φ12	395.4	3.5	102	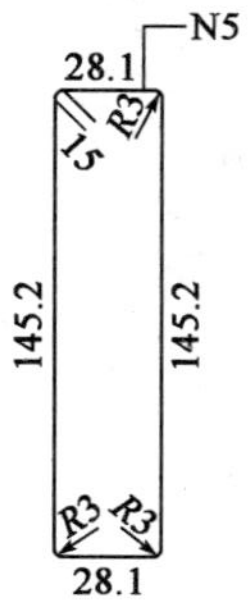 N5 28.1 R3 15 145.2 145.2 R3 R3 28.1	395.4

续上表

钢筋编号	规格(mm)	单根长(cm)	单根重量(kg)	数量(根)	钢筋加工形状(cm)	钢筋下料长度(cm)
N6	ϕ12	325.4 ~ 395.4	2.9 ~ 3.5	732	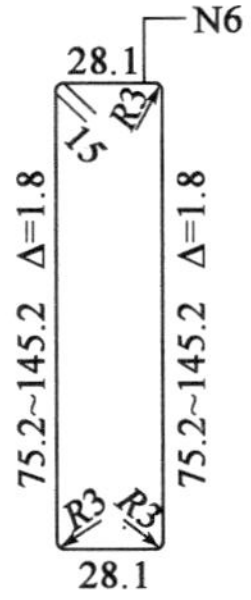 N6 28.1 R3 15 75.2~145.2 Δ=1.8 75.2~145.2 Δ=1.8 R3 R3 28.1	325.4 ~ 395.4 (Δ = 1.8)
N7	ϕ16	556.2	8.8	140	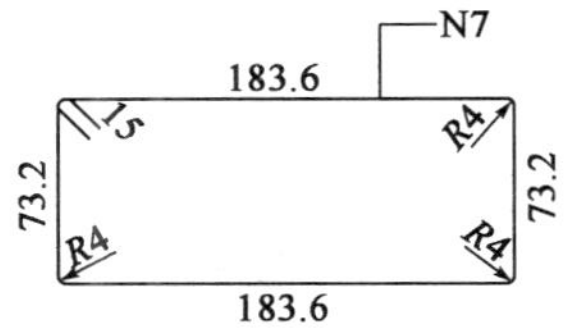 N7 183.6 15 R4 73.2 R4 R4 73.2 183.6	556.2
N8	ϕ12	376.5	3.3	40	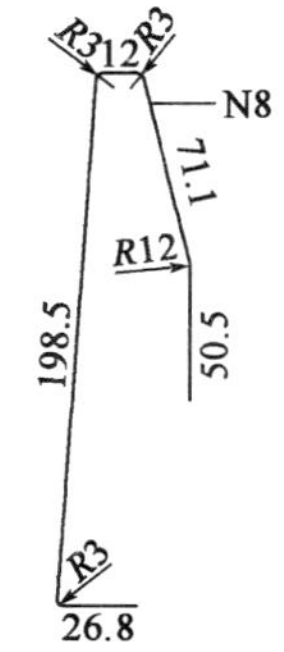 R3 12 R3 N8 71.1 R12 198.5 50.5 R3 26.8	376.5

39　盖梁钢筋绑扎、安装

技术交底记录		编　　号	39
工程名称	××市政桥梁工程		
部位名称	盖梁	工序名称	盖梁钢筋绑扎、安装
施工单位		交底日期	

交底内容：

盖梁钢筋型号有ϕ25mm、ϕ16mm、ϕ12mm 3 种，钢筋总量有 6.52t，钢筋加工类型共有 17 种，N1、N2、N15、N16 为ϕ25mm；N7 为ϕ16mm；N3 ~ N14、N17 为ϕ12mm。盖梁结构横截面配筋如图 1 所示。

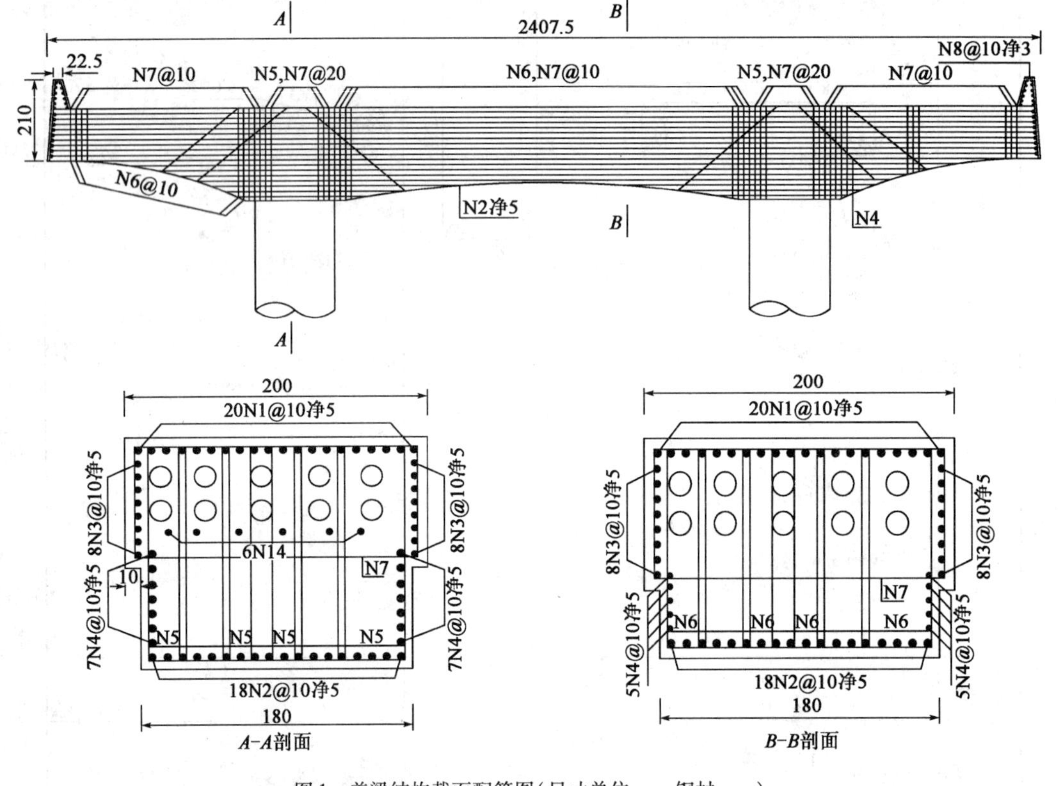

图 1　盖梁结构截面配筋图（尺寸单位：cm；钢材：mm）

一、作业条件

1. 经验收合格的盖梁钢筋已运至现场，分类架空码放。

2. 盖梁支架及底模绑扎时，首先在盖梁底模上按照图纸将主筋 N2 位置用石笔划出；安装完毕，经验收合格。

二、施工方法、工艺

1. 测量放线

测放盖梁结构中心轴线和盖梁骨架安装定位线。

2. 搭设临时支架

盖梁底模上搭设绑扎钢筋用的临时支架，平台比盖梁高 20cm 左右。盖梁钢筋绑扎断面见图 2。

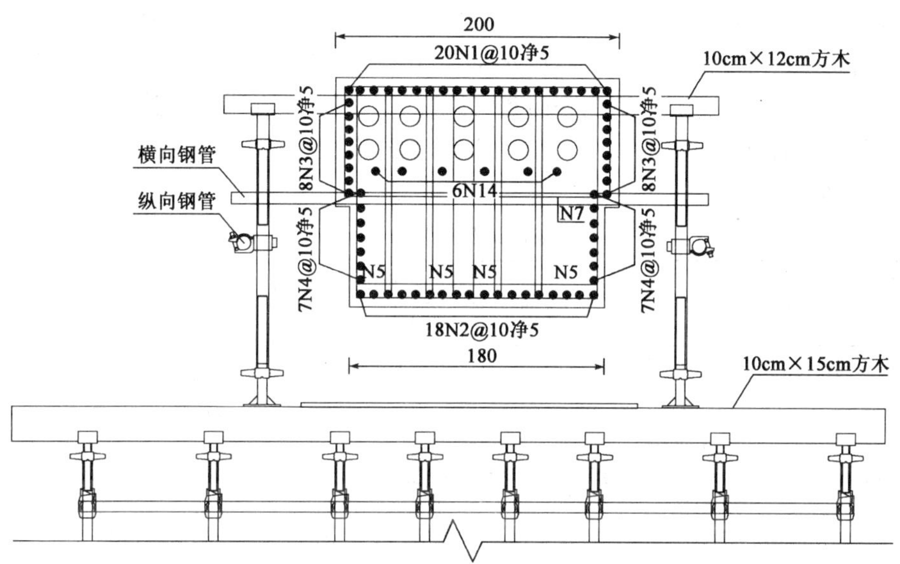

图 2　盖梁钢筋绑扎示意图(尺寸单位:cm)

3. 盖梁钢筋安装顺序

(1)绑扎时，首先在盖梁底模上按照图纸将主筋 N2 位置用石笔划出。

(2)按照划出的 N2 位置安放主筋 N2。

(3)搭设临时支架。

(4)将主筋 N1 按图纸数量放于临时支架。

(5)将 N2 钢筋由铅丝吊在 N1 钢筋下面 20 ~ 30cm，将盖梁中部的箍筋 N6 按设计位置穿在主筋上，剪断悬吊 N2 钢筋的铅丝，落下 N2 钢筋。

(6)按照图纸位置将 1、2、7 ~ 10 号墩盖梁的 N14、N15、N15′钢筋上与 N1 钢筋的第 4、6、9、12、15、17 根焊接，下与 N2 钢筋的第 3、5、8、11、14、16 根焊接，形成 6 道钢筋主骨架，焊接采用单面焊，焊接长度不小于 10d。

(7)主骨架焊接完成后，安装盖梁墩柱位置的 N5 和 N6 箍筋及盖梁端部的 N6 箍筋。

(8)N5、N6 箍筋安装完成后，安装 N7 箍筋。

(9)N7 箍筋安装完成后，安装盖梁两侧的水平分布筋 N3、N4、N4′。

(10)N7 钢筋安装完成后，用 22 号火烧丝将所有钢筋交叉点绑扎牢固，丝头朝内成八字形。

(11)在盖梁钢筋绑扎成型后安装底模保护层塑料垫块，厚 4cm，间距 60cm，梅花形布置。

(12)底模垫块安装完成后，落下临时支架，将盖梁钢筋落在盖梁底模上，调整就位后拆除临时支架。

三、质量要求

1. 基本要求

(1)钢筋的连接形式应符合设计要求，其中在1.3倍搭接长度内接头不大于25%；焊接接头在35d范围内接头数不得大于50%，接头要错开盖梁最大正、负弯矩位置处，并不得在斜截面位置设置接头。

(2)钢筋及预埋件的规格、数量、形状、间距和位置必须符合设计要求

(3)钢筋应平直、无损伤，钢筋表面和钢筋接头不得有焊渣、油污、颗粒状或片状老锈。

(4)多层钢筋要有足够的钢筋支撑，保证骨架的施工刚度。

2. 实测项目(表1)

钢筋加工及安装允许偏差 表1

序号	检查项目		允许偏差(mm)	检验频率		检验方法
				范围	点数	
1	同排受力钢筋间距		±10	每个构筑物	4	用钢尺量
2	箍筋、横向水平筋间距		+0 −20		5	连续量取5个间距，其平均值计1点
3	钢筋骨架尺寸	长	±10		3	用钢尺量
		宽、高	±5		3	
4	弯起钢筋位置		±20		3	用钢尺量
5	保护层厚度		±5		6	沿模板周边检查，用钢尺量6点

四、安全文明施工措施

1. 进场人员必须戴安全帽，操作工人必须佩戴劳动保护用品。焊工、电工等特殊工种及机械操作手必须持证上岗。

2. 电气设备停止工作时，必须拉闸断电，锁好配电箱。

3. 使用手动、电动工具必须戴绝缘手套，穿绝缘鞋。

4. 设专人指挥吊装作业。作业前要仔细检查吊钩等吊具是否满足安全操作要求，确保吊点准确、吊绳牢固，按规范操作。吊车作业半径下严禁站人。

5. 安装支架必须牢固、可靠。

审核人	交底人	接受交底人

40 盖梁预应力钢丝束制作与安装

<table>
<tr><td colspan="2" rowspan="2">技术交底记录</td><td rowspan="2">编　　号</td><td></td></tr>
<tr><td>40</td></tr>
<tr><td>工程名称</td><td colspan="3">××市政桥梁工程</td></tr>
<tr><td>部位名称</td><td>盖梁</td><td>工序名称</td><td>盖梁预应力钢丝束制作与安装</td></tr>
<tr><td>施工单位</td><td></td><td>交底日期</td><td></td></tr>
</table>

交底内容：

后张预应力盖梁孔道设计长15.3m，同一截面布置10束预应力钢丝束，每束由6根高强低松弛钢绞线组成，抗拉强度标准值为1860MPa，公称直径为15.2mm。

一、作业条件

1. 盖梁波纹管安装验收合格。
2. 钢绞线进场，每检验批的钢绞线重量不大于60t，复试合格。
3. 钢绞线使用前应将表面油渍、漆皮及磷锈等清理干净。

二、施工方法、工艺

制作预应力钢丝束→穿预应力钢绞线束→检查、修补。

1. 制作预应力钢丝束

搭设工作平台，平台离地不小于30cm。在平台上用砂轮切割机切割预应力钢绞线，下料长度为16.9m。钢绞线切断前，应在距切口5cm处用铁丝绑牢；将切割好的预应力钢绞线在工作平台上逐根理顺并编号；按1.5m间距用绑扎丝将预应力钢绞线绑扎牢固，端头2m范围内间距不大于0.5m，以防止松散及相互缠绕；穿束牵引端应做成圆顺的尖端，防止穿束时被孔道卡住。制作完成的预应力钢丝束经验收合格后方可进行安装。

2. 穿预应力钢丝束

(1)预应力钢丝束按编号运至现场。待波纹管、锚垫板安装就位并经验收合格后，将穿束牵引钢丝穿入孔内，人工搬运钢绞线至工作面上后，将预应力钢丝束与牵引钢丝拴接，人工完成一端牵引、一端穿束，直至就位。

(2)穿束牵引时，操作人员在入孔端配合，使送入端钢绞线束保持顺直，慢速进行，严禁强拉硬拽，直至钢绞线到位。穿束进行过程中，应随穿束随将绑丝解除。

3. 检查、修补

穿束后，应检查波纹管、排气孔、喇叭口等有无破损，并及时修补。

三、质量要求

1. 基本要求

(1)按预应力钢绞线进场的批次和品种检查其产品合格证，出厂检验报告和进场复验报告,其规格、数量、等级和各项技术性能必须符合相关标准规定和设计要求。

(2)预应力钢丝束应梳理顺直,不得有缠绕、扭麻花现象,单根钢绞线不允许断丝。

(3)施工过程中应避免电火花损伤预应力钢绞线,受损预应力钢绞线应更换。

2. 实测项目(表1)

预应力钢绞线安装允许偏差表 表1

<table>
<tr><th rowspan="2">序号</th><th rowspan="2" colspan="2">项　目</th><th rowspan="2">允许偏差(mm)</th><th colspan="2">检验频率</th><th rowspan="2">检验方法</th></tr>
<tr><th>范围</th><th>点数</th></tr>
<tr><td rowspan="2">1</td><td rowspan="2">管道坐标</td><td>梁长方向</td><td>30</td><td rowspan="4">每个构筑物</td><td rowspan="2">抽查30%,每根查10个点</td><td rowspan="2">用钢尺量</td></tr>
<tr><td>梁高方向</td><td>10</td></tr>
<tr><td rowspan="2">2</td><td rowspan="2">管道间距</td><td>同排</td><td>10</td><td rowspan="2">抽查30%,每根查5个点</td><td rowspan="2">用钢尺量</td></tr>
<tr><td>上下排</td><td>10</td></tr>
</table>

四、安全文明施工措施

1. 进入施工现场的人员必须戴安全帽。特殊工种及机械操作手必须持证上岗。
2. 现场配备专职电工,电气设备停止工作时,必须拉闸断电,锁好配电箱。
3. 使用手动、电动工具必须戴绝缘手套、穿绝缘鞋。
4. 经验收合格的预应力钢绞线应挂牌标识、苫盖,避免污染、碰撞和雨淋。
5. 施工人员上、下架子必须走安全梯道。

审　核　人	交　底　人	接　受　交　底　人

41 盖梁模板、支架安装

技术交底记录		编　　号	41
工程名称	××市政桥梁工程		
部位名称	盖梁	工序名称	盖梁模板、支架安装
施工单位		交底日期	

交底内容：

盖梁每片长 15.7m，宽 2m，高 1.6m，墩柱外悬臂 3.37m，临时支架采用碗扣式钢管脚手架，搭设高度为 4.2m，盖梁支撑体系纵向立面布置和横向立面布置如图 1、图 2 所示。

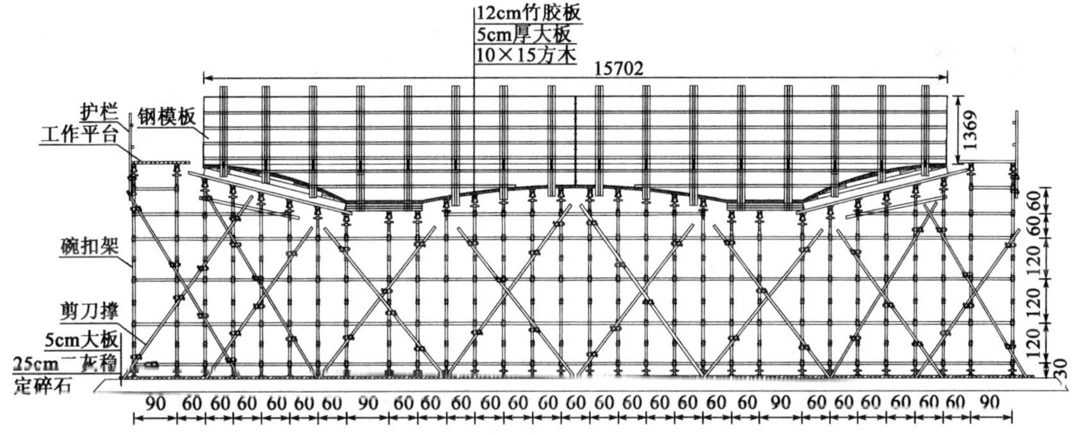

图 1　盖梁模架纵立面图（尺寸单位：cm）

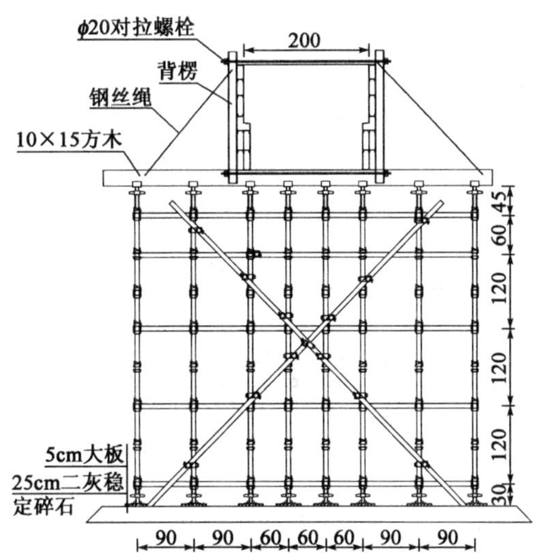

图 2　盖梁模架横断面图（尺寸单位：cm）

一、作业条件

1. 模板及支撑材料进场,验收合格。

2. 基础硬化完毕。

3. 测放支架定位线。

二、施工方法、工艺

盖梁结构区域支架立杆间距为60cm×60cm,工作平台位于盖梁两侧,支架立杆间距为90cm×90cm,水平杆步距均为120cm。

施工顺序为:支架安装→主龙骨安装→钢筋绑扎→侧模安装

(1)支架安装:用沙子找平,铺设大板,底托定位,安装立杆、水平杆,安装顶托,锁紧碗扣,安装剪刀撑。

(2)主龙骨安装:在顶托上安放10cm×15cm方木,调整高程。

(3)底模安装:满铺5cm厚大板,上铺12mm厚竹胶板。

(4)侧模安装:先安装端头模板,再安装两侧模板。每侧模板分成两块提前制作,现场吊装组拼。模板采用上、下两道对拉螺栓加固,间距1m。

三、质量要求

1. 基本要求

(1)模板、支架设计必须经过承载力计算,满足强度、刚度、稳定性要求。支架用钢管材料符合要求。

(2)支架基础表面要坚实、平整,垫板放置牢靠,场地排水通畅;

(3)支架立杆应垂直,节点应可靠,不允许有松动现象,碗扣接头必须锁紧。

(4)拼装过程中,模板应支撑牢固,拼缝接触严密。

(5)在浇筑混凝土前模板内应无积水,无杂物,模板面板应干净,模板内表面应均匀涂刷脱模剂。

2. 实测项目(表1、表2)

支架安装允许偏差表 表1

项次	项目	规定值或允许偏差(mm)	检验方法及频率
1	纵轴的平面位置	$L/1000$ 或 30	全站仪检测
2	整体支架垂直偏差	$<H/500$ 或 ≤ 20	垂球检测,不少于3处

注:H为支架的总高度,L为支架安装的跨度。

盖梁模板安装允许偏差表 表2

项次	项目	允许偏差(mm)	检验频率		检验方法
			范围	点数	
1	相邻两板表面高低差	≤2	每个构件	4	用钢尺量
2	模板表面平整度	≤3		4	用3m直尺检验
3	垂直度	0.2%H,且不大于20		2	用垂线或经纬仪检验

续上表

项次	项　目	允许偏差(mm)	检验频率		检验方法
			范围	点数	
4	模内尺寸	+3　-5	每个构件	3	用钢尺量，长、宽、高各1点
5	轴线位移	≤8		2	用经纬仪测量，纵、横各1点
6	支承面高程	+2　-5	每支撑面	1	用水准仪测量

注：1. 表中 H 为墩柱高度(mm)；

2. 支撑面高程指模板底模上表面支撑混凝土面的高度。

四、安全文明施工措施

1. 施工现场人员必须戴安全帽，操作工人必须配戴安全带和劳动保护用品。特殊工种及机械操作手必须持证上岗。

2. 模板、支架安装完毕后要进行专项验收。

3. 平刨、圆锯的安全防护装置必须齐全，不准拆卸，严禁使用有裂缝的圆锯片，使用手动、电动工具必须带绝缘手套、穿绝缘鞋。非电工人员不得进行接电操作。

4. 设专人指挥吊装作业。作业前要仔细检查设备及吊具性能。如遇六级以上大风停止吊装作业。

5. 施工人员上、下架子必须走安全梯道。

6. 施工现场严禁吸烟。

审　核　人	交　底　人	接　受　交　底　人

42　盆式橡胶支座安装

技术交底记录		编　　号	42
工程名称	××公路桥梁工程		
部位名称	桥梁总体桥面系和附属工程	工序名称	盆式橡胶支座安装
施工单位		交底日期	

交底内容：

公路盆式橡胶支座 GPZ(Ⅱ)2.0SX 型采用螺栓锚固法安装。支座安装如图 1 所示。

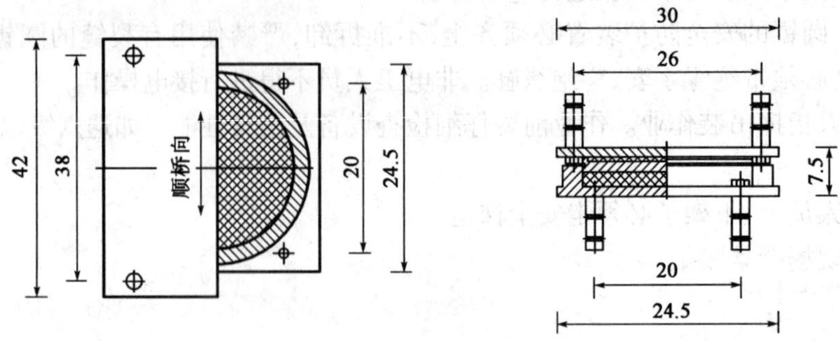

图 1　GPZ(Ⅱ)-SX 公路桥梁盆式橡胶单向活动支座安装图(尺寸单位:cm)

一、作业条件

1. 已完成环氧砂浆配合比设计,砂浆的流动性、和易性满足要求。环氧砂浆配合比设计见表 1。

环氧砂浆配比设计(重量比)　　表 1

环氧树脂	金刚砂	固化剂	丙　酮
1	2.5	0.25	0.05

2. 进场支座经验收合格。

3. 墩、台顶及预留孔已清理干净。

4. 在支座及墩、台顶分别画出纵横轴线,在墩、台顶上放出支座控制高程。

二、施工方法、工艺

拌制环氧砂浆→安装锚固螺栓→环氧砂浆找平→支座安装

1. 拌制环氧砂浆

拌制环氧砂浆时,砂必须洁净、烘干,按环氧砂浆的配比拌制,先依次将环氧树脂、丙酮、金刚砂放入铁桶容器中搅拌均匀,然后倒入已经称量好的固化剂进行搅拌;拌制好后及时使用。

2. 安装锚固螺栓

支座安装前应在安装支座位置处搭设支座悬吊支架，支架采用钢管，悬吊设备采用倒链，安装前先将支座四角固定螺栓在支座下钢板上固定好，支座底面应离开墩台安装面30～40cm。

3. 环氧砂浆找平

在支座周边，用三块楔形垫铁120度分布调整支座高程，在支座安装部位满铺1cm厚环氧砂浆，找平层高于垫铁2mm，铺实后找平，作为支座下钢板的找平层。螺栓预留孔大样如图2所示。

4. 支座安装

(1)缓慢下降支座，使螺栓插入预留孔中，调整位置、复核高程后，向螺栓孔内填塞环氧砂浆固定螺栓，并清理墩台周边余料。支座安装时，上、下座板纵横向应对中，支座顺桥向中心线必须与主梁顺桥向中心轴线平行。

(2)支座安装完成后随即对支座高程及四角高差进行检查，高差不得大于2mm，以保证平面两个方向的水平。

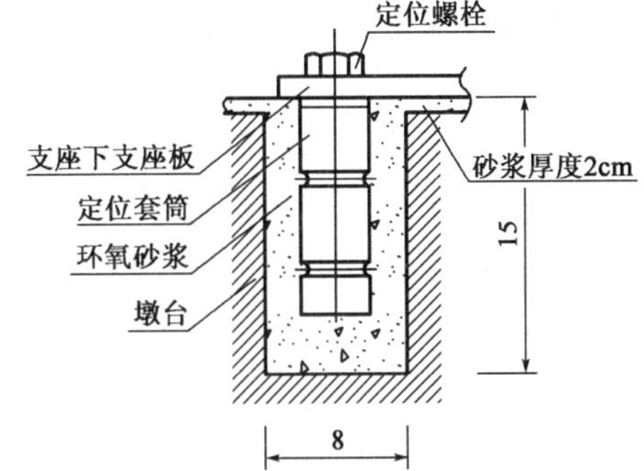

图2 螺栓预留孔大样图(尺寸单位:cm)

(3)待上部结构混凝土浇筑完成后、张拉前，应将支座上下钢板的固定锁打开。

三、质量要求

1. 基本要求

(1)支座的材料、质量、规格和有关技术性能必须符合设计要求，外观不得有影响使用的硬伤。

(2)环氧砂浆必须要保证流动性，满足灌注要求。灌注应密实，不得留有空隙。

(3)支座上下各部件轴线必须对正，支座安装时必须保持水平，上、下面应与结构界面全部密贴。

(4)支座不得发生偏歪、不均匀受力和脱空现象。

(5)安装地脚螺栓时，其外露螺母顶面的高度不得大于螺母厚度。

2. 实测项目(表2)

支座安装实测项目 表2

项次	检查项目		规定值或允许偏差	检查方法和频率
1	支座中心与主梁中心偏位(mm)		2	经纬仪、钢尺:每支座
2	支座顺桥向偏位(mm)		10	经纬仪或拉线检查:每支座
3	支座高程(mm)		符合设计规定;未规定时±5	水准仪:每支座
4	支座四角高差(mm)	承压力≤500kN	1	水准仪:每支座
		承压力>500kN	2	

3. 外观鉴定

支座表面应保持清洁，支座附近的杂物及灰尘应清除。

四、安全文明施工措施

1. 进入施工现场所有人员必须戴安全帽,操作工人必须佩戴劳动保护用品,特殊工种及机械操作手必须持证上岗。

2. 拌制环氧砂浆的材料属于化学用品,避免皮肤接触。

3. 支座安装运输过程中,应尽量避免与较硬物体发生碰撞,以免产生变形及损坏。

4. 安装时,墩、台顶设防护栏杆。

5. 支座安装时,施工人员必须穿防滑鞋,高空作业人员必须系安全带,上下墩台必须走安全梯道。

6. 设专人指挥吊装作业,吊装时应吊点准确、吊绳牢固。吊车作业半径下严禁站人;六级以上大风不得进行吊装作业。

7. 支座表面应清洁,支座附近的杂物及灰尘应清除干净。

8. 不得将支座安装作业完成后的剩余物料乱扔,应集中放置,统一处理。

审 核 人	交 底 人	接 受 交 底 人

43 现浇箱梁模板、支架安装

<table>
<tr><td colspan="2" rowspan="2">技术交底记录</td><td rowspan="2">编　　号</td><td></td></tr>
<tr><td>43</td></tr>
<tr><td>工程名称</td><td colspan="3">××公路桥梁工程</td></tr>
<tr><td>部位名称</td><td>上部构造</td><td>工序名称</td><td>现浇箱梁模板、支架安装</td></tr>
<tr><td>施工单位</td><td></td><td>交底日期</td><td></td></tr>
</table>

交底内容：

单箱三室现浇混凝土预应力箱梁，联长为90m（30m+30m+30m），箱梁高1.5m，底宽12.85m，顶宽16.61m。现浇箱梁支架采用碗扣式支架，支架搭设高度为6.75m，箱梁支撑体系横向断面布置及箱梁支撑体系纵向断面布置如图1、图2所示。箱梁模板由底模、芯模和侧模组成，模板均采用方木骨架与16mm厚酚醛覆面胶合板组拼而成。

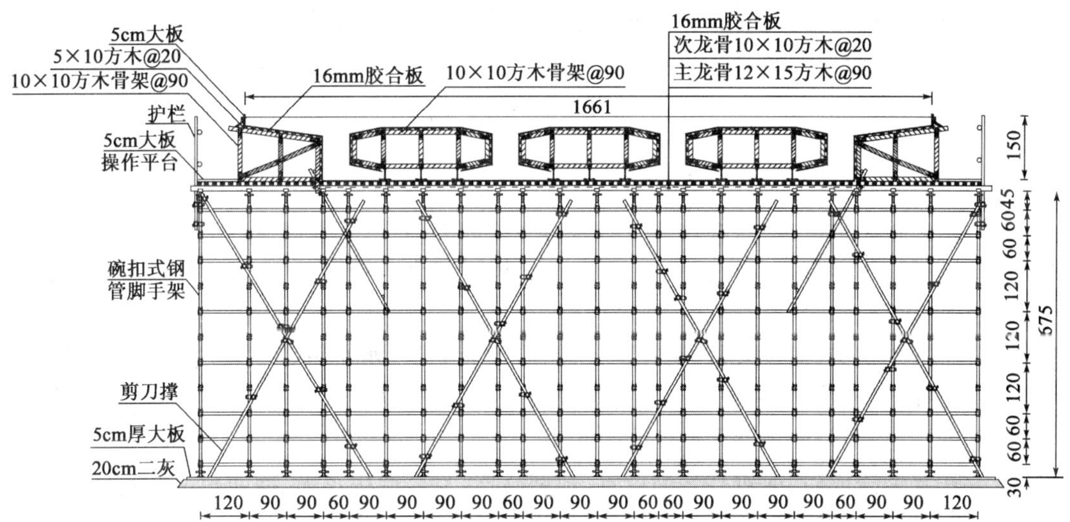

图1　箱梁支撑体系横向断面布置图（尺寸单位：cm）

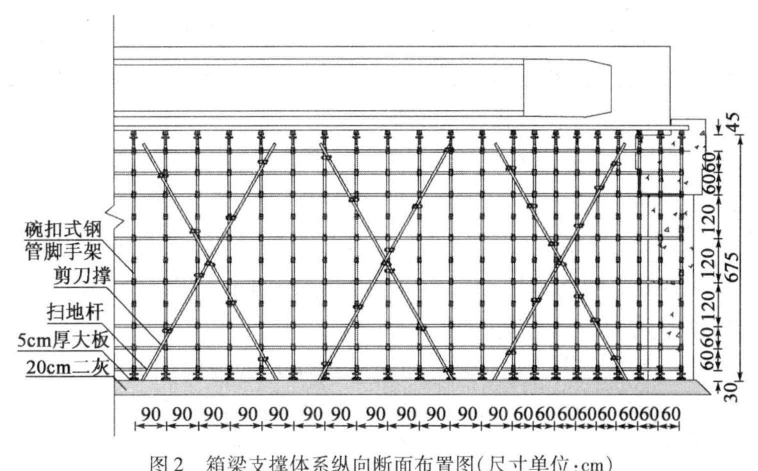

图2　箱梁支撑体系纵向断面布置图（尺寸单位：cm）

一、作业条件

1. 模板及支撑材料进场，验收合格。

2. 基础硬化完毕，桥区周围设置排水沟疏水。

3. 测放支架定位线。

二、施工方法、工艺

支架安装→底模安装→侧模及翼板模板安装→底、腹板钢筋、预应力体系及预应力筋安装→芯模安装

1. 支架安装

1）支架布置

箱梁支架横桥向布置：箱梁结构尺寸范围内，支架横杆步距均为120cm，立杆间距按照等距90cm布置，箱梁结构尺寸范围外的工作平台按照120cm间距布置立杆。

（1）箱梁支架纵桥向布置

根据桥梁纵断标高和顶托、底托的调整范围，以18m为一个安装单元，每单元之间设横杆连接。纵桥向横杆步距均为120cm，立杆在箱梁横梁处间距为60cm，其余部位均按90cm布置。

（2）操作平台搭设

操作平台须与箱梁支架整体搭设，平台处支架立杆与剪刀撑的斜拉杆连成整体。平台宽1.5m，其上满铺5cm大板，并用8号铁丝与支架捆绑结实；在外侧立杆上沿水平方向设置两道通长横杆作为平台扶手；在平台外侧立杆上铺设安全防护网。

2）支架安装

首先用沙子找平，铺设大板，底托定位，然后安装立杆、水平杆，安装顶托，锁紧碗扣，最后安装剪刀撑。安装时要由中间向两边推进便于组装。

支架安装时，在跨中设置预拱度为1.5cm。

支架在安装完成后，应对其平面位置、顶部高程、节点连接及纵、横向稳定性进行全面检查，符合要求后方可进行下一道工序。

2. 底模安装

（1）首先在箱梁支架顶托上沿横桥向铺设12cm×15cm方木作为主肋，每道间距90cm，横隔梁实体部位为60cm，然后纵桥向铺设10cm×10cm方木作为背楞，每道间距20cm，背楞上面钉装铺设16mm酚醛覆面胶合板作为底模。

（2）底模安装完成后，应进行测量复核其尺寸、平面位置和顶部高程。

3. 外侧模及翼板模板安装

（1）外侧模骨架在加工场统一制作，4.88m一段，吊装就位；主肋采用10cm×10cm方木，每道间距90cm，方木骨架之间均采用钢钉连接，次楞采用5cm×10cm方木，每道间距20cm。

（2）底模与外侧模采用帮包底的安装方法。

（3）安装箱梁腹板外侧模时，要对侧模和底模接茬处进行局部加强。

（4）安装翼缘板，先安装5cm×10cm方木，间距20cm，在方木上铺设16mm酚醛覆膜胶合板，翼缘板侧侧模采用5cm大板。

(5)箱梁侧模安装完毕后，箱梁侧模底部采用ϕ20mm 螺纹钢对拉加固，间距 90cm。

4. 芯模安装

(1)箱梁芯模骨架采用 10cm×10cm 方木制作，每道间距 90cm；主肋上面设置 5cm×10cm 方木作为背楞，纵向布置，每道间 20cm，主肋与背楞间采用两根绑扎丝绑扎牢固；背楞外侧钉装铺设 16mm 酚醛覆面胶合板作为面板。芯模根据设计箱室大小，按 6m 和 9m 分段加工，在加工场内完成组拼。

(2)待箱梁底板、腹板钢筋及预应力预留孔道安装完毕并经隐蔽工程检查验收合格后，进行箱梁芯模的安装。芯模吊装就位后进行加固，为防止芯模上浮，将内模主肋用两根 8 号铅丝与底板顶层钢筋连接牢固。芯模安装完毕，进行模板验收。芯模安装如图 3 所示。

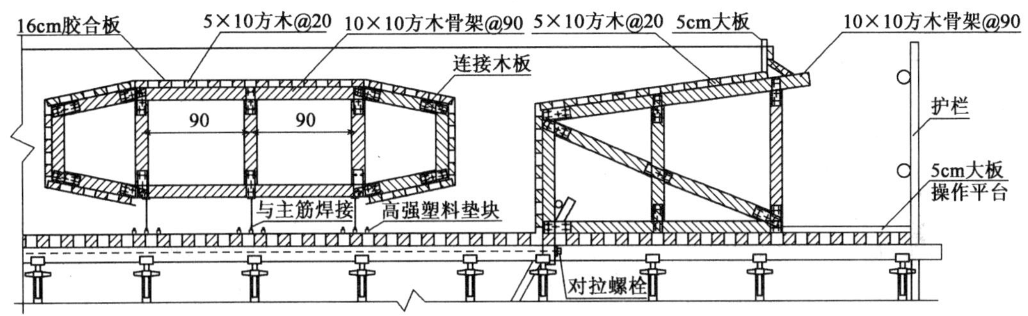

图 3　芯模安装示意图(尺寸单位:cm)

三、质量要求

1. 基本要求

(1)支架设计必须经过承载力计算，满足强度、刚度、稳定性要求。支架用钢管材料符合要求。

(2)支架基础表面要坚实、平整，垫板放置牢靠，场地排水通畅。

(3)支架立杆应垂直，节点应可靠，不允许有松动现象，碗扣接头必须锁紧。

2. 实测项目(表 1～表 3)

支架安装允许偏差表　　表 1

项次	项　目	规定值或允许偏差(mm)	检验方法及频率
1	纵轴的平面位置	L/1000 或 30	全站仪检测
2	整体支架垂直偏差	<H/500 或≤20	垂球检测
3	横杆两端高差	<L/40	全站仪或水准仪

注:H 为支架的总高度，L 为支架安装的跨度。

模板制作允许偏差表　　表 2

<table>
<tr><th>项次</th><th colspan="2">检 查 项 目</th><th>允许偏差(mm)</th><th>检验方法及频率</th></tr>
<tr><td>1</td><td colspan="2">模板的长度和宽度</td><td>±5</td><td>用钢尺量:4 点</td></tr>
<tr><td>2</td><td colspan="2">不刨光模板相邻两板表面高低差</td><td>3</td><td rowspan="5">用 3m 直尺检查:4 点</td></tr>
<tr><td>3</td><td colspan="2">刨光模板相邻两板表面高低差</td><td>1</td></tr>
<tr><td>4</td><td rowspan="2">平面模板表面
最大的局部不平</td><td rowspan="2">不刨光板面</td><td>3</td></tr>
<tr><td>5</td><td>5</td></tr>
<tr><td>6</td><td colspan="2">拼合板中木板间的缝隙宽度</td><td>2</td></tr>
</table>

模板安装允许偏差 表3

项次	检查项目	允许偏差(mm)	检验方法及频率
1	模板高程	±10	全站仪量测
2	模板尺寸	±5,0	用钢尺量,长、宽、高各量1点
3	轴线位移	10	用经纬仪量测,纵、横向各计1点
4	模板相邻两板表面高低差	2	用钢尺量:4点
5	模板表面平整	5	用3m直尺检查4点
6	预留孔洞中心线位置	10	用钢尺量:1点
7	预留孔洞截面内部尺寸	+10,0	用钢尺量,长、宽、高各量1点

四、安全文明施工措施

1. 施工现场人员必须戴安全帽,操作工人必须配戴安全带和劳动保护用品。特殊工种及机械操作手必须持证上岗。

2. 支架安装完毕后要进行专项验收。

3. 现场配备专职电工。电气设备停止工作时,必须拉闸断电,锁好配电箱。

4. 设专人指挥吊装作业。作业前要仔细检查设备及吊具性能。如遇六级以上大风停止吊装作业。

5. 施工人员上、下架子必须走安全梯道。

审核人	交底人	接受交底人

44 现浇箱梁钢筋绑扎、安装

技术交底记录		编　　号	44
工程名称	××公路桥梁工程		
部位名称	上部构造	工序名称	现浇箱梁钢筋绑扎、安装
施工单位		交底日期	

交底内容：

单箱单室预应力混凝土连续箱梁，每联长为 177.5m（5×35.5m），箱梁钢筋型号有φ28mm、φ20mm、φ16mm、φ14mm、φ12mm 共 5 种，钢筋总量有 205t，钢筋加工类型有 N1（φ28mm）、N2（φ16mm）、N3（φ20mm）N4（φ12mm）等共 41 种。现浇箱梁结构配筋如图 1、图 2 所示。

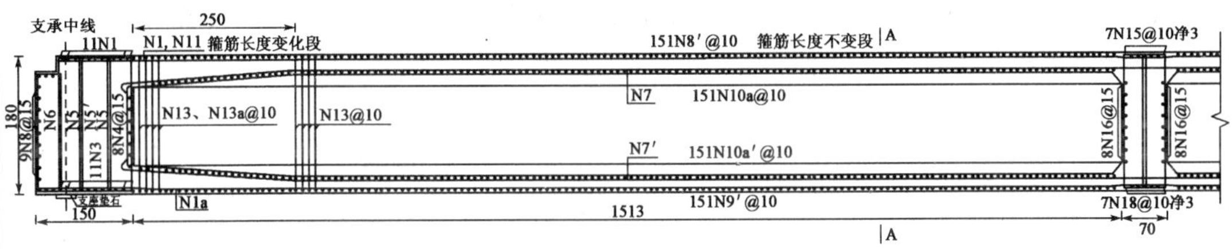

图 1　主梁侧立面配筋图（尺寸单位：cm）

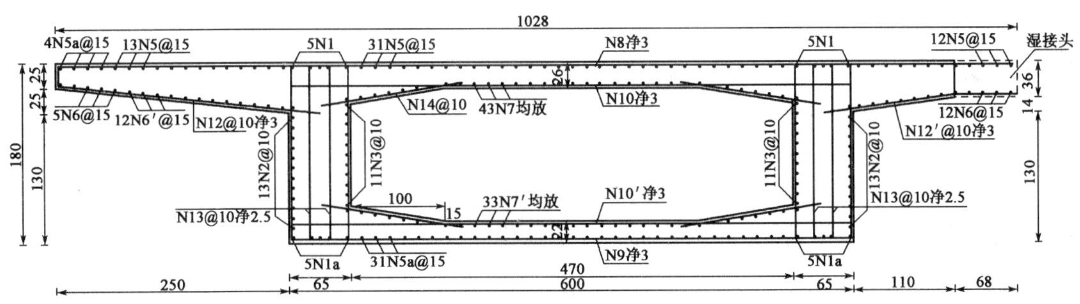

图 2　主梁 A－A 截面配筋图（尺寸单位：cm；钢材：mm）

一、作业条件

1. 经验收合格的现浇箱梁钢筋已运至现场。

2. 箱梁支架、底模、侧模及翼缘模板经验收合格。

3. 在盖梁顶部测放箱梁结构中心轴线和箱梁骨架安装定位线，用粉笔在模板上画出底板下层纵横向钢筋准确位置。

二、施工方法、工艺

1. 钢筋安装顺序

(1)底板下层钢筋逐根就位(先横向筋 N9 后纵向筋 N5a),绑扎所有交叉点,然后安装底板保护层垫块。

(2)每间隔 5m 安装一处腹板箍筋 N13,定位后作为安装其他箍筋的参照标准,穿入箍筋端角的 N1 筋,绑扎牢固。安放腹板钢筋骨架、横隔梁钢筋骨架和普通钢筋,并与底板钢筋绑扎,并安装侧模保护层垫块。然后按间距逐根套上其余箍筋 N13,每完成一定距离随即安装腹板钢筋骨架的其余钢筋(N1a、N2、N3);安装横隔梁钢筋骨架,并安装侧模保护层垫块。

(3)摆放底板上层钢筋支撑马镫,用粉笔在马镫及模板上放出底板上层纵横向钢筋位置,然后将底板上层钢筋逐根就位(先纵向筋 N7′后横向筋 N10′)并对所有交叉点进行绑扎,并将其与横膈梁及腹板钢筋绑扎。

(4)安装埂斜筋、腹板腰筋及波纹管。

(5)清理干净作业面,验收底板筋、腹板筋、横隔梁钢筋、波纹管,合格后安装芯模。

(6)当箱梁内模安装完毕并经测量复核合格后,依据先横向后纵向原则安装和绑扎箱梁顶板下层钢筋,按照先纵向后横向原则安装和绑扎上层筋。

(7)最后完成护栏钢筋、伸缩缝及桥面铺装钢筋等预埋钢筋、预埋件的安装。

2. 钢筋安装要求

(1)靠模板一侧所有绑丝扣应朝向箱梁混凝土内侧。

(2)底板保护层垫块采用预制混凝土垫块,其配合比及组成材料应与箱梁相一致,保证垫块强度、色彩与梁体相同,梁底垫块间距 40cm,梅花形布置;腹板采用塑料垫块,间距不大于 75cm。

(3)钢筋绑扎时要确保预应力孔道及抗震设施的预埋位置准确。

三、质量要求

1. 基本要求

(1)钢筋的连接形式应符合设计要求,其中在 1.3 倍搭接长度内接头不大于 25%;焊接接头在 35d 范围内接头数不得大于 50%。

(2)钢筋及预埋件安装时的规格、数量、形状、间距和位置必须符合设计要求。

(3)受力钢筋应平直,表面不得有裂纹和损伤。

2. 实测项目(表 1)

钢筋安装实测项目 表 1

项次	检查项目		规定值或允许偏差	检查方法和频率
1	受力钢筋间距(mm)	两排以上排距	±5	尺量:每构件检查 2 个断面
		同排	±10	
2	箍筋、横向水平筋(mm)		±10	尺量:每构件检查 5~10 间距
3	钢筋骨架尺寸(mm)	长	±10	尺量:按骨架总数 30% 抽查
		宽、高	±5	
4	弯起钢筋位置(mm)		±20	尺量:每骨架抽查 30%
5	保护层厚度(mm)		±5	尺量:每构件沿模板周边检查 8 处

3. 外观鉴定

(1)钢筋表面无铁锈及焊渣。

(2)多层钢筋网要有足够的钢筋支撑,保证骨架的施工刚度。

四、安全文明施工措施

1. 进入施工现场所有人员必须戴安全帽,操作工人必须佩戴劳动保护用品。焊工、电工等特殊工种及机械操作手必须持证上岗。

2. 电气设备停止工作时,必须拉闸断电,锁好配电箱。

3. 使用手动、电动工具必须戴绝缘手套,穿绝缘鞋。

4. 设专人指挥吊装作业。作业前要仔细检查吊钩等吊具是否满足安全操作要求,确保吊点准确、吊绳牢固;吊车作业半径下严禁站人。施工中如遇六级以上大风天气停止吊装作业。

5. 钢筋在运输过程中,应避免锈蚀和污染。现场应分类码放,设立标识,垫高并加遮盖。

6. 操作人员在施工时,应避免污染、损伤模板。

7. 施工人员上、下架子,要走安全梯道。

审 核 人	交 底 人	接 受 交 底 人

45　现浇箱梁预应力体系波纹管、锚垫板的安装

<table>
<tr><td colspan="2" rowspan="2">技术交底记录</td><td rowspan="2">编　　号</td><td></td></tr>
<tr><td>45</td></tr>
<tr><td>工程名称</td><td colspan="3">××公路桥梁工程</td></tr>
<tr><td>部位名称</td><td>上部构造</td><td>工序名称</td><td>现浇箱梁预应力体系波纹管、锚垫板的安装</td></tr>
<tr><td>施工单位</td><td></td><td>交底日期</td><td></td></tr>
</table>

交底内容：

单箱单室后张预应力混凝土连续箱梁，单联长为177.5m(5×35.5m)，单联预应力钢丝束为18束，两端张拉，预应力孔道采用塑料波纹管。现浇箱梁端头梁波纹管、锚垫板安装大样如图1所示。

一、作业条件

1. 波纹管、锚垫板及锚具等进场时应按出厂合格证和质量保证书核对其类型、型号、规格及数量，复试检测合格及外观检查合格。

2. 底板、腹板钢筋绑扎完毕。

二、施工方法、工艺

1. 波纹管的安装

(1)依据图纸中孔道中心到底模及侧模的距离，用粉笔在模板及骨架钢筋上画出波纹管纵横向的位置。定位放线时，曲线孔道应放出波峰、波谷控制点以及所有架立筋的位置，架立筋在曲线段上每50cm设一道。

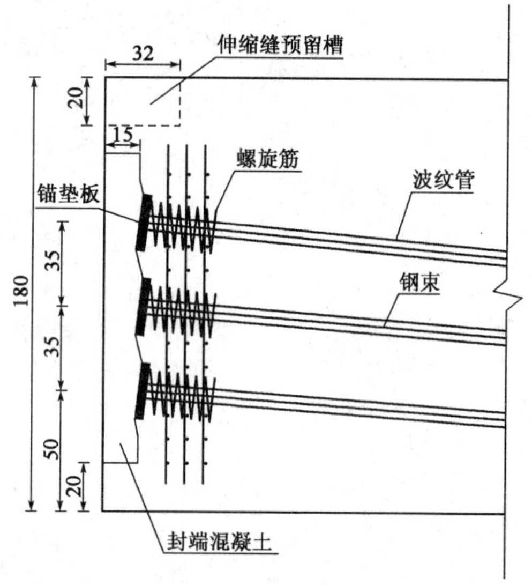

图1　端头梁波纹管、锚垫板安装大样(尺寸单位:cm)

(2)按照定位标识，将波纹管架立筋与骨架钢筋焊接牢固。在曲线段与锚垫板附近，除焊接外，再用铁丝进行绑扎牢固。

(3)排气孔设置在孔道的波峰最高点，排气孔用PVC管做成，排气管底座即带嘴塑料弧形接头板用胶带与波纹管缠裹严密。安装完毕后的排气孔在使用前用胶带封口。

(4)波纹管接长应确保接口平顺，使用大一号的波纹管做管箍进行联结，长度为30cm，连接时要缓慢旋入，每端插入长度为15cm，在接头处用塑料胶布缠裹严密，缠裹长度为70cm，不少于两层。波纹管接头应避开孔道弯起部位。沿波纹管两侧帮两根ϕ8mm钢筋，与架立筋绑扎牢固。

(5)波纹管与普通钢筋位置发生矛盾时，适当挪移普通钢筋位置，确保孔道位置准确。

(6)波纹管与锚具喇叭口相接处，波纹管套入喇叭口内的长度应大于喇叭的直线长度。

2. 锚垫板安装

(1)在模板上准确放出锚垫板位置,中央打孔,孔径略大于波纹管孔径。

(2)用螺栓将锚垫板固定在模板上,安装模板,将波纹管伸入喇叭口内,将接头位置先用胶布缠裹严密,再用塑料胶布二次缠裹,检验合格后固定模板。锚垫板定位时螺栓要拧紧,锚垫板要与孔道严格对中并与孔道端部垂直。

(3)锚垫板上灌浆孔采用同直径木塞封堵,在锚垫板与模板之间加垫一层橡胶垫密封。

三、质量要求

1. 基本要求

(1)管道应安装牢固,接头严密,弯曲圆顺。锚垫板平面应于孔道轴线垂直。

(2)安装波纹管架立筋,安装数量、位置应准确,并与主筋、箍筋点焊牢固。

2. 实测项目(表1)

后张法实测项目 表1

项次	检查项目		规定值或允许偏差	检查方法和频率
1	管道坐标(mm)	梁长方向	±30	尺量:抽查30%,每根查10个点
		梁高方向	±10	
2	管道间距(mm)	同排	10	尺量:抽查30%,每根查5个点
		上下层	10	

四、安全文明施工措施

1. 进入施工现场所有人员必须戴安全帽,操作工人必须佩戴劳动保护用品。焊工、电工等特殊工种及机械操作手必须持证上岗。

2. 电气设备停止工作时,必须拉闸断电,锁好配电箱。

3. 设专人指挥模板吊运,作业前要仔细检查吊钩等吊具性能,确保吊点准确、吊绳牢固;吊车作业半径下严禁站人。

4. 点焊支架时,应防止损伤波纹管。施工中,不得对波纹管进行踩踏或用工具敲击。

5. 施工人员上、下架子必须走安全梯道。

审 核 人	交 底 人	接 受 交 底 人

46　现浇箱梁混凝土浇筑、养护

<table>
<tr><td colspan="2" rowspan="2">技术交底记录</td><td rowspan="2">编　号</td><td></td></tr>
<tr><td>46</td></tr>
<tr><td>工程名称</td><td colspan="3">××公路桥梁工程</td></tr>
<tr><td>部位名称</td><td>上部构造</td><td>工序名称</td><td>现浇箱梁混凝土浇筑、养护</td></tr>
<tr><td>施工单位</td><td></td><td>交底日期</td><td></td></tr>
</table>

交底内容：

单箱单室预应力混凝土连续箱梁，每联长为177.5m(5×35.5m)，箱梁高为1.8m，箱梁底宽6m，顶宽9.6m，箱梁混凝土强度等级为C50，每联混凝土浇筑量为1243m^3，采用商品混凝土罐车运送，混凝土泵车浇筑成型。

一、作业条件

1. 支架、模板、钢筋、预应力体系及预埋件等经检查，验收合格。

2. 测量放线完毕。

3. 施工人员、机具到位，满足施工要求。

二、施工方法、工艺

1. 混凝土浇筑

(1)混凝土到场后，逐车检测混凝土坍落度，控制为18～20cm。

(2)混凝土浇筑采用一台泵车，由低端向高端逐层推进，每次分层厚度应控制在30cm以内。上下层同时浇筑时，上层与下层前后浇筑距离应保持在1.5m以上，并在下一层混凝土初凝前完成上一层混凝土浇筑。

(3)箱梁按结构部位顺序浇筑。首先浇筑到约高出底板的位置，底板混凝土初凝前浇筑腹板混凝土，最后浇筑顶板和翼板混凝土。底板混凝土浇筑时要一次浇到设计高程，工人在箱室内操作，应严格控制底板厚度，及时将多余混凝土清理干净后将顶面找平、压实、赶光；浇筑腹板混凝土时，应确保底板与腹板、腹板与顶板交界埂斜处混凝土饱满密实；顶面混凝土用3m刮杠粗平，然后用木抹反复压实、找平，确保在混凝土初凝前抹面成活。

2. 振捣

(1)混凝土浇筑时，采用50型振捣棒，振捣棒移动间距不应超过60cm，与侧模保持5～10cm距离，插入下层混凝土5～10cm；每点振捣时间为25s。

(2)振捣棒移动采用梅花形布置，以快插慢拔为振动原则，振捣棒须垂直或略有倾斜插入混凝土中，每一处振捣完毕后应边提棒边振捣，至混凝土不再下沉、无显著气泡上升、顶面平坦、泛浆为止。

3. 养生

待箱梁顶板混凝土初凝后，及时用无纺布覆盖保水养生，安排专人定时洒水养护，养护时间不少于7天，养生期间应始终保持箱体湿润。现场制作同条件养护试块。

4. 施工注意事项

(1)混凝土浇筑过程中，需要派专人对钢束两端不停抽动，以防止孔道进浆后粘接钢束。箱梁较长时，几个工人应同时用力，协同配合。

(2)振捣时要严格操作顺序，不能漏振、过振；振捣过程中要避让波纹管及预埋件，锚垫板、支座部位钢筋密集处，由人工配合机械振捣。

(3)混凝土浇筑时应设专人指挥、专人振捣、专人检查施工各部位(钢筋、模板、波纹管、锚垫板、预埋件等)，出现局部位移、松动时，要及时纠正修复。

三、质量要求

1. 基本要求

(1)预拌混凝土进场须有配合比设计等质量证明材料。按混凝土进场的批次进行抽样检验，制取标准养护试件7组，同条件养护试件3组，强度必须符合设计要求。

(2)试件的取样、制作、养护和试验应符合标准要求；混凝土的和易性、坍落度等每工作班至少检查两次。

(3)所有预埋件、孔洞、支座垫石等的规格、种类、尺寸、位置必须符合设计要求。

2. 实测项目(表1)

现浇箱梁实测项目 表1

项次	检查项目		规定值或允许偏差	检查方法和频率
1	混凝土强度(MPa)		在合格标准内	抽样检验水泥混凝土抗压强度
2	轴线偏位(mm)		10	全站仪或经纬仪：测量3处
3	梁顶面高程(mm)		±10	水准仪：检查3~5处
4	断面尺寸(mm)	高度	+5，-10	尺量：每跨检查1~3个断面
		顶宽	±30	
		箱梁底宽	±20	
5	长度(mm)		+5，-10	尺量：每梁
6	预埋件位置(mm)		+5	尺量：每件
7	横坡(%)		±0.15	水准仪：每跨检查1~3处
8	平整度(mm)		8	2m直尺：每侧面每10m梁长测一处

3. 外观鉴定

(1)混凝土表面平整，颜色一致，无明显施工接缝。

(2)箱梁结构在自重荷载作用下不允许出现受力裂缝；混凝土表面无非受力裂缝，如出现大于0.15mm宽度的非受力裂缝必须处理。

(3)混凝土表面应平整，颜色一致，不允许有露筋和空洞现象，不得有蜂窝、麻面。

(4)梁体内干净，无建筑垃圾、杂物、临时预埋件等。

四、安全文明施工措施

1. 进入施工现场所有人员必须戴安全帽，操作工人必须佩戴劳动保护用品。焊工、电工等特殊工种及机械操作手必须持证上岗。

2. 在进行混凝土浇筑时，使用振捣棒应注意用电安全。使用振捣棒必须戴绝缘手套，穿绝缘鞋。

3. 夜间要有足够的照明。

4. 浇筑混凝土时，派专人指挥施工车辆和社会车辆。

5. 浇筑作业时，不得从高处向下扔工具或其他物体。

6. 经监测，当发现箱梁支架模板变形较大时，应立即停止浇筑、查明原因、采取措施后再进行施工。

7. 混凝土浇筑作业完成后，应及时清理现场，罐车和泵车中的废浆、余料及洗车水要在指定地方倾倒。

8. 施工人员上、下架子必须走安全梯道。

审 核 人	交 底 人	接 受 交 底 人

47 现浇箱梁预应力张拉与锚固

技术交底记录		编　　号	47
工程名称	××公路桥梁工程		
部位名称	上部构造	工序名称	现浇箱梁预应力张拉与锚固
施工单位		交底日期	

交底内容：

单箱单室预应力混凝土连续箱梁，每联长为177.5m(5×35.5m)，预应力张拉采用后张法施工，两端张拉。单联钢束共18束，钢束采用12×ϕ15.2预应力高强钢绞线(图1)。其中f_{pk}=1860MPa，σ_{con}=0.70f_{pk}=1302MPa，每束张拉控制力2146.7kN。

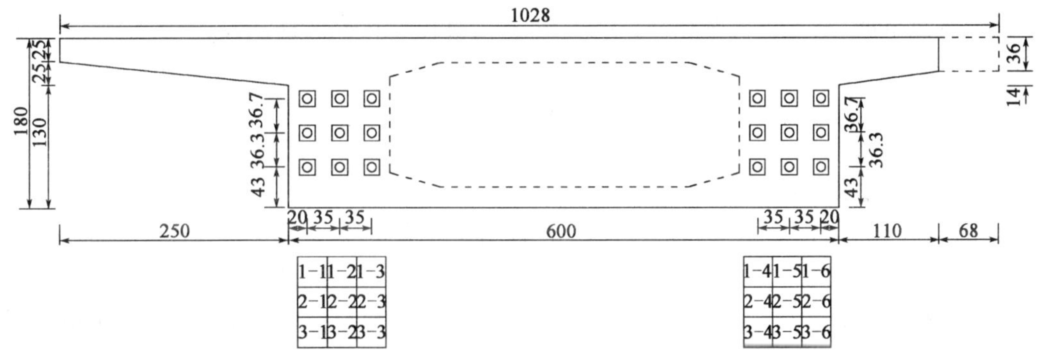

图1　梁端剖面图(尺寸单位:cm)

一、作业条件

1. 现浇箱梁混凝土强度已达到设计强度的100%；孔道摩阻检测值符合设计要求。

2. 张拉设备为4台250t千斤顶，油泵型号为ZB4-500和YBZ2×1.5×63，油表选用1.0级，直径150mm。张拉前，已完成千斤顶及压力表配对校验和标定，钢尺等量测工具经计量标定合格，锚具、夹具复试合格。

3. 张拉施工作业平台验收合格。

4. 张拉理论伸长值、控制应力已计算完成。

二、施工方法、工艺

低松弛钢绞线张拉程序：0→10%σ_{con}→初应力(20%σ_{con}→σ_{con}(持荷2min锚固)。其中σ_{con}为张拉控制应力，包括预应力损失值，初应力取20%σ_{con}，为260.4MPa。

1. 张拉顺序

按设计要求从中间往两边、自上而下的顺序对称进行。先同时张拉最上层的1～2与1～5，其次是1～1与1～6，最后是1～3与1～4。其余两层张拉顺序相同。

2. 施加预应力

施加预应力时采用应力、伸长值“双控”,设专人记录,专人测量伸长值,两端千斤顶升压、画线、测伸长值应同步进行,张拉应进行缓慢,逐级加荷,稳步上升。

(1)每端张拉设备配备四人,一人负责油泵,两人负责千斤顶,一人观测记录读数。严格按照张拉顺序要求进行,千斤顶张拉作用线与预应力钢绞线轴线要重合,两端对称张拉。

(2)安装锚具及夹片,夹片保证洁净,夹片嵌入后人工用手锤轻轻敲击,使其夹紧预应力钢丝,夹片外露长度要整齐一致。

(3)安装千斤顶,将千斤顶套入钢束,进行初张拉。开动油泵,千斤顶油缸进油,初张拉后调整千斤顶位置,仍保证与孔道轴线垂直,并记下伸长读数。

(4)继续初张拉到设计应力值的10%,记下伸长读数,继续张拉至设计应力值的20%即初应力时,记下千斤顶伸长读数,计算两者差后乘以2,推算出初张拉阶段的钢铰线伸长量。

(5)继续张拉到控制应力,持荷2min,记下伸长读数。用伸长读数减去初应力读数计算出初应力到控制应力阶段的伸长量,加上初应力阶段的伸长量得到实测伸长值,扣除夹片回缩量(每端约3mm)后计算出两端伸长值之和,并与理论伸长值比较,偏差不大于±6%。张拉油压缓慢降至零,活塞回程夹片自动跟进锚固。

(6)关闭油泵,卸下千斤顶完成本次操作。

3. 施工注意事项

(1)千斤顶安装之后按预应力筋编号安装工作锚,工具锚与工作锚对正,工具锚和工作锚之间的各根预应力筋应顺直。张拉时,千斤顶与预应力筋、锚具的中心线应位于同一轴线上。

(2)张拉时,两端工作面应保持时时联系,当发现异常时应及时停机检查,查明原因,排除后方可继续进行。

(3)张拉时应认真做到孔道、锚环与千斤顶三对中;千斤顶行程应根据千斤顶工作长度留出余量。

三、质量要求

1. 基本要求

(1)预应力束中的钢丝、钢绞线应梳理顺直,不得有缠绕、扭绞现象,表面不应有损伤。

(2)张拉时,混凝土强度和弹模必须符合设计要求,应严格按照设计规定的顺序张拉。

2. 实测项目(表1)

后张法实测项目 表1

项　次	检 查 项 目		规定值或允许偏差	检查方法和频率
1	张拉应力值		符合设计要求	查油压表读数:全部
2	张拉伸长率		符合设计规定,设计未规定时±6%	尺量:全部
3	断丝滑丝数	钢束	每束1根,且每断面不超过钢丝总数的1%	目测:每根(束)

3. 外观鉴定

预应力钢筋表面应保持清洁,不应有明显的锈迹。

四、安全文明施工措施

1. 进入施工现场人员必须戴安全帽,操作工人必须佩戴劳动保护用品。张拉操作工、电工等特殊工种及机械操作手必须持证上岗。

2. 张拉区应有明显标志,设置挡板,非施工作业人员禁止入内;禁止作业人员站在预应力筋的两端,同时在千斤顶的后面应设立防护装置;操作千斤顶和测量人员,应站在千斤顶侧面进行操作,严格遵守操作工艺。

3. 高压油泵连接必须牢固可靠,油泵操作人员要戴防护眼镜,防止油管破裂或油表连接处喷油伤眼。油泵开动过程中不得擅自离开工作岗位。

4. 千斤顶油压不得超过最大油压,顶压过程中必须密切注意张拉油路的升压情况,不得超过1~2MPa。

5. 张拉过程中,若发现异常响声,或预应力筋断丝、飞片等现象,要停下来检查原因。

6. 张拉后灌浆前,不得用重物去敲击、碰撞锚头及钢铰线。

7. 雨天张拉时,应设临时雨棚,防止雨水淋湿张拉设备。

8. 设专人指挥张拉设备的吊装。作业前要仔细检查吊钩等吊具是否满足安全操作要求,确保吊点准确、吊绳牢固;吊车作业半径下严禁站人。

9. 施工人员上、下架子必须走安全梯道。

审 核 人	交 底 人	接 受 交 底 人

48 现浇箱梁预应力孔道压浆

<table>
<tr><td colspan="2" rowspan="2">技术交底记录</td><td rowspan="2">编　号</td><td></td></tr>
<tr><td>48</td></tr>
<tr><td>工程名称</td><td colspan="3">××公路桥梁工程</td></tr>
<tr><td>部位名称</td><td>上部构造</td><td>工序名称</td><td>现浇箱梁预应力孔道压浆</td></tr>
<tr><td>施工单位</td><td></td><td>交底日期</td><td></td></tr>
</table>

交底内容：

桥梁上部结构为6联单箱单室预应力混凝土连续箱梁，每联长为177.5m(5×35.5m)，后张预应力孔道采用塑料波纹管，共18个孔道。

一、作业条件

1. 预应力筋张拉及锚固完成，用手提砂轮切割机切除预应力筋锚固后的外露部分，保留3cm，用聚合物高强度砂浆封严锚头满48h。

2. 水泥浆配合比通过监理审批，按审批后的配合比配置，配合比见表1。

水泥浆配合比　　表1

水泥(kg)	水(kg)	微膨胀剂(g)
1250	500	125

二、施工方法、工艺

1. 压浆顺序

压浆时，从下往上依次按层压注，每层孔道按照从左往右（或从右往左）顺序依次、连续进行；浆从最低点的压浆孔压入，由最高点的排气孔排气、泌水、出浆。

2. 控制指标

(1)压浆使用活塞式压浆泵，压力控制为0.5～0.7MPa。压浆应以从灌浆孔压入并从孔道另一端饱和出浆，同时从排气孔流出与原浆稠度相同的水泥浆为控制标准。关闭出浆口后，稳压3～5min，压力不小于0.5MPa。

(2)水泥浆从配置到灌入孔道应在30～45min之间完成，压浆应缓慢均匀进行，排气通畅。水泥浆在使用前和灌浆过程中应连续搅拌。压满孔道后应依次封闭排气孔及灌浆孔。

(3)压浆过程及压浆后48h内，环境温度低于5℃时应采取保温措施。

3. 记录

压浆人员应详细记录压浆过程，包括每个管道的压浆日期、水灰比及掺加料、压浆压力、压浆量、障碍事故细节及需要补做的工作。

三、质量基本要求

1. 水泥强度等级采用P.O 42.5普通硅酸盐水泥，水泥浆的稠度控制在14～18s之间，水灰比采用0.40～0.45，最大泌水率不超过3%，拌和后3h泌水率控制在2%，24h后泌水应全部被浆吸收。

2. 孔道压浆的水泥浆强度必须符合设计要求，压浆时排气孔、排水孔应有水泥浓浆溢出；每个孔道压浆要密实、饱满。

3. 压浆时，每一工作台班应留置不少于 3 组尺寸为 40mm × 40mm × 160mm 的试件，标准养护 28d，进行抗压强度和抗折强度试验。

四、安全文明施工措施

1. 进场人员必须戴安全帽，操作人员佩戴劳保用品。特殊工种及机械操作手必须持证上岗。

2. 现场设专职电工。用电禁止乱扯乱接，必须配有专用电箱，设置漏电保护器。

3. 张拉后灌浆前，不得用重物敲击锚头，不得随意碰撞锚头及钢绞线。

4. 压浆过程中及堵灌浆孔时，操作人员均应站在孔道的侧面操作。压浆时，压浆管必须与灰浆泵连接牢固。

5. 压浆时要密切注意压浆设备状况，出现异常要及时停止操作。

6. 压浆时必须控制水泥浆的外漏，孔道流出的水泥浆应及时清理。

7. 作业结束后，应及时清洗注浆设备。

8. 施工人员上、下架子必须走安全梯道。

审 核 人	交 底 人	接 受 交 底 人

49 现浇箱梁模板及支架拆除

<table>
<tr><td rowspan="2">技术交底记录</td><td rowspan="2">编　号</td><td></td></tr>
<tr><td>49</td></tr>
<tr><td>工程名称</td><td colspan="3">××公路桥梁工程</td></tr>
<tr><td>部位名称</td><td>上部构造</td><td>工序名称</td><td>现浇箱梁模板及支架拆除</td></tr>
<tr><td>施工单位</td><td></td><td>交底日期</td><td></td></tr>
</table>

交底内容：

单箱单室预应力混凝土连续箱梁高1.8m，底宽6m，每联长177.5m(5×35.5m)。现浇箱梁临时支架采用碗扣式满堂支架，箱梁内外侧模板均采用木模。

一、作业条件

现浇箱梁张拉、注浆完成。

二、施工方法、工艺

1. 箱梁排架拆除顺序：从支座至跨中，自上而下依次拆除。

2. 模板拆除应按照先拆除箱梁翼板、侧模、内模，再拆除底模的顺序进行。拆除底模时，应逐块拆卸，不得成片松动和撬落。

3. 排架拆除时，先拆边模剪刀撑、斜撑，而后拆小横杆、大横杆、立杆等，并按一步一清的原则依次进行。

三、质量要求

拆模时，要边拆边清理混凝土表面，保证箱梁混凝土表面及棱角不受损坏。

四、安全文明施工措施

1. 施工现场人员必须戴安全帽，操作工人必须佩戴劳动保护用品。特殊工种及机械操作手必须持证上岗。

2. 架上作业人员必须系安全带。

3. 设专人指挥模板和架子拆除，作业区应设立警戒标志，禁止非作业人员入内。

4. 六级以上大风等恶劣天气，不得进行拆除作业。

5. 拆除时严禁上下同时作业。拆模间歇时应将已活动的模板、拉杆、支撑等及时拆除。

6. 模架拆除应随拆随搬运，当天拆，当天清，按指定地点分类码放。

7. 施工中应对支架材料及模板采取保护措施，便于周转使用。

审　核　人	交　底　人	接　受　交　底　人

50　预制 T 形梁湿接缝吊模

<table>
<tr><td colspan="2" rowspan="2">技术交底记录</td><td rowspan="2">编　号</td><td></td></tr>
<tr><td>50</td></tr>
<tr><td>工程名称</td><td colspan="3">× ×公路桥梁工程</td></tr>
<tr><td>部位名称</td><td>上部构造</td><td>工序名称</td><td>预制 T 形梁湿接缝吊模</td></tr>
<tr><td>施工单位</td><td></td><td>交底日期</td><td></td></tr>
</table>

交底内容：

预制 T 梁吊装就位后采用现浇混凝土连接。湿接宽度为 68cm，厚度为 38cm。每道接缝长 7m。模板安装采用吊模法施工。湿接缝吊模安装如图 1、图 2 所示。

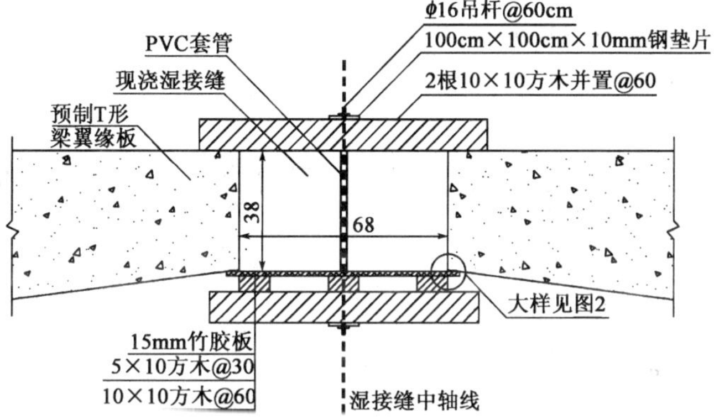

图 1　T 梁湿接缝吊模安装示意图(尺寸单位：cm；钢材：mm)

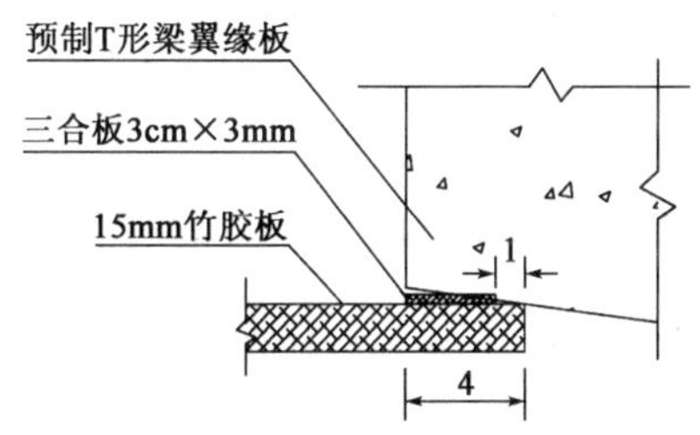

图 2　封边大样图(尺寸单位：cm)

一、作用条件

1. T 形梁安装就位，经验收合格。

2. T 形梁湿接缝作业区域已清理完毕。

二、施工方法、工艺

1. 模板制作

湿接缝模板面板采用 15mm 厚的竹胶板，单块加工成 0.76m × 2.4m 规格，纵向主肋采用 3 根 5cm × 10cm 方木，间距为 30cm，背楞采用 10cm × 10cm 方木，间距为 60cm。沿模板纵向中心轴线，每60cm间距打孔，孔眼穿透面板、主肋和背楞，穿ϕ16mm的对拉螺栓作为吊杆，背楞处加垫100mm×100mm×10mm钢垫板固定后拧紧。面板两边与T形梁衔接部位，钉3mm厚3cm宽的三合板，如图2所示。制作完成后在模板上均匀涂刷脱模剂。

2. 吊模安装

(1)从湿接缝作业面向地面垂大绳，将单块模板按拼装顺序依次吊起，就位后在吊杆上套PVC套管。

(2)沿每根吊杆两侧的垂直湿接缝方向，在湿接缝两侧纵向放置10cm×10cm方木，其上横向铺设两根方木夹紧吊杆，再穿100mm×100mm×10mm钢垫片，上螺栓稍紧固定。

(3)通过测量定位精调模板，使吊模拼缝严密、轴线对中，最后紧固螺栓，完成安装。

3. 混凝土浇筑前，模板表面清理干净

三、质量要求

1. 基本要求

(1)模板接缝不得漏浆；在混凝土浇筑前，模板内应无杂物和积水，保持干净。

(2)模板吊装时轴线对中。

2. 实测项目(表1、表2)

模板制作允许偏差表 表1

项　次	检 查 项 目	允许偏差(mm)	检验方法及频率
1	模板的长度和宽度	±5	用钢尺量:4点
2	模板相邻两板表面高低差	1	
3	板面，平面模板表面最大局部不平	3	用3m直尺检查:4点
4	拼合板中木板间的缝隙宽度	2	

模板安装允许偏差 表2

项　次	检 查 项 目	允许偏差(mm)	检验方法及频率
1	中线偏位	10	用经纬仪量测，纵、横向各计1点
2	模板相邻两板表面高低差	2	用钢尺量:4点

四、安全文明施工措施

1. 施工现场人员必须佩戴安全帽，操作工人必须佩戴安全带和劳动保护用品。特殊工种及机械操作手必须持证上岗。

2. 平刨、圆锯的安全防护装置必须齐全，不准拆卸，严禁使用有裂缝的圆锯片，使用手动、电动工具必须带绝缘手套、穿绝缘鞋。非电工人员不得进行接电操作。

3. 在模板安装过程中，桥下设置警戒线，安排专人看守，任何人不得穿越。

4. 施工人员上、下架子必须走安全梯道。

5. 施工现场严禁吸烟。

审　核　人	交　底　人	接　受　交　底　人

51 桥面SBS卷材防水

<table>
<tr><td colspan="2" rowspan="2">技术交底记录</td><td rowspan="2">编　　号</td><td></td></tr>
<tr><td>51</td></tr>
<tr><td>工程名称</td><td colspan="3">××市政桥梁工程</td></tr>
<tr><td>分部工程名称</td><td>桥面系极附属工程</td><td>分项工程名称</td><td>桥面SBS卷材防水</td></tr>
<tr><td>施工单位</td><td></td><td>交底日期</td><td></td></tr>
</table>

交底内容:

钢筋混凝土桥面铺装上设柔性防水层,防水材料采用厚度3.5mm的SBS防水卷材,机铺方式施工。

一、作业条件

1. 桥面混凝土工程经隐蔽工程验收合格。
2. 防水材料进场检验合格,复试合格。

二、施工方法、工艺

基层抛丸处理→基层处理→人工铺设→机械铺设

1. 基层抛丸处理

(1)使用抛丸机清除干净混凝土表层浮浆,露出混凝土坚实的骨料层,同时抛丸厚度均匀一致,不露抛,不过深,控制在1~2mm。

(2)保证基层干燥。简易检验方法为:在基层表面平铺1m^{2}卷材,静置3~4h后掀起观察,基层被卷材覆盖的部位、卷材下表面均未见水印,即视为符合要求。

(3)基层与突出构件的交接处,以及基层的转角处均抹成圆弧或45度/135度折角。

2. 基层处理

基层抛丸施工完成后,施工防水层前必须采用专用吸尘器将浮尘及松散物质清除干净,并涂刷基层处理剂,基层处理剂使用与卷材性质配套的材料,涂层均匀、全面覆盖,待渗入基层且表面干燥后方可施作卷材。

3. 人工铺设

(1)确定卷材铺贴顺序和铺贴方向,并在基层弹线,然后铺贴卷材。

(2)用火焰喷枪或喷灯烘烤卷材的底面和基层的夹角,喷灯距交界处30cm左右,使卷材表面的沥青层液化,边烘烤边向前滚卷材,随后用压辊滚压,使其与基层或与卷材粘结牢固。注意烘烤温度和时间,以使沥青层呈融溶状态为度。

(3)卷材搭接按以下方法进行:

①长边搭接:卷材纵向搭接宽度,单层防水≥8cm,先熔去待搭接部位卷材上的防黏层和粒料保护层,同时熔化接缝两面的黏结胶,然后进行黏合排气,用手持辊压实,并有明显沥青条;

②短边搭接:卷材两端必须全部黏结,搭接宽度≥10cm,并在基层进行卷材定位弹线、试铺,按卷材规格、铺设要求、桥面排水坡度、细部尺寸,确定卷材的铺设方案。

(4)人工铺设注意事项

①热熔程度足够而不过度,保证卷材下表面改性沥青完全熔融以致流动并通过流动的沥青层将卷材粘在基层上,随即充分压实并排出夹杂的气泡。

②短边以顺轴向坡度搭接为主,当基本无坡度时与行车流反向搭接为主。

③相邻短边接缝相互错开不小于30cm。

(5)特殊位置处理

①防撞护栏根部处理。防撞护栏根部与桥面板连接平顺。施工时防水卷材直抵防撞护栏根部立面且与基面密粘。并采用防水密封材料与防水卷材端相连,如图1所示。

②排水口。根据设计意图及实际采用的排水口形式,用M10的砂浆修抹平顺,不得有破碎、开裂、起砂等现象。排水口的构造不仅满足桥面排水的需要,还要满足排除由于桥面铺装渗水引起的排水口周边积水的需要,因此排水口四周设渗水洞并以密封材料将排水口底周边与防水层的端部进行封闭。

③伸缩缝处理。在安装桥梁伸缩缝时,在浇注伸缩缝槽内混凝土之前将伸缩缝两侧的防水层端部用防水密封材料进行封闭。其形式如图2所示。

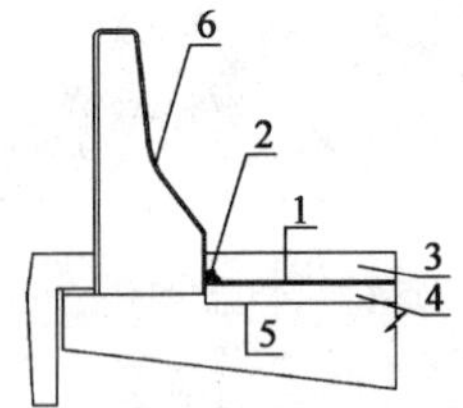

图1 防撞护栏根部处理示意图

1-防水卷材;2-防水密封材料;3-桥面沥青混凝土;4-水泥混凝土找平层;5-桥面板顶面;6-防撞护栏

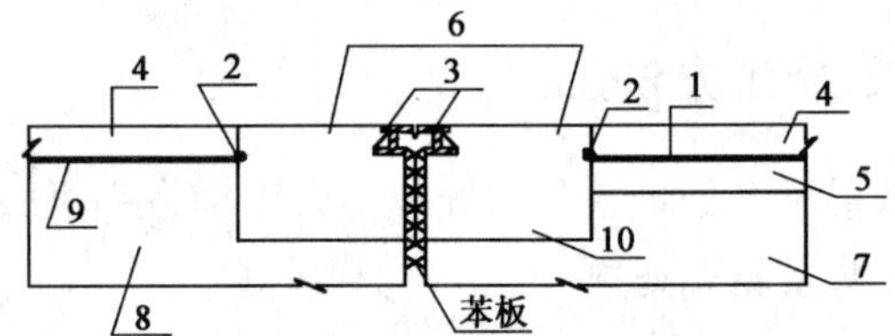

图2 伸缩缝两侧防水层的处理图

1-桥面防水层;2-沥青混凝土切开后用嵌缝止水条封闭防水层端;3-伸缩装置;4-沥青混凝土铺装;5-水泥混凝土整平层;6-40号钢纤维混凝土填满伸缩缝槽;7-主梁;8-桥头搭板;9-搭板顶防水层;10-伸缩缝预留槽

4.机械铺设

(1)预热路面基层、热熔卷材、黏结、搭接、排气压实过程均为自动完成。

(2)卷材平行于桥面纵轴方向(即车辆行驶方向)、由低往高处(即由泄水口一侧往另一侧)进行铺设施工。卷材纵向(长边)搭接缝(搭接宽度7~8cm)顺流水方向,横向(短边)搭接缝(搭接宽度10cm)顺流水方向(有坡度时)或车辆行驶方向(无坡度时)。相邻两幅卷材的横向(短边)搭接缝开至少1.5m。卷材纵向(长边)搭接缝量避开车轮轨迹。

(3)当局部曲线路半径在100m以内及单卷(幅)卷材起始端1m左右长度采用人工铺设。

三、质量要求

1.防水卷材施工主控项目

(1)防水卷材的品种、规格、性能、质量符合相关标准和设计要求。

(2)防水卷材铺装前,基底必须干燥。

(3)防水卷材层之间及防水卷层与找平层(基层)之间密贴,结合牢固,黏结力合设计要求。

2. 防水卷材一般项目,防水材料铺装外观质量合下列要求

(1)卷材防水层表面平整,不得有空鼓、脱层、裂缝、翘边、油包、气泡和皱折等现象;

(2)防水层与雨水口(路灯井)接合部位密封,不得有漏封处。

3. 防水层施工质量,见表1规定。

防水层施工质量偏差　　表1

<table>
<tr><th rowspan="2">项　目</th><th rowspan="2" colspan="2">规定值允许偏差(mm)</th><th colspan="2">检 验 频 率</th><th rowspan="2">检验方法</th></tr>
<tr><th>范围</th><th>点数</th></tr>
<tr><td rowspan="2">接茬搭接宽度</td><td>横向(短边)</td><td>≥150</td><td rowspan="2">每20延米</td><td rowspan="2">1</td><td rowspan="2">用钢尺量</td></tr>
<tr><td>纵向(长边)</td><td>≥100</td></tr>
</table>

四、安全文明施工措施

1. 施工作业人员进入施工现场戴安全帽、穿软底鞋、戴手套。

2. 喷枪或喷灯远离温感材料如导线、塑料等,喷枪或喷灯火焰严禁对着人。

3. 现场物料分类堆放、远离火源,设置明显防火标志、防火器材,设专人保管。

4. 卷材不得与不相容物质如酸、强有机溶剂和油脂直接接触。

5. 现场采取必要的消防预防措施,按规定设置消防器材,严禁烟火。

6. 小型SBS焊接设备操作人员熟悉其内容,并按要求操作。

7. 刷过基层处理剂的基层未干燥之前、在可燃易燃物质附近、在施工机械机具所需的燃料附近,严禁使用喷枪或喷灯明火烘烤施工。

8. Macaden-20型施工使用柴油必须专人负责,储存位置远离明火和热源,现场禁止抽烟。

9. 夜间施工时,必须做好现场照明工作,配备齐全的临时照明灯,施工人员必须穿好反光衣,施工现场做好交通封闭,进出口由专人看护。

审　核　人	交　底　人	接　受　交　底　人

52 桥面混凝土铺装

<table>
<tr><td colspan="2" rowspan="2">技术交底记录</td><td rowspan="2">编　　号</td><td></td></tr>
<tr><td>52</td></tr>
<tr><td>工程名称</td><td colspan="3">××市政桥梁工程</td></tr>
<tr><td>分部工程名称</td><td>桥面系及附属工程</td><td>分项工程名称</td><td>桥面混凝土铺装</td></tr>
<tr><td>施工单位</td><td></td><td>交底日期</td><td></td></tr>
</table>

交底内容：

混凝土桥面铺装厚15cm，抗压强度等级为C50，抗折强度5.0MPa。

一、作业条件

1. 桥梁梁板施工完毕，桥面预埋件及预留孔洞位置准确。

2. 桥面梁板顶面已清理凿毛和梁板板面高程复测完毕，最小厚度能够满足设计要求。

二、施工方法、工艺

导轨架设→铺设、绑扎钢筋网片→支立模板→浇筑、摊铺、整平→抹面→养生

1. 导轨架设

(1)采用ϕ32钢管架设轨道。设置4道轨道，轨道沿桥面横向铺设间距0.5m+3.5m+3.5m+3.5m+0.5m布置。

(2)轨道纵向定位后，弹墨线，每2m设置一道高程控制点。在控制点处用电锤钻孔，打入ϕ12mm钢筋，锚固深6~8cm，外露3cm。用水准仪在锚固钢筋上测放，然后焊接顶托，架立钢管。

2. 铺设、绑扎钢筋网片

(1)成品钢筋网片大小根据每次铺筑宽度和长度确定，横、纵向搭接部位对应放置，搭接长度不小于网片两个网孔，采用18号火烧丝全接点绑扎，扎丝头朝下。

(2)钢筋网片的下保护层采用同标号砂浆垫块支垫，呈梅花形均匀布设，垫块间距为1.0m。

3. 支立模板

(1)模板安装前桥梁顶面要经精确测量，确保铺装层浇筑宽度、桥面高程、横纵坡度。

(2)侧模、端模均采用12cm×12cm方木，模板座在砂浆找平层上，后背用5cm×5cm木方与防撞墩支顶，间距2m一道。模板间连接要严密合缝。

4. 浇筑、摊铺、整平

(1)混凝土浇筑前，对支架、模板、钢筋网片和预埋件进行查核，清除作业面杂物后，将梁体表面用水湿润，但不得有积水。

(2)混凝土浇筑要连续，从下坡向上坡进行，混凝土使用泵车浇筑，自由下落高度不宜大于2m。混凝土坍落度控制在12~16cm。边角部位人工布料、摊铺时，用锹反扣。

(3)混凝土的振捣：采用平板振捣器振捣，然后采用振捣梁沿导轨进行全幅振捣找平，设专人控制行驶速度、铲料和填料，确保铺装面饱满、密实。垂直下料与整平作业面应控制在2m

左右。振捣梁行走轨道随浇筑、振捣、整平的进度及时拆除，清洗干净后前移。轨道抽走留下的空隙，随同铺筑作业及时采用同标号混凝土填补找平。

5. 抹面

采用机械抹面二次。混凝土振捣施工完毕进行第一次抹面，混凝土初凝后、终凝前进行第二次抹面。

6. 养生

混凝土成活后，采用土工布覆盖，洒水养生不小于7d。

三、质量要求

1. 基本要求

(1)桥面铺装符合设计要求。

(2)桥面泄水孔的进水口必须低于桥面铺装层，泄水不得流向墩台。

(3)桥梁板顶面必须彻底清除浮浆，并按设计规范凿毛，确保面层与基层结合牢固。

2. 外观鉴定

铺装层表面无松散、浮浆、掉皮、空鼓和严重开裂现象；平面平整，排水良好；膨胀缝直顺，灌缝密实，顶面与混凝土面齐平。

3. 质量标准要求，钢筋网片检查项目表见表1。

钢筋网片检查项目表 表1

项次	检查项目	规定值或允许偏差	检查方法和频率
1	网的长、宽(mm)	±10	用钢尺量，每网片沿长、宽各检2个点
2	网眼尺寸(mm)	±10	用钢尺量：量取纵横方向各3~5个网格每片网片检验点数为4个
3	对角线差(mm)	≤10	用钢尺量，抽查3个网眼对角线

4. 桥面混凝土施工质量检查项目见表2。

桥面混凝土施工质量检查项目 表2

<table>
<tr><th rowspan="2">项次</th><th rowspan="2" colspan="2">检查项目</th><th rowspan="2">规定值或允许偏差</th><th colspan="2">检查方法和频率</th><th rowspan="2">检验方法</th></tr>
<tr><th>范围</th><th>点数</th></tr>
<tr><td>1</td><td colspan="2">宽度</td><td>+20,0</td><td rowspan="3">每20延米</td><td>1</td><td>用钢尺量</td></tr>
<tr><td>2</td><td colspan="2">中线高程</td><td>±101</td><td>1</td><td>用水准仪测量</td></tr>
<tr><td>3</td><td colspan="2">横断高程</td><td>±10，且横坡差≤0.3%</td><td>4</td><td>用水准仪测量</td></tr>
<tr><td>4</td><td colspan="2">平整度</td><td>3</td><td colspan="3">按道路工程检测规定执行</td></tr>
<tr><td>5</td><td colspan="2">与桥头搭板及伸缩缝保护带衔接板差</td><td>≤2</td><td>每条缝</td><td>3</td><td>用钢尺量最大值</td></tr>
<tr><td rowspan="2">6</td><td rowspan="2">泄水孔</td><td>位置</td><td>≤50</td><td rowspan="2">每孔</td><td rowspan="2">1</td><td rowspan="2">用钢尺量</td></tr>
<tr><td>高程</td><td>0，-10</td></tr>
</table>

四、安全文明施工措施

1. 混凝土振捣人员穿绝缘鞋、戴绝缘手套。
2. 混凝土泵送设专人指挥，避免碰撞、污染防撞墩。
3. 电焊机、混凝土振捣机具的接电要有漏电保护装置。
4. 钢筋网片吊装作业时，由专人指挥，吊装设备不得碰撞桥梁结构，吊臂下不得站人。
5. 施工中的中小机具要由专人负责，集中管理、维修，避免漏油污染结构。
6. 在邻近居民区施工作业时，尽量避免夜间施工，要采取低噪声振捣器。

审核人	交底人	接受交底人

53　伸缩缝预留槽切割剔除

<table>
<tr><td colspan="2" rowspan="2">技术交底记录</td><td rowspan="2">编　　号</td><td></td></tr>
<tr><td>53</td></tr>
<tr><td>工程名称</td><td colspan="3">××市政桥梁工程</td></tr>
<tr><td>分部工程名称</td><td>桥面系</td><td>分项工程名称</td><td>伸缩缝预留槽切割剔除</td></tr>
<tr><td>施工单位</td><td></td><td>交底日期</td><td></td></tr>
</table>

交底内容：

桥梁施工采用Z型钢80型模数式伸缩缝，安装前对伸缩缝桥面混凝土予以切割剔凿。伸缩缝施工位置平面图（图1）如下：

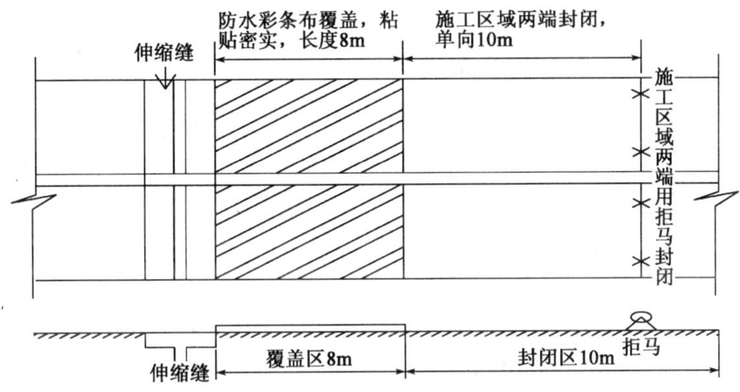

图1　伸缩缝施工位置平面图

一、作业条件

1. 桥面沥青混凝土面层施工完毕并经过分项验收合格。
2. 伸缩缝已进场并检验合格。

二、施工方法、工艺

伸缩缝现浇带边线的确定→锯缝工作的污染防护→预留槽的清理

沥青混凝土面层施工完毕后封闭交通，在沥青混凝土温度降至环境温度并在24h后锯缝。

1. 伸缩缝现浇带边线的确定：按照预留槽上口弹出标线，即为锯缝位置。

2. 锯缝工作的污染防护

为避免锯缝工作对道路面层造成污染，按照以下步骤（图2锯缝位置锯缝前大样图、图3锯缝位置锯缝后大样图、图4大样图）对锯缝位置进行防护。

（1）使用防水彩条布按照路面全宽进行铺设，使用宽胶带粘贴，要求粘贴直顺、牢固。

（2）采用无齿锯进行锯缝，锯缝时沿胶带外沿行走，要求速度均匀，切缝直顺，无折点，缝口垂直，切缝深度与沥青面层厚度一致。

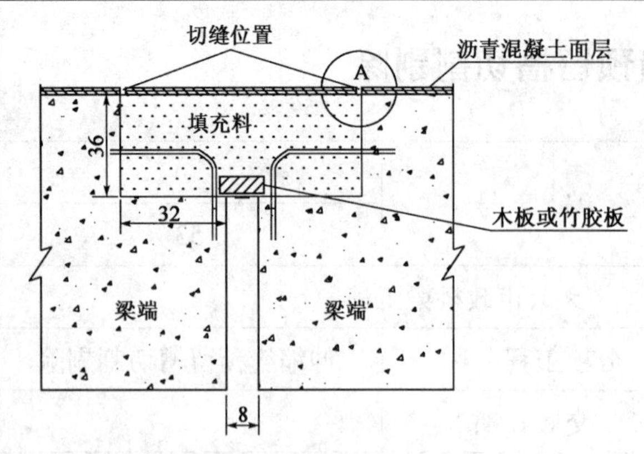

图2 锯缝位置锯缝前大样图(尺寸单位:cm)

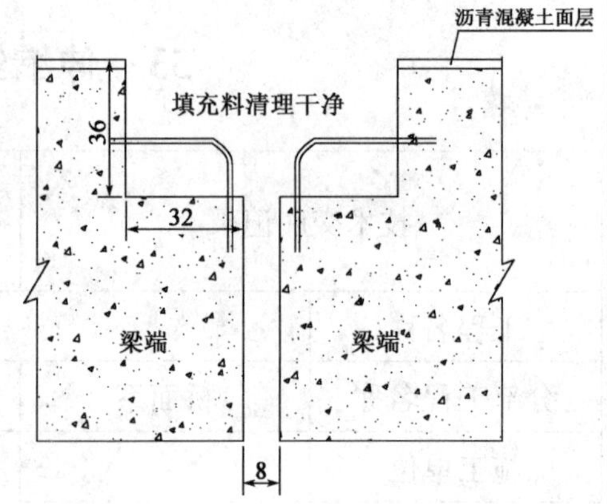

图3 锯缝位置锯缝后大样图(尺寸单位:cm)

(3)锯缝时应及时将污水擦净,避免溢流造成污染。

3. 预留槽的清理

(1)刨除的填缝材料直接装到汽车或铲车上,防止造成污染。

(2)预留槽必须一次清理到位,对混凝土的碎渣采用水或压缩空气吹净。

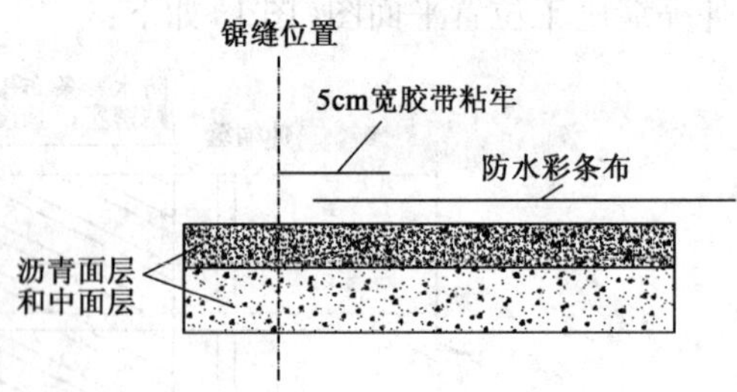

图4 A大样图(尺寸单位:cm)

三、安全文明施工措施

1. 夜间施工时,必须做好现场照明工作,配备齐全的临时照明灯,施工人员必须穿好反光衣,施工现场做好交通封闭,进出口由专人看护。

2. 对电焊机、承重支架等的底部必须采用竹胶板或方木支垫,施工过程中不得直接在路面上进行敲砸等作业,防止对路面造成破坏。

3. 伸缩缝施工期间产生的泥浆等污染物,应随切随挖随清理。清挖时小心作业,避免损坏伸缩缝槽口。

4. 严格封闭交通,在已经开槽的作业面上严禁车辆通行。

5. 如交通需要,提前计划好施工顺序和现场的交通方案,采用预留段落不开槽或搭设便桥的办法。

审 核 人	交 底 人	接 受 交 底 人

54　伸缩缝安装

<table>
<tr><td colspan="2" rowspan="2">技术交底记录</td><td rowspan="2">编　　号</td><td></td></tr>
<tr><td>54</td></tr>
<tr><td>工程名称</td><td colspan="3">××市政桥梁工程</td></tr>
<tr><td>分部工程名称</td><td>桥面系</td><td>分项工程名称</td><td>伸缩缝安装</td></tr>
<tr><td>施工单位</td><td></td><td>交底日期</td><td></td></tr>
</table>

交底内容：

工程采用 Z 型钢 80 型模数式伸缩缝，伸缩缝预留槽处采用 C50 钢纤维混凝土现场浇筑。安装大样见图 1。

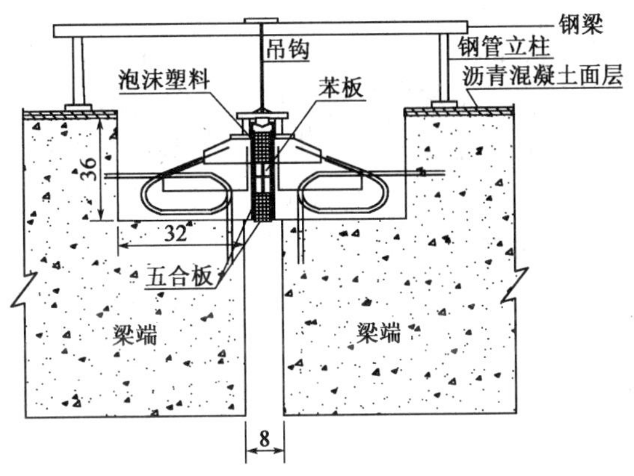

图 1　伸缩缝安装大样示意图

一、作业条件

1. 伸缩缝进场检验合格。装置中所用异形钢梁沿长度方向的直线度应满足1.5mm/m，全长应满足 8mm/10m 的要求。

2. 伸缩缝预留槽已剔除完毕，验收合格。

二、施工方法、工艺

伸缩缝现场连接→双缝伸缩箱处理→预留钢筋处理→伸缩缝调整、焊接→C50 钢纤维混凝土施工→养生

1. 伸缩缝现场连接

为便于运输的问题，部分伸缩缝需要在现场进行焊接，由厂家人员在现场进行焊接完成。

(1) 钢梁焊接部位应由厂家加工出坡口，以保证钢梁焊透。

(2) 在钢梁下部预留连接钢板，以加强焊接部位强度。

(3) 使用厂家规定的焊条。

(4) 焊接完成后对焊口进行修磨，保证焊接部位平整。

(5) 焊口处理完成后，对防腐漆膜破坏的部位重新进行涂漆。

(6)焊接完成的伸缩缝必须满足要求。

2. 双缝伸缩箱处理

避免伸缩缝混凝土浇筑时伸缩箱进入混凝土或水泥浆,必须在双缝就位前对其伸缩箱进行封闭处理,使用苯板将伸缩箱的内部空隙填满,用胶带将伸缩箱开口部分进行封闭,检查无误后方可就位。

3. 预留钢筋处理

除双缝伸缩箱位置的钢筋外,不得随意对预留钢筋进行切割。对于预留钢筋由于位置错误无法使用的情况,采用植筋的形式解决。

4. 伸缩缝的调整、焊接

(1)采用门架配合倒链进行伸缩缝的调整,需注意门架立柱下垫好木板或钢板,避免对路面造成破坏。

(2)伸缩缝入槽后,在两型钢缝中拉一条直线,使两端型钢中心线对准桥伸缩缝中线,采用点焊将伸缩缝限位,保证伸缩缝准确就位。

(3)伸缩缝入槽后,采用3m直尺反复调整伸缩缝顶面,保证与两侧的沥青面层呈一平面,调整一处后要及时点焊定位,全部调整完成后进行固定焊接。

(4)固定焊接从一侧进行,完成后再进行另一侧的焊接,焊接过程中要随时检查伸缩缝的偏差,发现问题及时调整。焊接过程中为减少焊接造成的温度应力对伸缩缝的影响,采取跳焊等措施。固定焊接完成验收合格后立即开锁。

(5)主线桥伸缩缝安装时,要注意以中隔带位置控制伸缩缝横向的安放位置,保证上下行伸缩缝的衔接。

(6)禁止在伸缩缝钢梁和伸缩箱上进行焊接作业,以避免钢梁发生变形和保护伸缩箱内的橡胶弹性单元。

5. C50钢纤维混凝土施工

(1)用聚苯乙烯板填充伸缩缝,并用胶带将伸缩缝上表面封闭,同时在伸缩缝两侧挡上三合板,以防混凝土进入伸缩缝内。

(2)混凝土浇筑前,按照设计图纸要求将伸缩缝处钢筋全部绑扎完毕,钢筋的绑扎按常规方法进行。

(3)伸缩缝混凝土采用C50钢纤维混凝土,浇筑前用水湿润新旧混凝土接触面。用插入式振捣棒振捣密实,并用刮杠、木模子找平,钢抹子收面。混凝土的表面与沥青混凝土表面要顺接,并用3m直尺检查平整度,偏差不大于2mm。每工作班混凝土施工制取试块不少于1组,标准养护。

6. 养生

浇筑完的混凝土要用土工布加以覆盖,并立即封闭交通,洒水养护不少于7d,达到设计强度的100%后方可放行。

三、质量要求

1. 基本要求

(1)伸缩缝进场有合格证,经验收合格后安装。

(2)伸缩缝必须锚固牢靠,伸缩性能有效。

(3)伸缩缝两侧采用C50钢纤维混凝土,强度合格。

(4)伸缩缝处无积水。

2. 实测项目(表1)

伸缩缝安装允许偏差　　表1

项次	检查项目	规定值或允许偏差	检查办法和频率
1	长度(mm)	符合设计要求	尺量:每道
2	缝宽	符合设计要求	尺量:每道2处
3	与桥面高差	2	尺量:每侧3~7处
4	纵坡(%)	±0.5	水准仪测量纵向锚固混凝土端部3处
5	横向坡度(mm)	3	3m直尺:每道

3. 外观鉴定

伸缩缝无阻塞、渗漏、变形、开裂现象。

四、安全文明施工措施

1. 焊接前检查线路、焊机确认安全方可作业,焊接、振捣操作人员穿防护服、绝缘鞋戴绝缘手套等防护用品。

2. 混凝土振捣器经电工检查,确认无漏电方可使用。

3. 伸缩缝进场后,将其放置在平整的地面上,设置警示标志,尽可能减少存放期间的搬运次数。

4. 存放期间必须避免伸缩缝钢梁受到压、弯等外力,不得重叠堆放,防止钢梁出现变形,尤其要保护固定卡件,防止其发生变形。

5. 伸缩缝存放期间应采取防雨措施,使用苫布或其他手段防止伸缩缝锈蚀。

6. 伸缩缝安装过程中,在施工区域外设置围挡或护栏及安全标志,夜间加设报警灯。

7. 施工车辆需通过伸缩缝时,要支搭临时便桥。

审核人	交底人	接受交底人

55　现浇混凝土防撞护栏

技术交底记录		编　号	55
工程名称	××市政桥梁工程		
分部工程名称	桥面系与附属工程	分项工程名称	现浇混凝土防撞护栏
施工单位		交底日期	

交底内容：

挂板与防撞护栏为一体浇筑，混凝土强度等级为C30。防撞护栏高99cm，底宽75cm，上口宽31cm；挂板长53cm，宽20cm。现浇防撞护栏外形如图1所示。

一、作业条件

上部结构施工完毕，验收合格。

二、施工方法、工艺

钢筋绑扎→模板支设→混凝土浇筑→养护→拆模

1. 钢筋绑扎及预埋件安装

（1）防撞护栏共有N12、N13、N14、N15四种类型钢筋，N12、N13、N14为Φ16mm钢筋，N15为φ10mm纵向水平筋。

（2）纵向钢筋接头采用20号绑丝绑扎连接，绑扎时接头需错开布置，受拉区同一截面钢筋接头数量不大于50%，搭接接头长度不小于35d，绑扎要牢固。

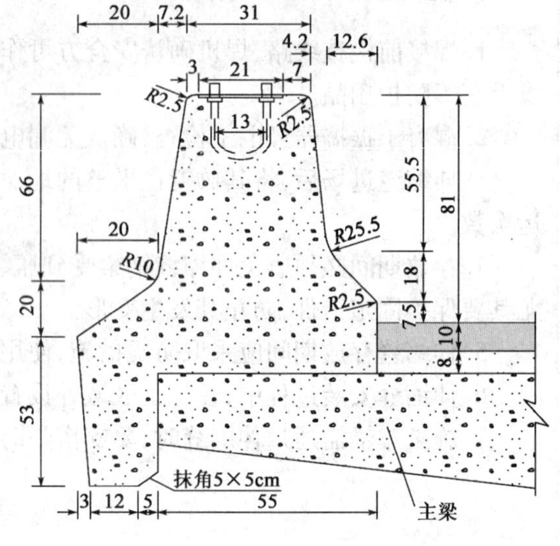

图1　防撞护栏外形图（尺寸单位：cm）

（3）浇筑箱梁顶板混凝土时将N13筋预埋，间距15cm，根据测量放线定出N13筋平面位置及外露尺寸。

（4）N14筋为挂板钢筋，与N13筋一一对应，进行绑扎，重合部分绑扎3道，并根据测量放线确保N14筋底面高程符合设计要求。N14筋绑扎完成后，再穿入挂板内纵向N15水平筋，N15钢筋从下到上依次绑扎，相交处100%绑扎。

（5）N12钢筋与N13钢筋一一对应，在护栏内侧相交处进行绑扎，在护栏外侧重合部分绑扎3道，并根据测量放线确定N12钢筋顶面高程符合设计要求。

（6）N12钢筋绑扎完成后进行护栏内纵向N15水平筋绑扎施工，N15筋从下到上依次绑扎，相交处100%绑扎。

（7）所有绑丝头均须弯回背向模板。

（8）闭合钢板预埋件位置需安装要确保位置准确，法兰盘底板外侧距护栏外边缘3cm，内侧距护栏内边缘 7cm。预埋锚筋与护栏钢筋焊接牢固，预埋件顶面与护栏混凝土顶面齐平。

现浇护栏构造截面如图 2 所示。

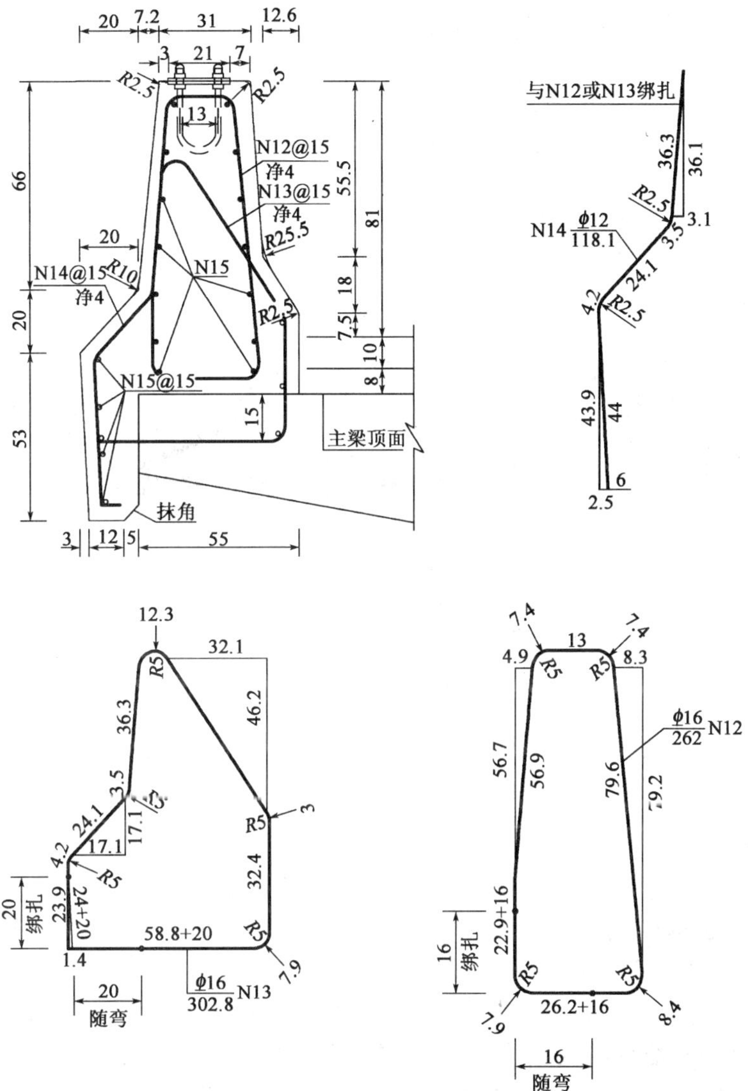

图 2　现浇护栏构造断面图(尺寸单位:cm)

2. 模板支设

(1)防撞墩模板采用异形钢制模板，用海绵条堵缝材料，均匀涂刷食用油做隔离剂。

(2)变形缝按 4m 一道设置，采用多层板，两侧用ϕ 16mm 钢筋顶死固定，钢筋与护栏钢筋焊接牢固。

(3)距护栏内侧 1.5m 处每间隔 2m 预埋ϕ 25mm 钢筋作为地锚，地锚处顺桥向放置 10cm×10cm 方木，水平撑及斜撑均采用架子管配合顶丝设置，一端顶在方木上，另一端水平撑顶在内侧模板下缘横肋上、斜撑顶在内侧模板上缘横肋上。

(4)在内侧模板上缘设 8mm 厚 8cm×8cm 钢板与模板竖肋焊在一起，钢板中间设ϕ 25mm

圆孔。拉纤用紧线器与地锚及内侧模板上钢板连在一起。

(5)挂板底部模板采用钢筋加工“T”字形挂钩加固,挂钩横向钢筋与护栏钢筋焊接牢固,竖向钢筋从底部穿出模板,螺栓拧紧,加固模板。

(6)ϕ16mm 对拉螺栓上下两道,混凝土内侧设 PVC 套管,以方便螺栓顺利拔出。拆模后,对拉螺栓孔采用同标号水泥砂浆填充捣实。

护栏模板支撑图如图 3 所示。

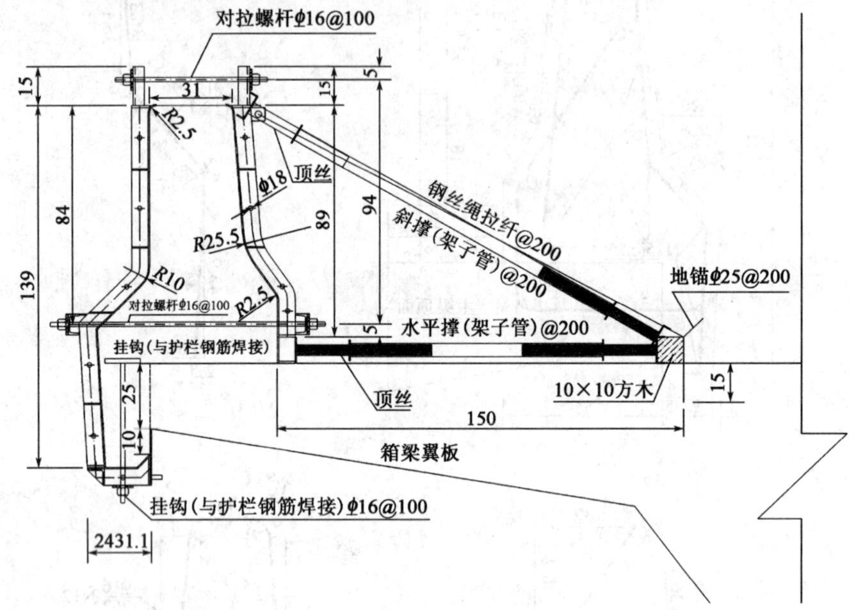

图 3　防撞护栏模板支撑图(尺寸单位:cm)

3. 混凝土浇筑

(1)防撞墩采用强度等级为 C30 商品混凝土,使用泵车分三层浇注,第一层混凝土浇筑至距挂板底面 53cm 处,第二层混凝土浇筑至距护栏顶面 55cm 处,第三层浇筑至护栏设计顶面。混凝土坍落度控制在 14 ~ 18cm。

(2)用插入式振捣棒进行振捣,振捣棒以直线行列插入进,挂板混凝土振捣采用 30 振捣棒,护栏混凝土振捣采用 50 振捣棒。纵向移动距离 30 棒 30cm,50 棒移动距离 50cm,工作中振捣器不得放在钢筋上,并不得触碰模板。振捣至混凝土不再下沉,无显著气泡上升,表面平坦一致,开始浮现水泥浆为度。

4. 养护

混凝土成型后以土工布覆盖,洒水养护,养生不少于 7d。

5. 拆模

混凝土强度达到设计强度标准值 75% 时拆除模板。

三、质量主控项目

1. 混凝土质量符合规范要求(表 1 ~ 表 3)。
2. 预埋件位置准备、焊接牢固。
3. 混凝土施工每工作班制取试块 2 组,标养 1 组,同条件养护 1 组。

钢筋加工与安装允许偏差　　表1

序号	检查项目	允许偏差（mm）	检查频率		检验方法
			范围	点数	
1	配置两排以上受力钢筋间距	±5	每10延米	2	用尺量较大偏差值
2	受力筋间距	±10		2	用尺量较大偏差值
3	水平筋间距	±20		2	连续量取5个间距，取较大偏差值
4	保护层厚度	±3		6	沿模板周边检查，用钢尺量6点

钢模板安装允许偏差　　表2

序号	检查项目			允许偏差（mm）	检查频率		检验方法
					范围	点数	
1	相邻两板表面高低差			≤2	每个构筑物或每个构件	4	用钢尺量
2	表面平整度			≤3		4	用2m直尺检验
3	模内尺寸			+5　−8		3	用钢尺量，长、宽、高各计1点
4	轴线位移			≤10		2	用经纬仪测量，纵、横向各计1点
5	预埋件	钢板	位置	≤5	每个预埋件	1	用钢尺量
			平面高差	≤2		1	用水准仪测量
		螺栓	位置	≤3		1	用钢尺量
			外露长度	±5		1	用钢尺量

护栏构件允许偏差　　表3

序号	检查项目		允许偏差(mm)	检查频率		检验方法
				范围	点数	
		高	±5		1	用钢尺量
1	直顺度		≤5	每20延米	1	用20m小线量取最大值
2	相邻高差		≤3	抽查20%	1	用钢尺量
3	顶面高程		±10	每20延米	1	用水准仪测量
4	缝宽		±3		1	用钢尺量取最大值

四、安全文明施工措施

1. 高空作业按安全规范设置安全网，拴好安全带，戴好安全帽，并按规定配戴防护用品。

2. 吊装作业，起重半径内严禁站人。

3. 电焊机、混凝土振捣机具的接电要有漏电保护装置。

4. 临时路一侧护栏施工时，在施工影响空间范围内设专人进行临时交通导行，以防坠物伤人，并设专人指挥交通。

5. 在邻近居民区施工作业时，尽量避免夜间施工，要采取低噪声振捣器。

审核人	交底人	接受交底人

56 台 背 回 填

技术交底记录		编　号	56
工程名称	××公路桥梁工程		
部位名称	基础及下部构造	工序名称	台背回填
施工单位		交底日期	

交底内容：

重力式桥台，高4.5m，顶宽1.1m，底宽2.3m，横桥向长6m。采用砂砾土作为台背回填材料，顶面回填长度为11m，底面为2m，回填总方量为600m^3，压实度设计要求达到96%。台背回填区如图1所示。

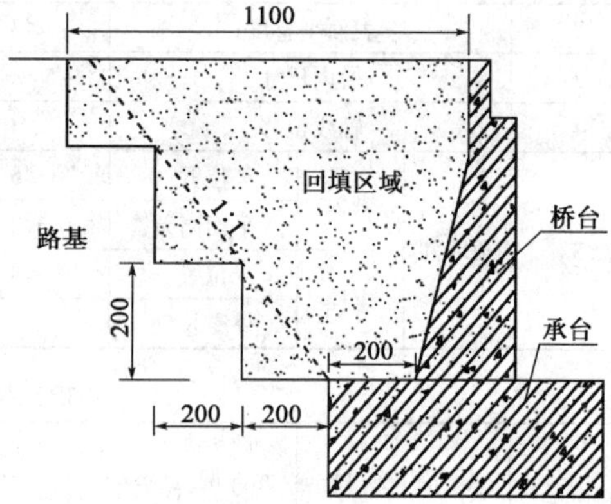

图1　台背回填区示意图（尺寸单位：cm）

一、作业条件

1. 台身施工完毕经验收合格。台身混凝土强度达到设计要求的75%以上。

2. 回填部位基底清理干净，碾压密实。

3. 砂砾干密度试验完成。

二、施工方法、工艺

分层→填筑→碾压→包边

1. 分层

测量员测出基底顶面及结构物顶面高程，根据回填分层厚度，测算出回填层数，每层回填厚度在结构物上做出醒目标记，用于控制填筑厚度。

2. 回填

采用砂砾回填，砂砾到场后从台后5m处开始按水平分层对称填筑，每层厚度控制在15cm以内。

3. 碾压

采用压路机逐层碾压，先静压一遍，再振动碾压，然后再由中间向两侧碾压，每次碾压错开1/3轮宽，碾压至无明显轮迹时，检测压实度。压路机压不到的边角处，使用小型夯实机配合施工。

4. 包边

施工完成后采用黏土包边处理，包宽度为1.5m，黏土与砂砾之间用一层透水土工布隔离。

三、质量要求

1. 基本要求

(1)逐层填筑,逐层碾压,逐层检查,检查频率每层左、中、右检验三个点,合格后方可填筑下一层。

(2)填料中不得含有机物、草皮、树根等杂物。

2. 实测项目(表1)

台背回填实测项目　　表1

序　号	检 查 项 目	规定值或允许偏差值	检查方法和频率
1	压实度(%)	96	每 $50m^2$ 每压实层3点
2	弯沉(0.01mm)	不大于设计要求值	最顶层弯沉
3	纵断高程(mm)	+10,-15	水准仪
4	中线偏位(mm)	50	经纬仪
5	宽度(mm)	符合设计要求	米尺
6	平整度(mm)	15	3米直尺
7	横坡(%)	±0.3	水准仪
8	边坡	符合设计要求	尺量

四、安全文明施工措施

1. 施工现场作业人员必须戴安全帽。设备操作手必须持证上岗。

2. 设备操作手机械设备保养,确保制动、灯光、喇叭、报警系统完好,遇有故障必须及时维修。

3. 回填时做好标志、标识,明确标明施工部位、填料、压实要求。

4. 施工便道每天安排洒水车不间断洒水,确保不扬尘。

审　核　人	交　底　人	接　受　交　底　人

市政公用工程

（雨水、污水、给水、燃气、热力）

57 沟槽土方开挖

<table>
<tr><td colspan="2" rowspan="2">技术交底记录</td><td rowspan="2">编　　号</td><td></td></tr>
<tr><td>57</td></tr>
<tr><td>工程名称</td><td colspan="3">××工程</td></tr>
<tr><td>分部工程名称</td><td>土方工程</td><td>分项工程名称</td><td>沟槽土方开挖</td></tr>
<tr><td>施工单位</td><td></td><td>交底日期</td><td></td></tr>
</table>

交底内容：

开槽施工区为垃圾填埋场，土层主要成分为杂填土，土质松软，沟槽截面尺寸为上底长6.6m，下底宽1.0m，深度4.0m，放坡系数1:0.7。断面图如图1所示。

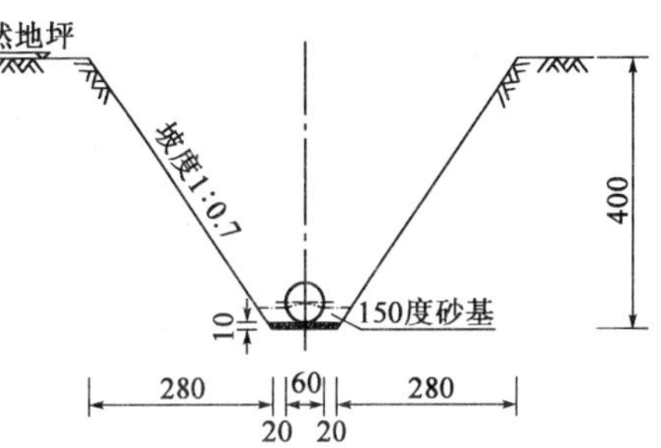

图1　开槽断面图(尺寸单位:cm)

一、作业条件

1. 施工区域内的地上、地下障碍物拆除，管线等构筑物改移或保护完毕。

2. 用白灰撒出开槽上口线、中线、下口线。

二、施工方法、工艺

放线→开挖→人工清底

1. 放线：用白灰撒出开槽上口线、中线、下口线，并随时保持灰线清晰。

2. 开挖：采用机械分段开挖，从管道下游向上游采用挖掘机开挖土方，(槽底高程为-4.00m，自然地坪为±0.00m)，随挖随运，同时修整边坡。

3. 清底：在基底高程以上预留20cm人工清底。开挖基槽土方不得超挖，局部超挖时，处理方法需经设计部门同意。

三、质量要求

1. 基本要求

管沟基底的土质必须符合设计要求，并严禁扰动。

2. 允许偏差(表1)

沟槽明挖土方工程允许偏差表　　表1

项　次	检 查 项 目	规定值或允许偏差(mm)	检 查 方 法
1	高程	-50	用水准仪检查
2	长度、宽度	+100	用水准仪检查
3	表面平整度	20	2m靠尺
4	边坡	按设计要求	用坡度尺量

四、安全文明施工措施

1. 沟槽下作业人员,要戴安全帽。

2. 严禁作业期间施工人员在沟槽内休息,上下沟槽走安全梯。

3. 人工开挖土方时,操作人员间保持横向不小于2m纵向不小于3m的距离。

4. 挖土必须自上而下分层进行,严禁掏洞挖土。

5. 槽边安设护栏,护栏高度为1.2m。

6. 在各类管线2m范围内全部采用人工开挖,不得机械作业。

7. 槽边存土保证边坡稳定,距槽边不小于2m,堆土高度不超过1.5m。

8. 施工中如发现有文物或古墓等,应妥善保护,立即报请当地有关部门处理后,方可继续施工。

9. 土方施工中遇到敷设地上或地下管道、电缆的地段,向项目相关负责人报告,待事先取得有关管理部门的书面同意,制定保护措施,防止损坏管线。

10. 施工便道硬化处理,运土车辆及槽边堆土覆盖防扬尘。

审核人	交底人	接受交底人

58　沟槽边坡锚喷支护

<table>
<tr><td colspan="2" rowspan="2">技术交底记录</td><td rowspan="2">编　　号</td><td></td></tr>
<tr><td>58</td></tr>
<tr><td>工程名称</td><td colspan="3">××管线工程</td></tr>
<tr><td>分部工程名称</td><td>土方工程</td><td>分项工程名称</td><td>沟槽边坡锚喷支护</td></tr>
<tr><td>施工单位</td><td></td><td>交底日期</td><td></td></tr>
</table>

交底内容：

开槽施工区土层主要成分为粉质黏土，沟槽截面尺寸为上口宽3.4m，下底宽1.0m，深度3.0m，放坡系数1∶0.4，边坡喷射5cm厚C15混凝土锚喷支护（图1）。

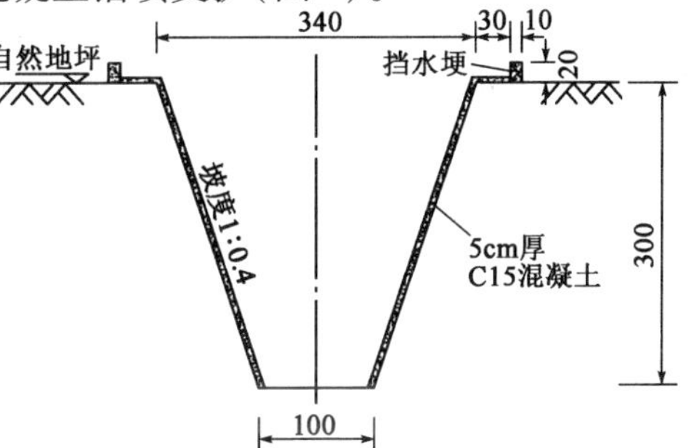

图1　沟槽锚喷支护断面图（尺寸单位：cm）

一、作业条件

1. 土方边坡经验收合格。

2. 原材料进场检验、复试合格，混凝土配合比已完成。

二、施工方法、工艺

清理坡面→喷射底层混凝土→安装钢板网→喷射面层混凝土→养护

1. 清理坡面：清除坡面的浮土、浮石等堆积物。

2. 混凝土喷射与钢板网安装。

（1）护坡混凝土配比：护坡混凝土为C15，采用P.O32.5水泥；粒径范围为5～25mm的碎石，细度模数大于2.5的中砂，砂、石含水率控制在7%～10%。配比重量比水泥∶砂子∶石子＝1∶2∶4，按各添加剂说明书要求配比添加速凝剂、早强剂等添加剂。

（2）混凝土喷射与网片安装

①坡面清理完毕后，将边坡基土洒水润湿，长度分段、厚度分层自下部先喷射2～3cm厚底层混凝土。喷射混凝土时喷头尽量垂直于工作面，距工作面距离小于1m。

②选用80目钢板网片，在底层喷射混凝土初凝时平顺铺压，微嵌入底层混凝土内，使钢板网与底层混凝土粘接牢靠，无鼓包；网片搭接宽度不小于10cm，采用ϕ6.5mm“∩”形钢筋卡固定，使其嵌入基土牢固、无松动、无探头，“∩”形钢筋卡，直段钢筋长度不小于15cm，梅花形布置，间距100cm，遇局部障碍物时，就近另取一点。

③喷射2～3cm厚面层混凝土，成活后护坡混凝土厚度为5cm。

④护坡混凝土喷射完毕后，坡顶处抹出30cm宽翻边，厚度为5cm，与基坑挡水埂接茬。

3. 养护：喷射混凝土终凝后2h进行喷水养护，养护时间不小于7d。

三、质量要求

1. 混凝土护壁厚度偏差不小于－5mm。

2. 表面平整，无裂纹，无浮灰。

3. 混凝土强度符合设计要求。

4. 混凝土接茬处喷射均匀，无外露钢板网。

四、安全文明施工措施

1. 进入施工现场必须佩戴安全帽。

2. 拉闸、接线必须由专业电工操作，且必须穿戴安全防护用品。

3. 槽边 2m 范围内不得存料。

4. 进行喷射施工时，操作人员双腿夹住喷射管，防止意外伤人。

5. 喷射管口不得对人，不得将管口抬的过高，护坡上口做护板防止喷料飞溅。

6. 在边坡上口 30cm 处砌筑一道 20cm 高闭合挡水埂，防止边坡被地表水冲刷；并在肥槽内设置排水沟和集水坑，将坑底积水及时抽出排放。

7. 脚手架不得直接支撑在边坡上，必须加垫板，保证脚手架支撑不对护坡混凝土造成破坏。

审核人	交底人	接受交底人

59　基坑土钉支护

<table>
<tr><td colspan="2" rowspan="2">技术交底记录</td><td rowspan="2">编　　号</td><td></td></tr>
<tr><td>59</td></tr>
<tr><td>工程名称</td><td colspan="3">××水厂工程</td></tr>
<tr><td>分部工程名称</td><td>土方工程</td><td>分项工程名称</td><td>基坑土钉支护</td></tr>
<tr><td>施工单位</td><td></td><td>交底日期</td><td></td></tr>
</table>

交底内容：

开槽基坑为二阶基坑，施工区为垃圾填埋场，土层主要成分为杂填土，土质松软。

一、作业条件

1. 主要材料进场检验、复试合格，混凝土配合已设计完成。

2. 土方开挖，边坡验收合格。

二、施工方法、工艺

孔位布置→成孔→安装土钉→注浆→安装钢筋网片及加强筋→混凝土喷射→养护→开挖下一步土方

1. 孔位布置

本工程为二阶基坑。土钉墙坡面角度为73°，土钉墙与水平面的夹角为15°，土钉水平间距1.3m，竖向间距1m，梅花形布置。

2. 成孔

采用洛阳铲人工成孔，钻孔的直径为12cm，采用强度等级为M10水泥浆注浆材料。图1、图2为土钉墙支护剖面图。孔位允许偏差不大于100mm，钻孔的倾斜角误差不大于±3°，孔径允许偏差为±5mm，孔深允许偏差±50mm。

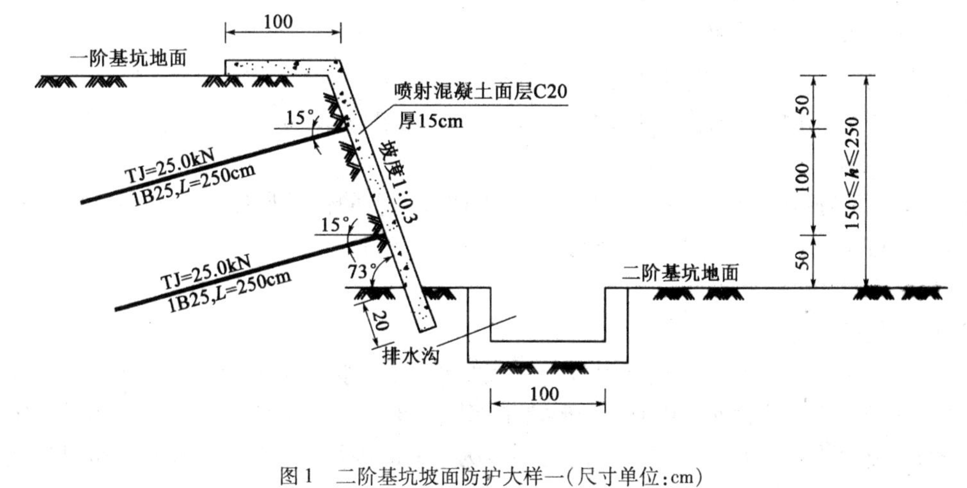

图1　二阶基坑坡面防护大样一(尺寸单位:cm)

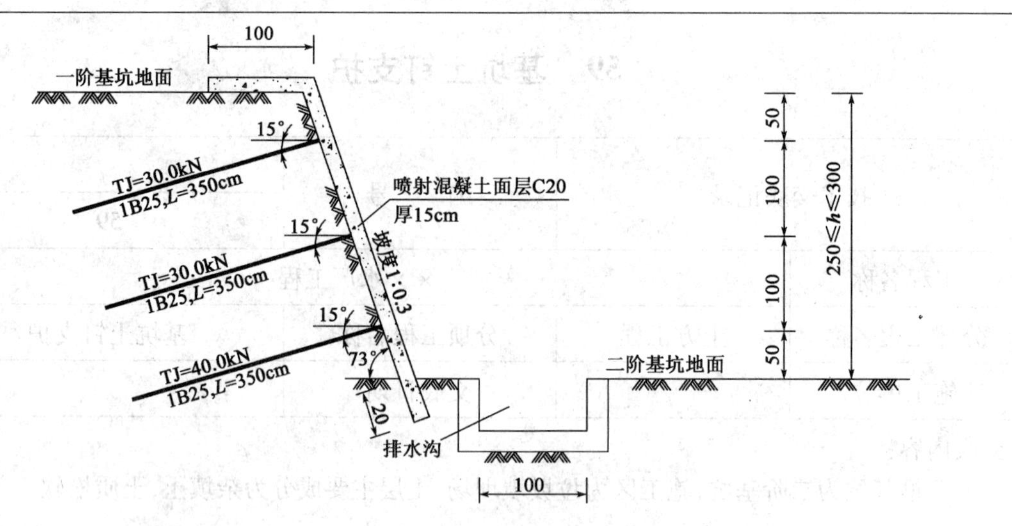

图2　二阶基坑坡面防护大样二(尺寸单位:cm)

3. 安装土钉

土钉钢筋采用ϕ25mm 的螺纹钢、加工长度为 2.5m 和 3.5m 两种。土钉钢筋加工下料长要大于设计值 20cm,并设置定位支架保证钢筋处于钻孔的中心部位,支架沿钉长的间距为 2m,支架的构造要不妨碍注浆浆液的自由流动,为金属材料焊接。

4. 注浆

土钉安装完成后,采用搅拌机拌和强度等级为 M10 水泥净浆,水灰比 $W/C=0.5$,开始二次压力注浆:第一次注浆导管先插至距孔底 25 ~ 50cm 处,并在孔口设置止浆塞和排气孔,注浆压力控制 0.2MPa,边注浆同时将导管以匀速缓慢撤出,保证导管出浆口始终处于孔中浆体的表面以下,孔中气体能全部逸出,导管离孔口 0.5 ~ 1m 时保持 3 ~ 5min;第二次注浆管采用 ϕ5mm 花管,将花管固定在土钉钢筋上并与土钉钢筋同时置入孔中,待第一次注浆完毕 30min 后进行二次注浆,注浆压力不小于 0.3MPa。

(1)水泥净浆应拌和均匀,随拌随用,一次拌和的水泥净浆在初凝前用完。

(2)注浆开始或中途停止超过 30min 时,用水或稀水泥浆润滑注浆泵及其管路。

5. 安装钢筋网及加强筋

(1)网片用插入土中的钢筋固定。钢筋网片的制作必须是点焊,搭接时上下左右一根对一根点焊搭接,其焊接长度应≥20cm,网格允许偏差为 ±10mm,水平加强筋采用绑扎焊接。

(2)钢筋网为 ϕ10mm@15cm×15cm 单层铺设,钢筋网保护层厚度为 2cm,钢筋网片以拉接筋和土钉钢筋焊接成一体。钢筋网片搭接处用绑丝扎牢。

6. 混凝土喷射

1)喷射混凝土结构

喷射混凝土与钢筋网组成钢筋混凝土板式结构面层,混凝土为强度等级 C20 细石混凝土,配合比的重量比水泥:水:砂子:石子:速凝剂:防冻剂 =1:0.55:2.05:2.4:0.05:0.04,现场根据材料含水率进行适当调整。面层厚度为 15cm,内设置ϕ14mm 水平拉筋,与钢筋网片焊接成整体,加强筋的竖向间距为 100cm。

2)喷射混凝土操作要点

(1)喷射机械安设调整好后,先注水、通风,清除管道杂物。上料保证连续性,校正好配料的输出比。

(2)喷射时先开风,再送料,以易粘接、回弹量小、表面湿润光泽为准。

(3)喷射机工作风压严格控制在0.5~0.7MPa范围内。

(4)严格控制好喷嘴与受喷面的距离和高度。喷嘴与受喷面宜垂直,有钢筋时角度适当放偏,喷嘴与受喷面距离控制在0.8~1.0m范围内。

(5)喷射顺序自下而上,避免死角,料束呈旋转轨迹运动,一圈压半圈,纵向如蛇状。

(6)混凝土分三至四层喷射,后一层应在前一层混凝土终凝后进行,若终凝1h以后再行喷射,应先用风水冲洗喷层面。

7.养护

喷射作业应紧跟开挖工作之后,喷射混凝土终凝2h后,应喷水养护,养护时间不少于7d。

8.支护体系内部排水

根据降水和土体渗漏情况,在土钉墙必要位置的支护面层背部插入长度为40~60cm、直径不小于4cm的水平排水管,排水管两端用孔口大小为2mm×2mm的滤网包裹,其外端伸出支护面层,纵横间距均为2m,将喷射混凝土面层后积水排走。

三、质量要求

土钉墙应按下列规定进行质量检验:

1.土钉墙的抗拉试验承载力,检测3根,抗拉极限承载力平均值不小于设计值,最小值大于设计值0.9倍。

2.喷射混凝土厚度,按100m^2取一组(每组不少于3点)试验,全部检查孔厚度平均值大于设计厚度,最小厚度不小于设计厚度的80%,且不小50cm。

四、安全文明施工措施

1.施工人员进入施工现场必须戴安全帽,非施工人员严禁进入施工现场。

2.锚喷操作人员应戴防护眼镜等防护用品。

3.电工、电焊工等特殊工种必须执证上岗。

4.施工部位应架设夜间照明线路和灯具,为施工提供足够的亮度,保证安全、正常施工。

5.钢筋网片堆放场地、材料和工机具应堆放有序。

6.水泥、砂子做好苫盖工作。路面做好洒水降尘工作。

7.作业中遗洒的浆液和刷洗机具的废液,及时清理妥善处置。

审 核 人	交 底 人	接 受 交 底 人

60　基坑边坡预应力锚杆

<table>
<tr><td colspan="2" rowspan="2">技术交底记录</td><td rowspan="2">编　　号</td><td></td></tr>
<tr><td>60</td></tr>
<tr><td>工程名称</td><td colspan="3">××污水厂工程</td></tr>
<tr><td>部位名称</td><td>土方工程</td><td>工序名称</td><td>基坑边坡预应力锚杆</td></tr>
<tr><td>施工单位</td><td></td><td>交底日期</td><td></td></tr>
</table>

交底内容：

开槽施工区为垃圾填埋场，土层主要成分为杂填土。

一、作业条件

1. 施工地区的地质勘探资料，查明该地区的土层分布和各土层的物理力学特性，确定了土层锚杆的布置和选择钻孔方法。

2. 掌握了地下水位及其变化情况、地下水的成分和含量，确定了土层锚杆的防腐处理方案。

3. 预应力筋、水泥、锚杆、锚具均已完成进场检验和复试工作。

二、施工方法、工艺

钻孔→锚杆安装→注浆→张拉锁定

1. 钻孔

（1）采用 YTN-87 型土层锚杆钻机干作业法钻孔，要注意钻进速度，一般不大于 0.2mm/s，避免“别钻”。要把土充分倒出后再拔钻杆。

（2）若遇软弱土层，为防塌孔采用泥浆护壁法进行钻孔，钻到设计深度后，通过钻钎向孔内灌注水泥浆，水泥强度等级不低于 32.5 级，当水泥浆淹没钻钎端部 2m 时，开始拔出钻钎，随钻随拔，始终保持钻钎端部处于被淹没状态，直至孔内灌满水泥浆时，保持注浆拔出钻钎，以保证孔内水泥浆饱满。随后立即进行锚杆安装。

2. 锚杆安装

（1）锚杆要求顺直，在使用前要进行除锈，并作防腐处理，对钢筋锚杆，涂一层环氧防腐漆。对自由段的钢筋，要套聚丙烯防护套。

（2）因钢筋涂有油脂，在固定段要仔细加以清理，以免影响与锚固体的粘结；除锈后要尽快安装并注浆，以免再生锈。

（3）在锚杆上设置定位器，其间距在锚固段为 2m 左右、在自由段为 4～5m。保证将锚杆安放在钻孔的中心，防止自由段产生过大挠度和插入钻孔时不搅动土壁，锚杆有足够的水泥浆保护层。

3. 注浆

（1）将水泥浆液经胶管（或 1 根 ϕ30mm 左右的钢管作灌浆管）推入锚杆孔内，在锚杆孔端注入水泥浆，水泥采用 P·O32.5 水泥，水灰比控制在 0.4～0.45 间，塑性流动时间要在 22s

以下,拌制完成后应在 30 ~ 60min 内使用完毕。

(2)灌注压力一般为 0.4MPa 左右,随着水泥浆的灌入,逐步将灌浆管向外拔出直至孔口,在拔管过程中应保证管口始终埋在浆液内。

(3)首次注浆初凝前(一般为 2h 之内),要进行两次补浆,保证孔道内密实。二次注浆压力为 3.0MPa,当注浆压力不能满足要求或遇涌水、涌砂现象时,可采用止水带措施:止水带材料可用消防水带,将止水带套入孔端的注浆管上,并将两端扎牢,止水带内的注浆管应设置多个出浆孔,开始注浆时浆液通过出浆孔使止水带膨胀,将孔口堵严,此时应注意观测仪表,达到设计压力值时停止注浆。

4. 张拉锁定

(1)土层锚杆注浆后,待锚固体强度达到设计强度的 80% 时,可进行预应力张拉。

(2)张拉采用隔二拉一,锚杆正式张拉前,要取设计拉力的 10% ~ 20% 对锚杆预张拉 1 ~ 2次。

(3)锚杆张拉要求定时分级加荷载进行,张拉时由专人操纵机械、记录和观测数据。当锚杆预应力没有明显衰减时,即可锁定锚杆。

三、质量要求

1. 所有材料特别是锚索专用材料必须进场试验验收合格后方可使用。
2. 钻机就位后,要按设计要求校正孔位的垂直、水平和角度偏差,并须垂直于挡土挡墙。
3. 孔壁要求平直,以便安放拉杆和注浆。
4. 钻孔时避免使用膨润土循环泥浆护壁,以免在孔壁上形成泥皮,降低承载力。
5. 为使锚固端发挥最大的锚固作用,孔壁不得塌陷和松动,否则会影响拉杆的安放和土层锚杆的承载力。
6. 锚索注浆必须是从注浆管孔底反向一次性连续注浆,如注浆出现间隔,必须采取措施,严禁从孔口注浆至锚固段。
7. 锚索注浆在砂浆强度达成终凝前严禁扰动锚索。
8. 保证锚索受力方向为直线。
9. 张拉设备使用前必须经过标定,若长时间不用或经过长途运输,必须重新标定。
10. 锚索加工严禁使用电焊焊接截断钢绞线,严禁用铅丝绑扎钢绞线。
11. 土层锚杆施工尺寸和允许偏差见表 1。

土层锚杆施工尺寸和允许偏差表 表 1

项　次	项　目	允许偏差
1	锚位允许偏差(mm):垂直方向 水平方向	10 20
2	锚孔锚位允许偏差(mm):垂直方向 水平方向	±100
3	锚杆角度允许偏差(°):俯仰角	±1°
4	锚杆长度允许偏差(mm)	±30
5	极限抗拔力不得小于	设计轴力 1.5 倍
6	灌浆水灰比允许偏差	0.03
7	灌浆量不得小于计算量的	1.2 倍

四、安全文明施工措施

1. 作业人员作业前必须听取安全技术交底并掌握交底内容。
2. 施工场地平整,脚手架搭设要牢固,防止钻机和其他设备倾斜掉落。
3. 及时检查各高压管接头的可靠性,防止高压管爆裂伤人。
4. 张拉千斤顶前严禁站人。
5. 各设备的电路应经常检查,排除隐患,安全用电。
6. 废弃浆液集中处理,减小污染。

审核人	交底人	接受交底人

61 沟槽土方回填

<table>
<tr><td colspan="2" rowspan="2">技术交底记录</td><td rowspan="2">编　　号</td><td></td></tr>
<tr><td>61</td></tr>
<tr><td>工程名称</td><td colspan="3">××管道工程</td></tr>
<tr><td>分部工程名称</td><td>土方工程</td><td>分项工程名称</td><td>沟槽土方回填</td></tr>
<tr><td>施工单位</td><td></td><td>交底日期</td><td></td></tr>
</table>

交底内容：

管线主体钢筋混凝土 DN800 管线，槽深度 4.5m，利用基槽挖出土方过 50mm 筛后回填。

一、作业准备

1. 管线主体施工完成，验收合格，闭水试验合格，具备隐蔽施工条件。

2. 现场浇筑的混凝土基础强度、接口、抹带强度大于 $5N/mm^2$。

二、主要施工方法、工艺

清理槽底→土质试验→填筑→压实→压实度检测

1. 清理槽底

基土表面的杂物治理整清理干净。

2. 土质检验

挖槽出的土过 50mm 筛后检测含水率，按击实试验所得的最佳含水率 ±2% 控制：含水率偏高时采用翻松晾晒，含水率偏低时可预先洒水润湿。

3. 填筑

分段、分层管线两侧对称同时进行填筑，人工摊铺，虚铺厚控制在 20～30cm。

4. 压实

管道胸腔及管顶以上填土 500mm 以内用蛙式打夯机和人工木夯夯打密实；管顶以上 500mm 以上填土以轻型压路机逐层压实，压路机轮机相互搭接保证压实效果，分段接缝做成斜坡，碾压时轮迹重叠在 0.5～1.0m 左右，上下层接缝错开距离大于 1m。

5. 压实度检测

每层压实完毕，测定压实度，合格后进行下层地填筑。压实度分控制按图 1 分区要求控制压实度：

胸腔（Ⅰ区）≥95%（轻型击实）；

管顶以上 50cm 范围内（Ⅱ区）(85 ±2)%（轻型击实）；

管顶以上 50cm 至路床（Ⅲ区）≥90%（轻型击实）。

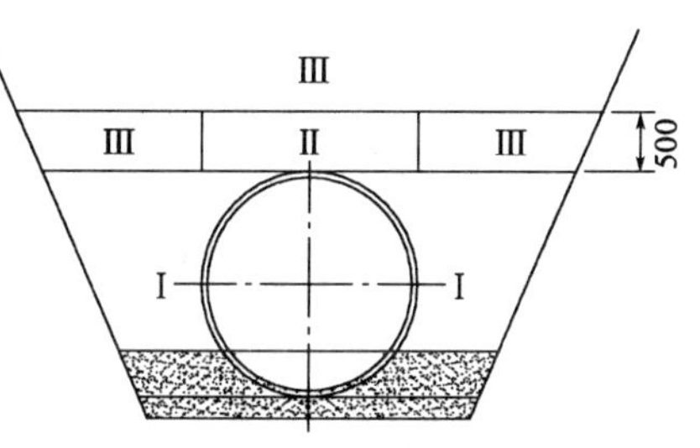

图 1　回填分区压实图（尺寸单位：cm）

三、质量要求

1. 主控项目

回填材料及压实度必须符合设计或规范要求。管道沟位于路基范围内,管顶以上 25cm 以内范围回填压实度不小于 83% ~87%,其他部位回填土压实度符合相关要求。

2. 一般项目

(1)槽底至管顶以上 500mm 之内,不得回填含有有机物及大于 50mm 以上的砖、石硬块

(2)回填沟槽内无积水。

(3)管道承口部位下的安装工作坑填充砂砾并夯打密实。回填土压实度标准见表 1。

管道沟槽回填土压实度 表 1

<table>
<tr><th colspan="2" rowspan="2">槽 内 部 位</th><th rowspan="2">压实度(%)</th><th rowspan="2">回填材料</th><th colspan="2">检 查 数 量</th><th rowspan="2">检 查 方 法</th></tr>
<tr><th>范 围</th><th>点 数</th></tr>
<tr><td colspan="2">管道两侧</td><td>≥95</td><td rowspan="4">合格的
原状土</td><td>每 100m</td><td rowspan="4">每层每侧 1 组
(每组 3 点)</td><td rowspan="4">环刀法</td></tr>
<tr><td rowspan="2">管顶以上 500mm 以内</td><td>管道两侧</td><td>≥90</td><td rowspan="3">两井之间
或 $1000m^2$</td></tr>
<tr><td>管道上部</td><td>85 ±2</td></tr>
<tr><td colspan="2">管顶 500 ~1000mm</td><td>≥90</td></tr>
</table>

四、安全文明施工措施

1. 槽下作业人员必须佩戴安全帽。

2. 蛙式夯必须两人操作,一人打夯,一人领线,操作员戴绝缘手套穿绝缘鞋,防绞线触电伤人。

3. 机械回填与机械碾压时,设专人指挥,协调各操作员之间的相互配合。

4. 人工回填时不得扬撒。

5. 运土车辆不得超载,加布苫盖,驶出场前的道路上铺加铺麻布,出口设冲洗平台,专人冲洗轮胎。

审 核 人	交 底 人	接 受 交 底 人

62　雨水管道砂垫层、砂基础施工

<table>
<tr><td colspan="2">技术交底记录</td><td>编　　号</td><td>62</td></tr>
<tr><td>工程名称</td><td colspan="3">××雨水管线工程</td></tr>
<tr><td>部位名称</td><td>基础工程</td><td>工序名称</td><td>雨水管道砂垫层、砂基础施工</td></tr>
<tr><td>施工单位</td><td></td><td>交底日期</td><td></td></tr>
</table>

交底内容：

管径为DN400的钢筋混凝土承插口雨水管，120°砂基厚10cm，垫层两层12cm（图1）。

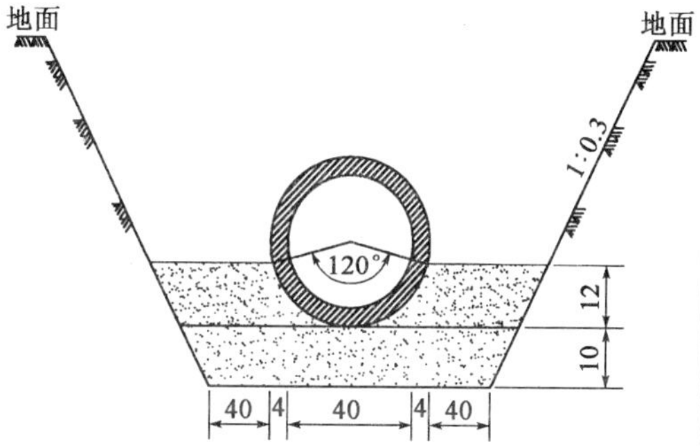

一、作业条件

1. 管线沟槽经过隐蔽工程检查，基底承载力及槽底高程等各项目验收合格。

2. 按设计要求选用天然级配砂石回填材料，粒径（最大粒径≤32mm）指标进场检验合格。

图1　沟槽断面图（尺寸单位：cm）

二、施工方法、工艺

1. 采用人工溜槽将回填用砂送入槽底，垫层、砂基础分2层施工。人工摊铺底层10cm砂垫层，采用ZN50平板振动夯进行夯实，重振动夯叠宽度大于20cm。

2. 复核中线位置，人工摊铺上层12cm砂基础，管道两侧腋角部位用木夯夯实，对称连续夯击且不得漏夯，夯实平整后，修整弧形承托面，保证管底面与砂垫层紧密接触。

严格控制压实系数和厚度两项指标。

三、质量要求

1. 主控项目。原状土地基的承载力符合要求。

2. 一般项目。原状地基、砂垫层压实度符合设计要求。

3. 砂垫层的允许偏差见表1。

砂垫层的允许偏差　　表1

<table>
<tr><th>检查项目</th><th>规定值或允许偏差（mm）</th><th colspan="2">检查数量</th><th>检查方法</th></tr>
<tr><td>高程</td><td>0，-15</td><td rowspan="3">每个检验批</td><td rowspan="3">每10m测1点，且不少于3点</td><td>水准仪测量</td></tr>
<tr><td>砂基厚度</td><td>≥100</td><td>钢尺测量</td></tr>
<tr><td>土弧基础腋角高度</td><td>≥120</td><td>钢尺测量</td></tr>
</table>

四、安全文明施工措施

1. 夯机作业属带电作业,施工人员需带绝缘手套穿绝缘鞋。
2. 沟内施工,遇有土方松动、裂缝、渗水等,应及时加设护壁支撑。
3. 夜间施工照明充足。
4. 施工现场排水设施通畅,临时路平整、坚实。
5. 施工现场所设交通疏导标志清晰、明确、整齐。

审　核　人	交　底　人	接　受　交　底　人

63 雨水管道混凝土基础

<table>
<tr><td colspan="2" rowspan="2">技术交底记录</td><td rowspan="2">编　　号</td><td></td></tr>
<tr><td>63</td></tr>
<tr><td>工程名称</td><td colspan="3">××雨水管线工程</td></tr>
<tr><td>部位名称</td><td>基础工程</td><td>工序名称</td><td>雨水管道混凝土基础</td></tr>
<tr><td>施工单位</td><td></td><td>交底日期</td><td></td></tr>
</table>

交底内容：

设计雨水管线管径为DN800，管材采用钢筋混凝土平口管，水泥砂浆抹带接口，管道平基C20混凝土宽120cm、厚12cm（图1）。

一、作业条件

1. 管线沟槽验收合格。
2. 基础用C20混凝土完成报验。

二、施工方法、工艺

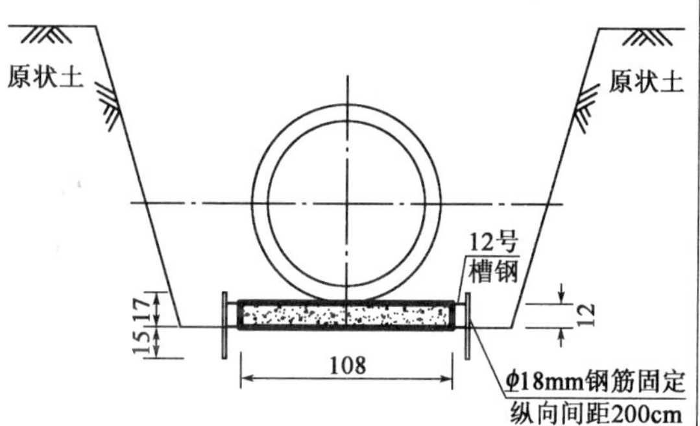

图1　平基混凝土断面图（尺寸单位：cm）

支立平基模板→浇筑混凝土→养护

1. 支立模板

按照平基宽度及高度要求选用12号槽钢为平基模板，外侧每2.0m插φ18mm钢筋支撑固定，模板接缝处间距调整为1.0m，确保模板稳固、可靠。

2. 浇筑混凝土

混凝土浇筑前，适当洒水使槽底表面湿润。平基混凝土浇筑时用平板振捣器振捣，移动距离保证振捣器的平板覆盖已振实部分边缘10～30cm，振捣完毕时用木抹压实搓平。

3. 养护

混凝土浇筑完成4h后覆盖土工布或塑料布，保证混凝土表面在养护期内始终处于湿润状态，养护期为7d。

三、质量要求

1. 主控项目

混凝土的基础强度按不低于设计值。

2. 一般项目

（1）混凝土基础外光内实，无严重缺陷。

（2）管道基础的允许偏差见表1。

管道基础的允许偏差 表1

序号	项目	质量及允许偏差(mm)	检验频率		检验方法
			范围	点数	
1	中线每侧宽度	+10,0	10m	1	用钢尺量,每侧计一点
2	高程	0,-15	10m	1	用水准仪测量
3	厚度	不小于设计要求	10m	1	用钢尺量

四、安全文明施工措施

1. 进入施工现场必须佩戴安全帽。
2. 振捣工必须戴绝缘手套,穿绝缘鞋,并设专人配合。
3. 混凝土振捣器要有可靠的接零或保护接地,并设漏电保护开关。
4. 夜间施工要有足够的照明,照明灯要有防护罩。
5. 尽可能避免夜间施工,如必须夜间施工,采取降低噪间的措施。

审核人	交底人	接受交底人

64 雨水管道混凝土管座

<table>
<tr><td colspan="2" rowspan="2">技术交底记录</td><td rowspan="2">编　　号</td><td></td></tr>
<tr><td>64</td></tr>
<tr><td>工程名称</td><td colspan="3">××雨水管线工程</td></tr>
<tr><td>部位名称</td><td>基础工程</td><td>工序名称</td><td>雨水管道混凝土管座</td></tr>
<tr><td>施工单位</td><td></td><td>交底日期</td><td></td></tr>
</table>

交底内容：

雨水管线管径为DN800，管材采用钢筋混凝土管，管道基础采用120°C20混凝土基础（图1）。

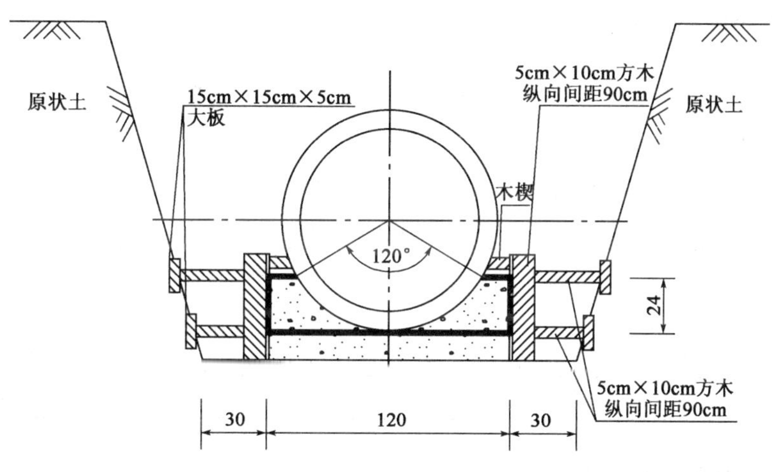

图1　管座混凝土模板支撑断面图（尺寸单位：cm）

一、作业条件

1. 平基混凝土强度达到5MPa以上，已凿毛并冲洗干净。
2. 安管已经完成，并用碎石卡牢。

二、施工方法、工艺

支立模板→混凝土浇筑→养护

1. 支立模板

按照管座宽度及高度支立模板，外侧每隔90cm以5cm×10cm方木固定，模板侧面以5cm×10cm方木作为后背水平支撑，间距为90cm，靠近槽边底部垫15cm×15cm×5cm大板。模板与管节之间每隔2m用木楔支撑。模板接缝处钢筋支撑间距调整为20cm，确保模板稳固、可靠。模板接缝处用细海绵条填实并粘贴胶条，防止漏浆。在两侧模板的显著位置，每隔2m标注管座混凝土顶面高程。

2. 混凝土浇筑

混凝土浇筑前，适当洒水使平基表面湿润。采用人工溜槽浇筑混凝土，混凝土浇筑时采用插入式振捣器振捣，振捣时应快插慢拔，插点均匀排列，逐点移动顺序进行，移动间距不大于50cm，每一振点的延续时间以混凝土不再下落，表面呈现浮浆为准。平基与管节相接触的腋角部位，在浇筑混凝土时使振捣棒插入腋角处重点振捣，使管体与管座混凝土结合严密。浇筑完毕后用木杠满刮一遍后用木抹子搓毛，再用铁抹子分三遍收光压实，最后一遍收光在混凝土初凝前进行。

3. 养护

混凝土浇筑完成后4h内覆盖土工养护，养护期为7d，保证混凝土表面在养护期内始终处于湿润状态。

三、质量要求

1. 主控项目

混凝土的基础强度不低于20MPa。

2. 一般项目

(1)混凝土基础外光内实，无严重缺陷。工作班内管座混凝土制取试件2组，标准养护1组，同条件养护1组。

(2)管道基础的允许偏差见表1。

管道基础的允许偏差 表1

序号	项目	质量及允许偏差(mm)	检验频率		检验方法
			范围	点数	
1	肩宽	+10，-5	10m	1	用钢尺量，每侧计一点
2	肩高	±20	10m	1	用钢尺量，每侧计一点

四、安全文明施工措施

1. 进入施工现场必须佩戴安全帽。
2. 振捣工必须戴绝缘手套，穿绝缘鞋，并设专人配合。
3. 混凝土振捣器要有可靠的接零或保护接地，并设漏电保护开关。
4. 尽可能避免夜间施工，如必须夜间施工，采取降低噪间的措施。
5. 夜间施工要有足够的照明，照明灯要有防护罩。
6. 施工现场排水设施通畅。

审核人	交底人	接受交底人

65 钢筋混凝土雨水管道安装

<table>
<tr><td colspan="2" rowspan="2">技术交底记录</td><td rowspan="2">编　　号</td><td></td></tr>
<tr><td>65</td></tr>
<tr><td>工程名称</td><td colspan="3">××雨水管线工程</td></tr>
<tr><td>部位名称</td><td>管道主体工程</td><td>工序名称</td><td>钢筋混凝土雨水管道安装</td></tr>
<tr><td>施工单位</td><td></td><td>交底日期</td><td></td></tr>
</table>

交底内容：

管材采用 DN1200 钢筋混凝土管，橡胶圈柔性接口，25cm 厚砂垫层。

一、作业条件

1. 砂垫层施工并验收完毕。

2. 管材进场检验、复试合格，橡胶圈材质及外观质量符合设计要求。

二、施工方法、工艺

下管→安装橡胶圈→管道安装

1. 下管

承口、插口清理干净后，用两根吊带作为吊具，吊车下管，保证管道缓慢、平稳下落。

(1)按插口顺水流方向，承口逆水流方向，由下游向上游依次安装的原则。

(2)第一节管为基础管节，为了确保管道安装时基础管节不移位，在管节下游方向搭设支架后背进行固定。

2. 安装橡胶圈

将橡胶圈按照正确方向套入插口上的凹槽内，用凡士林均匀涂刷在承口内侧和橡胶圈上，保证胶圈平直无扭曲，就位正确。

3. 管道安装

插口与承口的对口间隙为 10mm，依此数据在插口对应位置做好标识。管道对口时，用两道龙门架悬吊第二节管。插口与承口对正位置，并与第一节管保持中心水平位置，悬停。在第二节管的承口部位用长度 $L = 1500$mm，断面尺寸为 15cm × 15cm 的方木做后背，套好钢丝绳，用倒链将第二节管缓慢匀速插入第一节管内，并有专人检查胶圈滑动情况，发现胶圈滑动不均匀时立即停止插入，用扁凿将胶圈位置调整均匀后再继续进行施工。插口达到安装标识线后，放松钢丝绳。测量管道平面位置及管内底高程，符合设计要求后用垫块固定。检查管道内外接缝及胶圈，接缝小于 10mm，胶圈位置在同一深度，环向位置正确，符合设计及相关规范图集要求后，进行下节管材的安装。管道铺设安装完毕后，按回填要求对称回填。

三、质量要求

1. 主控项目

(1)管节的规格、性能、外观质量及尺寸公差符合国家有关标准的规定。

(2)管节安装前发现裂缝、保护层脱落、空鼓、接口掉角严重等缺陷的,不予使用。

(3)柔性接口橡胶圈材质符合相关规范规定,由管材厂家配套供应;外观光滑平整,无裂缝、破损、气孔、重皮等缺陷;每个橡胶圈的接口不得超过2个。

(4)柔性接口橡胶圈位置正确,无扭曲、外露现象;承口、插口无破损、开裂。

2. 一般项目

(1)柔性接口纵向间隙不大于10mm。

(2)管道铺设的允许偏差见表1。

管道铺设的允许偏差 表1

序号	项目	质量及允许偏差(mm)	检验频率		检验方法
			范围	点数	
1	水平轴线	15	每节管	1	用经纬仪测量或挂中线用钢尺量
2	管底高程	±10	每节管	1	用水准仪测量

四、安全文明施工措施

1. 进入施工现场必须佩戴安全帽。

2. 吊车作业设专人指挥。

3. 施工人员上下沟槽时走安全通道或安全爬梯。

4. 吊车旋转半径内禁止站人。

5. 吊装过程中,槽内人员要时刻注意下管过程中管道的稳定性,防止脱落砸伤。

6. 吊装机具、吊带使用性能良好,防护装置齐全有效,支设应稳固。作业前检查、试吊,确认正常。

审核人	交底人	接受交底人

66 HDPE 高密度聚乙烯双壁波纹管雨水管道安装(承插接口)

<table>
<tr><td colspan="2" rowspan="2">技术交底记录</td><td rowspan="2">编　　号</td><td></td></tr>
<tr><td>66</td></tr>
<tr><td>工程名称</td><td colspan="3">××雨水管线工程</td></tr>
<tr><td>部位名称</td><td>管道主体工程</td><td>工序名称</td><td>HDPE 高密度聚乙烯双壁波纹管雨水管道安装(承插接口)</td></tr>
<tr><td>施工单位</td><td></td><td>交底日期</td><td></td></tr>
</table>

交底内容:

管材采用 DN600HDPE 双壁波纹管,橡胶圈柔性接口,20cm 厚 120°中粗砂垫层。

一、作业条件

1. 砂垫层施工并验收完毕。
2. 管材进场检验、复试合格,橡胶圈材质及外观质量符合设计要求。

二、施工方法、工艺

下管→安装胶圈→管道安装→管道与井室连接

1. 下管

承口、插口清理干净后,用两根吊带作为吊具,吊车下管,保证管道缓慢、平稳下落。根据管节长度在承插接口对应的砂垫层部位设工作坑,工作坑布置如图 1 所示。工作坑随安管随挖,位于承口前 20cm,承口后不小于斜面长,左右大于管径 10cm,深度为承口以下 10cm。工作坑待管道安装完成后,及时以中粗砂回填夯实。

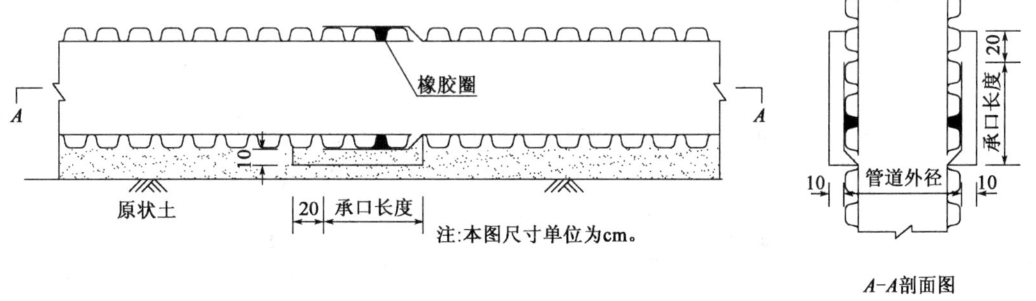

图 1　管道接口工作坑开挖断面示意图

(1)按插口顺水流方向,承口逆水流方向,由下游向上游依次安装的原则。

(2)根据设计井段及管节长度排列,承口不得进入井室。

(3)管道就位后,复测高程及轴线,确保管道纵断面高程及平面位置准确,第一节管为基础管节,在管两侧回填砂垫层固定。

2. 安装橡胶圈

把基础管节的承口及第二节管插口工作面清理干净,将橡胶圈按照正确方向套入插口上的第一道凹槽内，用凡士林均匀涂刷在承口内侧和橡胶圈上，保证胶圈平直无扭曲，就位正确。

3. 管道安装

使用倒链拉入法施工，如图2所示。将插口管节的中心与已安装完成的管节轴线对齐，插口与承口的对口间隙为10mm，依此数据在插口对应位置做好标识。在已安装稳固的管节承口处架上后背横梁，钢丝带一端系住横梁，一端系住待安装的管节，位于承口附近以倒链相连接，将钢丝带绷紧对正后，两侧同步拉动倒链，使胶圈在插口与承口工作面之间均匀滚动。

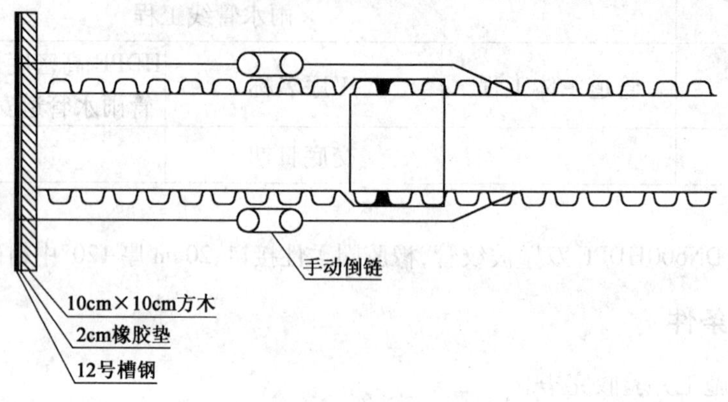

图2　管道安装示意图

插口达到安装标识线后，放松钢丝带。测量管道平面位置及管内底高程，符合设计要求后用垫块固定。检查管道内外接缝及胶圈，胶圈位置在同一深度，环向位置正确，符合设计及相关规范要求后，进行下节管道的安装。

4. 管道与井室连接

井室结构形式为钢筋混凝土。浇筑混凝土前，将管道插口伸入墙体，与井室内墙面保持平齐。入井室部位的管周与井室侧墙混凝土同时浇筑，在管道穿墙部位凹槽加设遇水膨胀橡胶圈。管道安装入井部位示意图如图3所示。

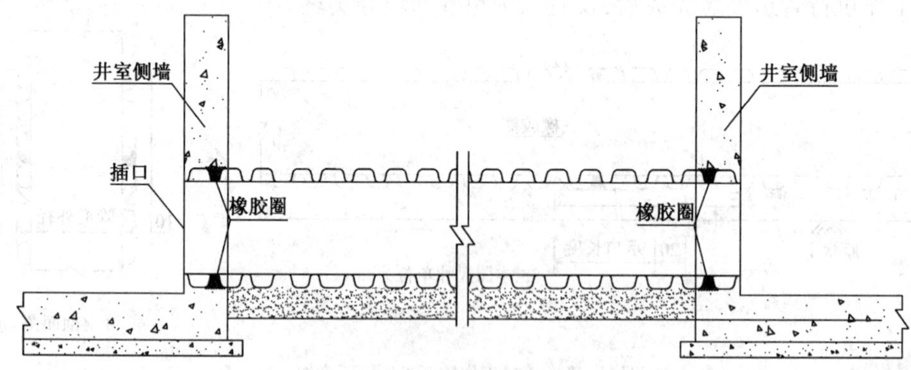

图3　管道安装入井部位示意图

三、质量要求

1. 主控项目

(1)管材内外径偏差、承口深度、有效长度、管壁厚度、管端面垂直度符合产品标准规定。

(2)管材内外表面无划痕、杂质、破碎现象。

(3)管材端面平齐、无毛刺等缺陷。

(4)柔性接口橡胶圈材质符合相关规范规定,由管材厂家配套供应;外观光滑平整,无裂缝、破损、气孔、重皮等缺陷;每个橡胶圈的接口不得超过2个。

(5)管材内外壁光滑、平整,无气泡、无裂纹、无脱皮、无严重的冷斑和凹陷;管节不得有异向弯曲。

(6)管节承口与插口连接紧密,无破损、变形、开裂等现象。

(7)橡胶圈位置正确,无扭曲现象。

(8)管道埋设深度、轴线位置符合设计要求。

(9)管壁不得出现纵向隆起、环向扁平和其他变形情况。

(10)管道铺设安装稳固,线形平直。

2. 一般项目

(1)管道内无渗水和水珠,管道与井室洞口之间无渗水。

(2)管道铺设的允许偏差见表1。

管道铺设的允许偏差 表1

序号	项目	质量及允许偏差(mm)	检验频率		检验方法
			范围	点数	
1	水平轴线	15	每节管	1	用经纬仪测量或挂中线用钢尺量
2	管底高程	±10	每节管	1	用水准仪测量

四、安全文明施工措施

1. 作业前必须学习安全技术交底并掌握交底内容。

2. 进入施工现场必须戴安全帽。

3. 吊车由专人指挥,专职安全员负责现场安全。

4. 吊装机具、吊带使用性能良好,防护装置齐全有效,支设应稳固。作业前检查、试吊,确认正常。

5. 施工人员上下沟槽时走安全通道或安全爬梯。

审核人	交底人	接受交底人

67　HDPE 高密度聚乙烯双壁波纹管雨水管道安装（热熔接口）

<table>
<tr><td colspan="2" rowspan="2">技术交底记录</td><td rowspan="2">编　号</td><td></td></tr>
<tr><td>67</td></tr>
<tr><td>工程名称</td><td colspan="3">××DN1000 雨水管线工程</td></tr>
<tr><td>部位名称</td><td>管道主体工程</td><td>工序名称</td><td>HDPE 高密度聚乙烯双壁波纹管雨水管道安装（热熔接口）</td></tr>
<tr><td>施工单位</td><td></td><td>交底日期</td><td></td></tr>
</table>

交底内容：

管材采用 DN1000 钢带加强型 HDPE 高密度聚乙烯双壁波纹管，热熔焊接接口，20cm 厚中粗砂垫层。

一、作业条件

1. 砂垫层施工并验收完毕。
2. 管材进场检验、复试合格。
3. 管节试焊完成。

二、施工方法、工艺

下管→安装电热熔带→热熔焊接→冷却→入井

1. 下管

用两根吊带作为吊具，吊车下管，保证管道缓慢、平稳下落。根据设计井段及管节长度排列，用手锯切割调管道的长短整。根据管节长度在承插接口对应的砂垫层部位设工作坑，以便于安装点热熔带。工作坑随安管随挖，宽度为 30cm，左右大于管径 20cm，深度为管外底以下 30cm。焊接完成后及时回填中粗砂并夯实（图 1）。

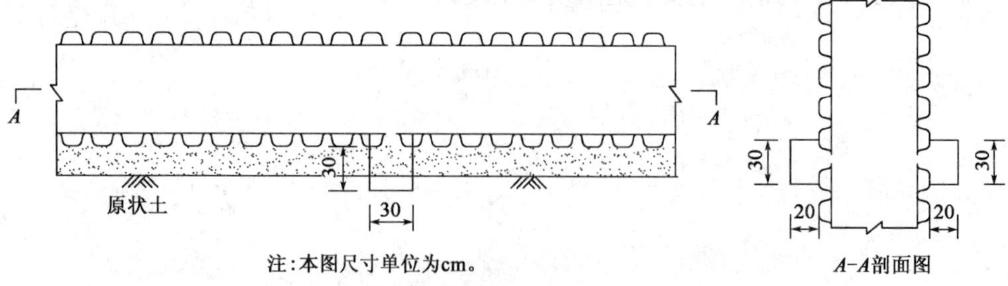

图 1　管道接口工作坑开挖断面示意图

管道就位后，复测高程及轴线，确保管道纵断面高程及平面位置准确。第一节管为基础管节，为了确保管道安装时基础管节不移位，在管两侧适当加设碎石垫实。

2. 安装电热熔带

将管道的外表面和电热熔带（宽度 120mm）上的杂物清除掉，确保连接区段洁净、干燥。

用电热熔带将已水平对齐的管道的接头部分紧紧包住(用夹钳和扣带紧固焊接片),包的时候有连接线的一端在内圈,钢扣带不带衬板的端头与电热熔带内圈同向并在同一位置,用夹钳上紧,使电热熔带与管壁紧紧靠在一起。在接口处管端内壁用方木十字支撑牢固。

3. 热熔焊接

将焊机的输出线端与电热熔带的连接线头相连接。在电熔焊机上设定好时间和档位,加热温度 210～230℃之间,加热时间由试焊管节确定,一般不小于 60min。在焊接过程中,确保管节位置稳固。

4. 冷却

焊接时间结束时蜂鸣器鸣响,电源断开,在钢扣带和夹钳夹紧的状态下自然冷却,冷却时间长短以手摸卷边变硬为宜,约 20min。管节要充分冷却后才能进行下一管节的焊接。

5. 入井

井室结构形式为钢筋混凝土。浇筑混凝土前,将管道伸入墙体,与井室内墙面保持平齐。入井室部位的管周与井室侧墙混凝土同时浇筑,穿墙中间部位加设遇水膨胀橡胶条。如图 2 所示。

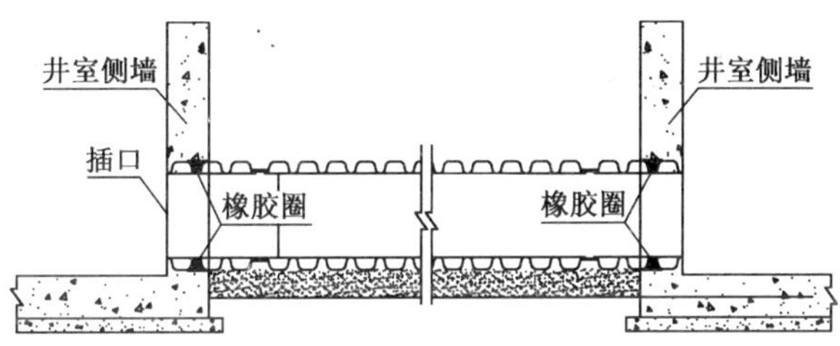

图 2　管道安装入井部位示意图

三、质量要求

1. 主控项目

(1)管材内外径偏差、承口深度、有效长度、管壁厚度、管端面垂直度符合产品标准规定。

(2)管材内外表面无划痕、杂质、破碎现象。

(3)管材端面平齐、无毛刺等缺陷。

(4)电热熔带必须由生产厂配套供应,且无损伤。

(5)管材内外壁光滑、平整,无气泡、无裂纹、无脱皮、无严重的冷斑和凹陷;管节不得有异向弯曲。

(6)焊缝完整,无缺损和变形现象;连接紧密,无气孔、鼓泡、裂缝。

(7)对接错边量不大于管材壁厚的 10%,且不大于 3mm。

(8)管道埋设深度、轴线位置符合设计要求。

(9)管壁不得出现纵向隆起、环向扁平和其他变形情况。

(10)管道铺设安装稳固,线形平直。

2. 一般项目

(1)管道内无渗水和水珠,管道与井室洞口之间无渗水。

(2)管道铺设的允许偏差见表 1。

<table>
<caption>管道铺设的允许偏差 表1</caption>
<tr><th rowspan="2">序 号</th><th rowspan="2">项 目</th><th rowspan="2">质量及允许偏差
(mm)</th><th colspan="2">检 验 频 率</th><th rowspan="2">检 验 方 法</th></tr>
<tr><th>范 围</th><th>点 数</th></tr>
<tr><td>1</td><td>水平轴线</td><td>15</td><td>每节管</td><td>1</td><td>用经纬仪测量或挂中线用钢尺量</td></tr>
<tr><td>2</td><td>管底高程</td><td>±10</td><td>每节管</td><td>1</td><td>用水准仪测量</td></tr>
</table>

四、安全文明施工措施

1. 进入施工现场必须戴安全帽。

2. 施工人员上下沟槽时走安全梯。

3. 非专业电工严禁进行接电作业。

4. 熔接完成后，断掉电源，冷却过程中切勿用手触摸电热熔带。

5. 焊机接地牢固，加漏电保护开关。

6. 吊装作业由专人指挥。吊装过程中，槽内人员要时刻注意下管过程中管道的稳定性，防止脱落砸伤。

7. 吊装机具、吊带使用性能良好，防护装置齐全有效，支设应稳固。作业前检查、试吊，确认正常。

审 核 人	交 底 人	接 受 交 底 人

68 雨水口及支管

<table>
<tr><td colspan="2" rowspan="2">技术交底记录</td><td rowspan="2">编　　号</td><td></td></tr>
<tr><td>68</td></tr>
<tr><td>工程名称</td><td colspan="3">××雨水管线工程</td></tr>
<tr><td>部位名称</td><td>附属构筑物工程</td><td>工序名称</td><td>雨水口及支管</td></tr>
<tr><td>施工单位</td><td></td><td>交底日期</td><td></td></tr>
</table>

交底内容：

雨水口支管管径为DN300，管材为钢筋混凝土承插口管（Ⅱ级），采用C15混凝土满包处理，坡度为1%。道路低点处必须设置雨水口，雨水口结构形式为立箅式双箅，采用M10水泥砂浆砌筑MU10页岩砖，墙内1∶2.5水泥砂浆抹面2cm，花岗岩盖板（图1）。

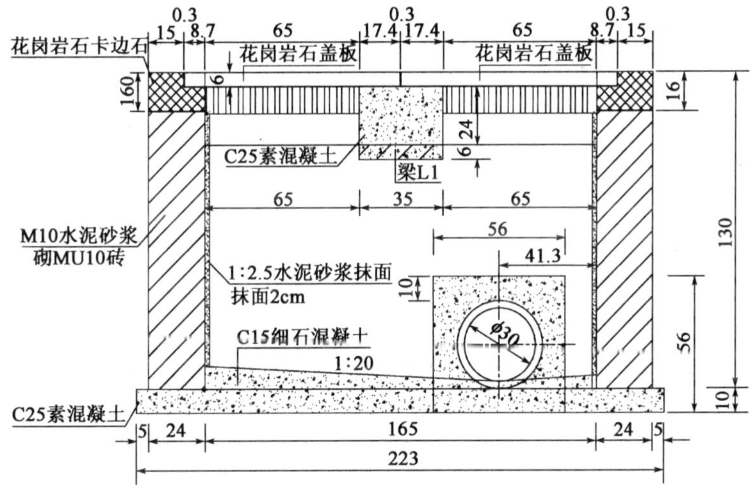

图1　雨水口及支管剖面图（尺寸单位：cm）

一、作业条件

1. 路面基层已验收合格。
2. 水泥、砂、页岩砖、盖板进场试验检测均合格。
3. 管材、胶圈进场检验均合格。
4. 砌筑用砂浆配合比设计已确定。

二、施工方法、工艺

开挖→管基混凝土→支管安装→井室砌筑→井室抹面→支管混凝土包封→养护→盖板安装

1. 开挖

按照测量放样位置开挖雨水口槽及雨水口支管槽，雨水口槽每侧预留30～50cm的工作宽度。雨水口支管槽宽度同满包混凝土宽度$b=60$cm。

2. 基础混凝土

开挖完成后，进行雨水口及支管的混凝土基础浇筑，混凝土厚度为10cm，雨水口基础以10cm×10cm木方为模板，支管基础为土模。以振捣棒振捣密实后，表面用木抹子抹毛面。支管混凝土浇筑过程中预埋10号铁丝弯勾。浇筑完成后，采用覆盖土工布或塑料布洒水湿润养护。

3. 支管安装

雨水口支管承口朝向上游收水口，插口朝向下游井室。管道接口处胶圈正确安装，胶圈及承口均匀涂抹凡士林或洗涤灵，用人工配合倒链进行稳管，使管道承口与插口纵向间隙不大于15mm。管材入井室及收水口长度不大于2cm，管道安装完成后进入收水口内的多余部位进行切除。管口与井墙边缘空隙以砂浆填充密实。

4. 井室砌筑

基础混凝土抗压强度标准值达到1.2N/mm^{2}后，据弹好的位置线，采用一顺一丁的方法砌筑。将页岩砖用提前一天以水浸湿，采用"三一"砌砖法，双面挂线，在丁砖立楞位置弹两道垂直立线，保证墙体几何尺寸。

5. 井室抹面

砌筑墙面残余砂浆清除干净，水泥砂浆（底层稠度为120mm，其他层为70～80mm）抹面分两道抹成，底层砂浆厚度5～7mm，抹成后用杠尺刮平，并将表面划出纹道，完成后间隙48h进行面层抹面，抹面层时砂浆薄薄地刮一层使其与底层粘牢，紧着抹第二层，木抹子搓平，铁抹子压实赶光。

抹面砂浆终凝后，应保持表面湿润，宜每隔4h洒水1次，养护时间为7d。

6. 支管混凝土包封

雨水口支管安装完成后，经测量复核，高程及坡度均符合设计要求。满包混凝土采用木模板，支立完成后，外侧每隔90cm以5cm×10cm方木固定，模板侧面以5cm×10cm方木作为后背水平支撑，间距为90cm，靠近槽边底部垫15cm×15cm×5cm大板，两侧模板之间以10cm×10cm方木支撑，间距为150cm。混凝土浇筑前，适当洒水使基础表面湿润。混凝土两侧对称浇筑，采用插入式振捣器振捣，振捣时应快插慢拔，插点均匀排列，逐点移动顺序进行，移动间距不大于50cm，每一振点的延续时间以混凝土不再下落，表面呈现浮浆为准。基础与管节相接触的腋角部位，在浇筑混凝土时使振捣棒插入腋角处重点振捣，使管体与管座混凝土结合严密。浇筑完毕后用木杠满刮一遍后用木抹子搓毛。

雨水口四周围肥槽，随支管满包施工同时浇筑同强度等级混凝土。

7. 养护

雨水口抹面完成后、支管满包混凝土浇筑完成后在4h内覆盖土工布及塑料布洒水养护，养护期为7d，保证混凝土表面在养护期内始终处于湿润状态。

8. 雨水口盖板安装

雨水口养护完成后，将盖板以四点法或二点法起吊，就位位置准确，保证缝宽均匀，按安装顺序吊装，相邻板错台不大于10mm，盖板端部压墙长度允许偏差±10mm。

三、质量要求

1. 主控项目

（1）所用原材料、预制构件的质量符合设计要求。

(2)混凝土、砂浆试块的制取：每工作班制取混凝土试件1组，标养试块1组；工作班内同一强度等级砂浆试块制取1组，标准养护。

(3)雨水口位置正确，深度符合设计要求，安装平顺。

(4)井框、盖板完整、无损，安装平稳、牢固。

(5)支管直顺，无倒坡、错口及破损。

(6)井内、支管内无渗漏。

2. 一般项目

(1)雨水口抹面平整光洁。

(2)支管内清洁、流水顺畅，无明显渗水现象。

(3)雨水口、支管的允许偏差见表1。

雨水口、支管的允许偏差 表1

序号	项目	质量及允许偏差(mm)	检验频率		检验方法
			范围	点数	
1	井框、井壁吻合	≤10	每座	1	用钢尺量
2	雨水口位置与道路边线平行	≤10	每座	1	用钢尺量
3	井内尺寸	长、宽：+20，0	每座	1	用钢尺量
		深：0，-20			
4	井内支管管内底高程	0，-20	每座		用水准仪测量

四、安全文明施工措施

1. 进入施工现场必须佩戴合格的安全帽。
2. 混凝土振捣人员穿绝缘鞋、戴绝缘手套。
3. 砌块码放高度不得超过1.5m。
4. 施工中的中小机具要由专人负责，集中管理、维修，避免漏油污染结构。
5. 在邻近居民区施工作业时，尽量避免夜间施工，要采取低噪声振捣器。
6. 吊装盖板时轻起轻放，防止磕碰。
7. 施工现场的料具按施工平面图指定的位置码放整齐，并设置明显标识。

审核人	交底人	接受交底人

69 污水管线顶管工作坑(钢木支护)

<table>
<tr><td colspan="2" rowspan="2">技术交底记录</td><td rowspan="2">编　　号</td><td></td></tr>
<tr><td>69</td></tr>
<tr><td>工程名称</td><td colspan="3">××污水管线工程</td></tr>
<tr><td>部位名称</td><td>非开槽施工
主体结构</td><td>工序名称</td><td>污水管线顶管工作坑
(钢木支护)</td></tr>
<tr><td>施工单位</td><td></td><td>交底日期</td><td></td></tr>
</table>

交底内容:

污水管道工程采用 DN1000 钢筋混凝土管,工作坑净尺寸 400cm×600cm,深度 700cm,工作位置土质为粉质黏土,无地下水。

一、作业条件

1. 地上、地下构筑物改移或保护完毕。

2. 顶管坑施工用设备、材料已进场并验收合格。

二、施工方法、工艺

工作平台安装→支立四脚架→工作坑开挖及支护→监测

1. 工作平台搭设

工作平台主梁、横担由工字钢焊接(工字钢焊接焊缝要满焊),主梁每侧采用两根 30C 工字钢并排,横担每侧采用一根 25b 号工字钢,主梁间距 205cm,横担间距 440cm,主梁上面满铺 15cm×15cm 方木,方木上满铺 5cm 厚大板,用扒钜全部扒牢,留出下管孔口位置,孔口位于工作坑中心。主梁、横担均探出工作坑上口 1.5m,其下满铺两层 15cm×15cm 方木,距坑上口两侧 0.5m 位置与横担平行各放置一根 30C 工字钢作为支撑主梁。出土滑动平台调试正常后,固定平台导轨。平台、孔口设置护栏,护栏高度 1.2m,距平台洞口边距离为 0.5m。图 1 为平台及四脚架示意图。

2. 支立四脚架

下管起重架采用 4ϕ159mm 钢管,$L=9$m,在主梁与横担纵横交叉点处焊于横担工字钢上,上起重架顶部打孔,用 60mm 钢棒穿接连接,两端锁紧。沿工作坑长向两侧的支架设置自下而上纵向间距为 1.5m 的 ϕ48mm 钢管作为横向拉杆,拉杆与起重架钢管采用卡扣进行连接,拉杆安装要水平且保证拉杆能充分拉紧。出土、下管时采用 5t 卷扬机。如图 1、图 2 所示。

3. 工作坑开挖及支护

工作坑结构层范围内采用人工配合机械开挖,采用地面平台和四角钢架运土外弃。当挖到 2m 深后,及时支立侧墙板撑,密排 5cm 厚大板;木板里侧设 I25b 工字钢水平盘撑,四角加同型号工字钢斜撑,第一道锁口盘撑距坑顶竖向距离 50cm,以下盘撑竖向间距为1.2~1.5m,坑底部需埋设一道扫地盘撑。大板插入坑底工字钢底面以下 10cm,随挖支护直至坑底,四角及长边中心立焊 20b 工字钢至坑底 50cm,与盘撑焊接牢固。详见图 3 工作坑结构平面图、图 4 工作坑 A 剖面图、图 5 工作坑 B 剖面图。

工作坑底部大板需留出顶管洞口位置，采用外径为 D130cm 圆形洞口，洞口与管道外壁之间的缝隙采用 2cm 厚大板封堵。

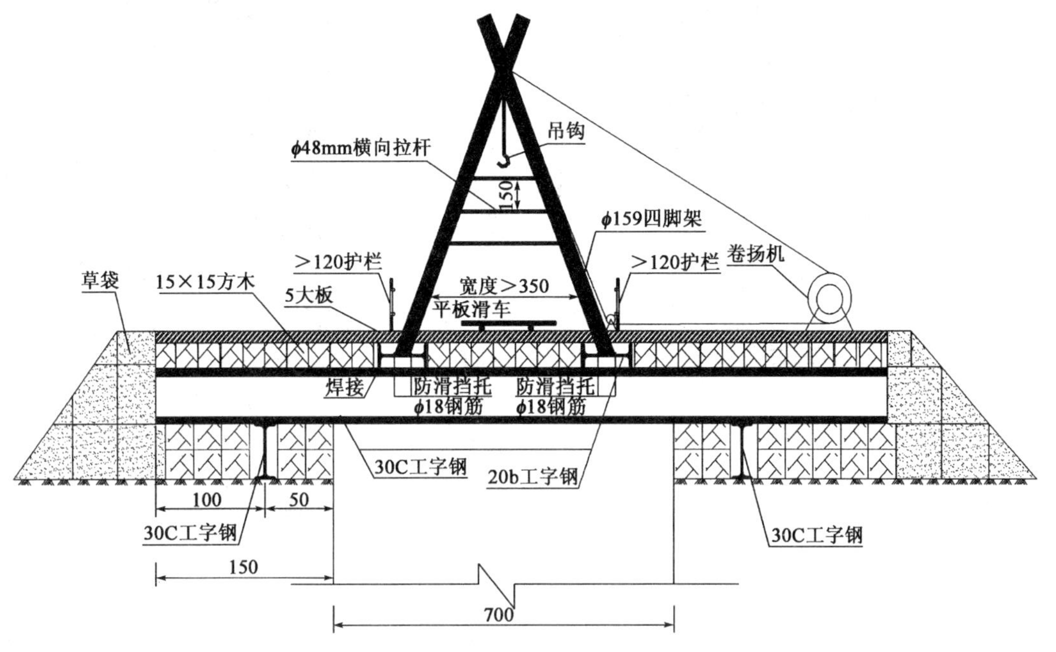

图 1　平台及四脚架示意图（尺寸单位：cm；钢材：mm）

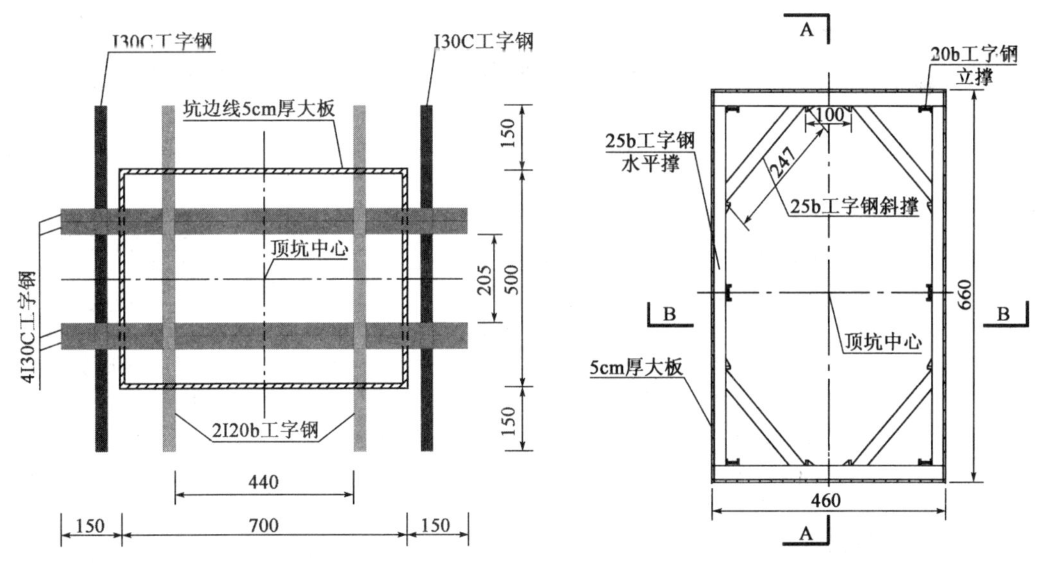

图 2　工作坑平台布置图（尺寸单位：cm；钢材：mm）

图 3　工作坑结构平面图（尺寸单位：cm）

4. 监测

在顶管施工过程中，测量人员必须每天对工作坑进行变形观测（水平位移、垂直度），并做好的观测记录。

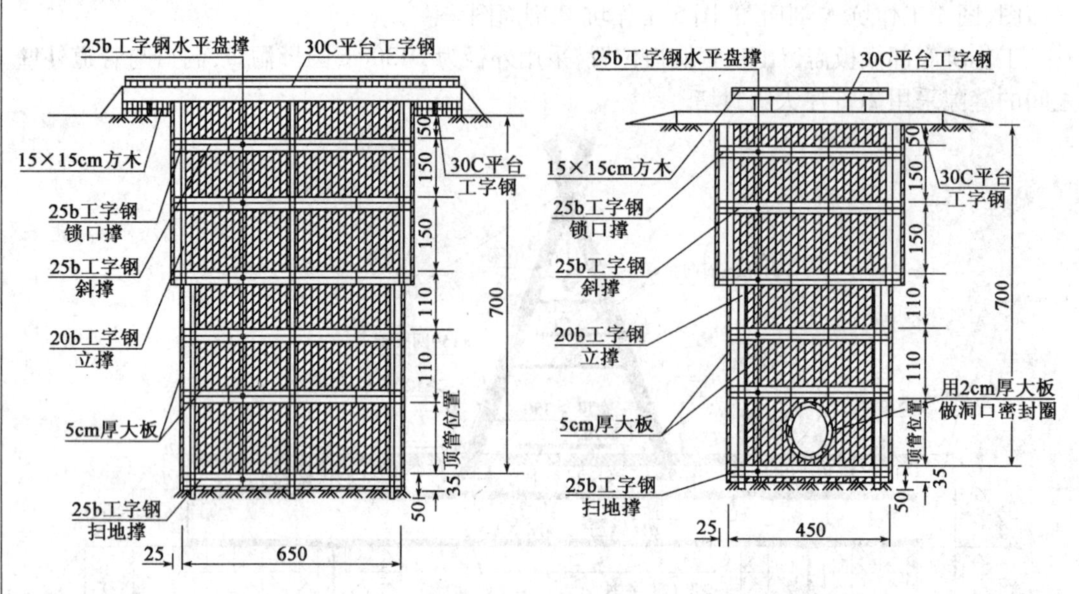

图4　工作坑A剖面图(尺寸单位:cm)　　　　图5　工作坑B剖面图(尺寸单位:cm)

三、质量要求

1. 工作坑开挖必须控制其开挖深度及平面尺寸,严禁违规作业。

2. 施工中必须及时安装背板、盘撑,严格控制盘撑间距。

3. 所有钢材、材料进场后均严格检查,不合格不得投入使用。

4. 工作坑施工的允许偏差见表1。

工作坑施工的允许偏差　　表1

检查项目			允许偏差(mm)	检查数量		检查方法
				范围	点数	
1	尺寸	矩形	工作坑设计长、宽	每座	2点	挂中线用尺测量
2	预留洞口	中心位置	20	每个	竖、水平各1点	经纬仪
		预留尺寸	±20		垂直向各1点	钢尺
3	底板高程		±30	每座	4点	水准仪

四、安全文明施工措施

1. 进入顶管工作坑的人员上、下坑必须走安全扶梯,严禁乘坐卷扬机。

2. 工作坑内作业的各岗位操作人员必须戴安全帽等劳动防护用品。

3. 上下运送物料需用专用吊斗,并挂四个防滑钩,操作人员须站在平滑车上操作并系好安全绳。

4. 每次接班应检查钢丝绳，凡表面磨损、腐蚀、断丝严重、打死弯、短股、油芯外露的不得使用。

5. 夜间开挖时必须有足够的施工照明设施，并且保持正常工作状态，机械设备需要有专人指挥操作。

6. 工作坑、电器设备需有防雨措施。

7. 工作坑四周设防雨埂，工作坑内设置集水坑，保证及时排除雨水。

审 核 人	交 底 人	接 受 交 底 人

70　污水管线顶管施工

<table>
<tr><td colspan="2" rowspan="2">技术交底记录</td><td rowspan="2">编　　号</td><td></td></tr>
<tr><td>70</td></tr>
<tr><td>工程名称</td><td colspan="3">××污水管线工程</td></tr>
<tr><td>部位名称</td><td>非开槽主体结构</td><td>工序名称</td><td>污水管线顶管施工</td></tr>
<tr><td>施工单位</td><td></td><td>交底日期</td><td></td></tr>
</table>

交底内容：

污水管道工程采用DN1000钢筋混凝土企口管，人工掘进顶管地段地层土质为黏土、亚黏土。

一、作业条件

1. 顶管工作坑、导轨及顶进设备安装、调试完成并验收合格。

2. 管材进场检验、复试合格。

二、施工方法、工艺

首节管就位→管前挖土→顶进→顶管接口→填充注浆

↑

测量与纠偏

1. 首节管就位

第一节管子下到导轨上，测量管子中心及前端和后端的管底高程，确定安装合格后顶进，并始终保证第一节管作为工具管的顶进方向与高程的准确。为减少摩擦力，根据现况，土质对管子外皮在就位前涂石蜡一层。

2. 管前挖土

在工具管前端安装长度1～1.5m帽檐，将帽檐顶入土层后，在帽檐下挖土作业。管子前挖土：此次顶管施工严格控制在30cm管幅内挖土，不得超前挖土，出现偏差后应及时采取纠偏方法。每顶进30cm，即测量一次。

3. 顶进

顶进开始时，应缓慢进行，待各接触部位密合后，再按正常速度顶进。顶进中发现油压力突然增高，停止顶进，查明原因并经过处理后再继续顶进；回镐时，油路压力不得过大，速度不得过快；人工掏挖管内土体。管内掏挖时如发现有雨污水渗漏现象，立即停止掏挖，对现况的雨污水采取截流和排气通风等措施进行补救，保证管内掏挖的施工安全；挖土的土方及时外运，及时顶进，使顶力限制在较小的范围内。

每班施工人员必须认真填写顶进施工记录（包括顶进长度、顶力数值或者油泵压力表数值、管位偏移及其校正情况、机械运转情况、土质水位变化以及出现的问题和注意事项）。顶进要连续作业，顶进过程中遇下列情况之一时，暂停顶进，及时处理。

（1）前方遇到障碍。

(2)后背墙变形严重。

(3)顶铁发生扭曲现象。

(4)管位偏差过大且纠偏无效。

(5)顶力超过管材的允许顶力。

(6)油泵、油路发生异常现象。

(7)管节接缝渗漏泥水、泥浆。

4. 测量与纠偏

(1)测量

①测定管线位置由测量人员提供水准点高程和管线中心位置，在工作井内定出管中心线，设置2个临时水准点。

②水准点复核。施工人员水准点复核，对工作坑内2个水准点进行闭合测量，闭合差不大于 $\pm 12\sqrt{L}$。

③管道中心控制。中心复测合格后，及时设置中心线控制桩(点)，做明显标志。

④管道高程控制。水准点复测合格后，应设一临时水准点供顶管施工中使用，该临时水准点应设在原建筑、桥或电线杆上，防止水准点下沉。

⑤对中心、高程复测。顶管施工开始后，每天经纬仪复测工作坑内中心线和高程桩一次。

⑥顶进高程、中心偏差测量每30cm测量一次，在顶进第一节管和纠偏时，每顶进20cm，测量一次。

(2)纠偏

顶管误差纠偏应逐步进行，使管子缓缓复位，不能猛纠硬调。做法如下：

①挖土校正法

适用于偏差为1～2cm时。即在管子偏向一侧少挖土以形成阻力，而在另一侧适当超挖，使管节在前进时向另阻力小的一侧偏移，逐渐回到正确位置。

②木杠支撑法

偏差大于20cm时采用。在超挖纠偏不起作用时，用圆木或方木的一端顶在管子偏向的另一侧管壁上，另一端斜撑在垫有钢板或木板的管前土壤上，支顶牢固后即可顶进，在顶进中配合超挖纠偏法，边顶边支。如管端下陷，可采用图1所示方法矫正。

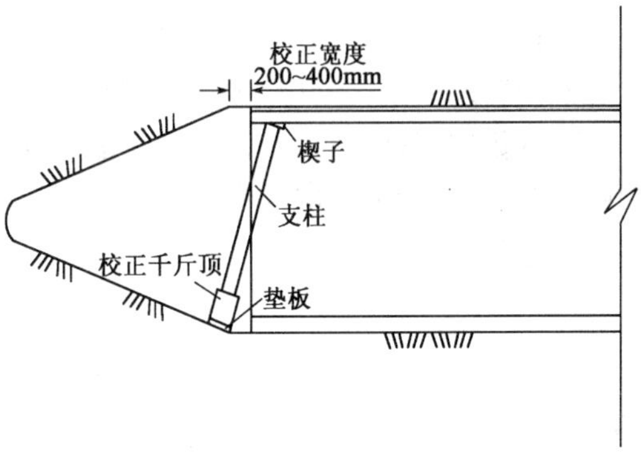

图1 纠偏示意图

5. 顶管接口

一节管子顶进后，要连续顶下一节管，两节管子用内胀圈临时连接，待全部管子顶进后，拆掉内胀圈，并做永久性内接口。接口做法：企口插口管接口处采用橡胶垫、橡胶圈、聚氨酯密封膏密封。

6. 填充注浆

在管上顶120°范围内均匀设置3个注浆孔，并在注浆孔管道上应设置压力表；采用水灰比为1:0.5的水泥浆液，压力从0.1MPa开始加压，逐步升至控制压力0.2MPa；逐孔注浆，水泥浆液需搅拌均匀，无结块，无杂物，注浆结束后，要及时清理注浆设备，以防堵塞。

三、质量要求

1. 顶管施工下管前应对管子进行外观检查，主要检查管子有无破损及纵向裂缝；端面要平直；管壁无坑陷或鼓泡，管壁应光洁。

2. 接口必须密实、平顺、不脱落；内胀圈中心应对正管缝，填料应密实、均匀。

3. 管内无泥土、石子、砂浆、砖块、木块等杂物；管外壁与土体间的间隙填充处理完毕。

4. 顶管施工贯通后管道的允许偏差见表1。

顶管施工允许偏差 表1

<table>
<tr><th colspan="2" rowspan="2">检查项目</th><th rowspan="2">允许偏差(mm)</th><th colspan="2">检查数量</th><th rowspan="2">检查方法</th></tr>
<tr><th>范围</th><th>点数</th></tr>
<tr><td>1</td><td>中线位移</td><td>≤30</td><td rowspan="2">每管节</td><td rowspan="3">1点</td><td>用经纬仪或挂中线测量</td></tr>
<tr><td>2</td><td>管内底高程</td><td>+10，-20</td><td>用水准仪或水平仪测量</td></tr>
<tr><td>3</td><td>相邻管间错口允许偏差</td><td>≤10</td><td>每接口</td><td>用尺量</td></tr>
</table>

四、安全文明施工措施

1. 作业人员作业前必须学习安全技术交底并掌握交底内容。特殊工种必须持证上岗，严禁酒后作业。

2. 顶管挖土时，管前挖土人员必须在管内操作。

3. 顶进作业时，禁止进行工作井内的垂直运输；进行垂直运输时，禁止顶进施工作业。

4. 液压油缸及出土运输机械的操作人员，必须听从挖土指挥人员的指挥。

5. 顶镐顶进时，人不得站在顶镐上方或两侧，严禁穿行，以防崩铁伤人。

6. 进入顶管工作井的人员必须遵守各项安全规程，上工作坑必须走扶梯，严禁乘坐卷扬机上下工作井。

7. 操作人员下井必须戴好安全帽。

8. 顶管照明系统采用36V低压照明。

9. 顶进中，管内施工人员应有防毒、防燃、防爆、防水措施，顶进长度超过35m以上应有预防缺氧、窒息的措施设置通风设备。

审核人	交底人	接受交底人

71　污水管道闭水试验

<table>
<tr><td colspan="2" rowspan="2">技术交底记录</td><td rowspan="2">编　　号</td><td></td></tr>
<tr><td>71</td></tr>
<tr><td>工程名称</td><td colspan="3">××污水管线工程</td></tr>
<tr><td>部位名称</td><td>闭水</td><td>工序名称</td><td>污水管道闭水试验</td></tr>
<tr><td>施工单位</td><td></td><td>交底日期</td><td></td></tr>
</table>

交底内容：

污水管线管径为 DN800mm，试验管段长 200m，管材采用钢筋混凝土企口管，橡胶圈接口，管道基础采用 150°砂石基础。管道工作压力 0.8MPa。

一、作业条件

1. 管道、检查井外观质量已验收合格，且沟槽内无积水。

2. 试验管道两端及支线管头已封堵。

3. 水源接引完成，排水疏导措施已准备就绪。

二、试验方法、步骤

砌堵→注水与浸泡→闭水

1. 砌堵

用 1:3 水泥砂浆将试验管段两端管口砌 24cm 厚的砖墙，并用 1:2.5 水泥砂浆分层抹面 2cm，并压实赶光后将管头封堵严密，养护 3d。

2. 注水与浸泡

由管道下游缓慢注水，将试验管段注满水后，浸泡 48h。浸泡时的水压不大于管道工作压力。对所有管节、接口、封堵进行检查。

3. 闭水

试验水头为试验段上游管顶内壁加 2m。从试验水头到达规定水头开始计时，观测管道的渗水量，直至观测结束，应不断的向试验管段内补水，保持试验水头恒定。渗水量的观测时间不小于 30min，并计量补入试验管段内的水量。

$$q = \frac{W}{T \times L} \times \frac{1}{1440}$$

式中：q——实测渗水量[$m^3/(24h \cdot km)$]；

L——试验管段长度(m)；

W——恒压时间内补入管道的水量(L)；

T——从开始计时至保持恒压结束的时间(min)。

三、质量要求

实测渗水量不大于 27.95m^3/24h · km。

四、安全文明施工措施

1. 试验管段槽边设置护栏,并安装警示牌。
2. 试压时堵板前方严禁站人。
3. 试验管段试验用水尽量重复使用,减少浪费。
4. 上、下沟槽作业走安全梯。

审 核 人	交 底 人	接 受 交 底 人

72　现浇混凝土雨水方沟钢筋安装

技术交底记录		编　号	72
工程名称	××钢筋混凝土雨水方沟工程		
分部工程名称	开槽施工主体结构现浇方沟	分项工程名称	现浇混凝土雨水方沟钢筋安装
施工单位		交底日期	

交底内容：

钢筋混凝土雨水方沟截面尺寸为540cm×200cm，主筋为φ22@200，分布筋为φ12@200。钢筋构造如图1所示。

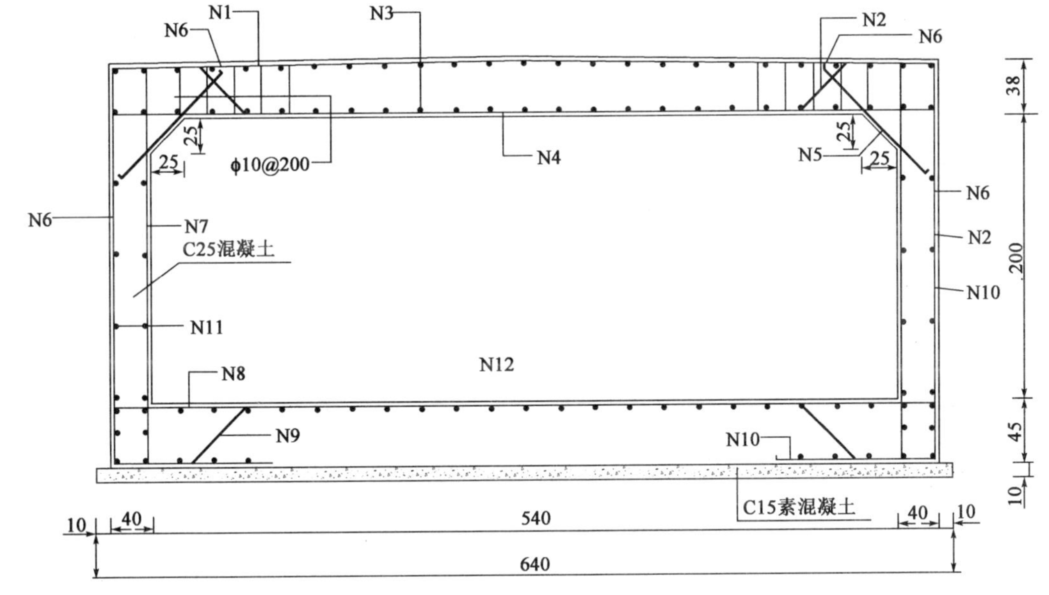

图1　钢筋构造断面图(尺寸单位:cm;钢材:mm)

一、作业条件

1. 垫层施工完毕已通过验收，混凝土抗压强度达到1.2MPa。
2. 钢筋进场检验、复试合格，加工成型的钢筋已运至施工现场。

二、施工方法、工艺

底板钢筋绑扎→侧墙、顶板钢筋绑扎

1. 底板钢筋绑扎

底板钢筋绑扎前，在垫层上弹好钢筋位置标示线。主筋、分布筋连接均采用20号铅丝绑扎连接，搭接长度35d，同一截面搭接两次50%。底板钢筋绑扎上、下双层受力钢筋逐点绑扎，不得跳扣绑扎。上、下层间设钢筋马凳支撑，马凳间距按80cm。结构保护层厚度3cm，垫块间距1m梅花形布置。

2. 侧墙、顶板钢筋绑扎

底板混凝土施工后，清理预留插筋表面灰浆，校正到位。钢筋搭接要求同底板钢筋，墙体双排筋通过定位架立筋控制，架立筋间距1m，呈梅花状摆放，其端头不得直接接触模板表面。垫块间距1m呈梅花型布置，结构拐角及腋角等边角部位适当增加数量。顶板钢筋绑扎前，清理干净模板表面并在模板表面弹好钢筋轴线，依线绑扎。上下层钢筋之间加设钢筋马凳。

三、质量要求

1. 一般规定

（1）钢筋平直、无损伤，表面不得有裂纹、油污、颗粒状或片状老锈。

（2）钢筋加工的形状、尺寸符合设计要求，其偏差标准见表1。

（3）钢筋的接头设置在受力较小处。接头搭接长度要求见表2。

（4）相邻纵向受力筋绑扎搭接接头相互错开。

（5）钢筋安装位置的偏差符合表3。

2. 主控项目

（1）受力钢筋的弯钩和弯折符合规定。

（2）纵向连接筋的连接方式符合设计要求。

（3）钢筋安装时，受力钢筋的品种、级别、规格和数量必须符合设计要求。

钢筋加工质量标准 表1

项　目	允许偏差	检验方法
受力钢筋顺长度方向全长净尺寸	±10	钢尺检查
弯起钢筋的弯折位置	±20	钢尺检查
箍筋内净尺寸	±5	钢尺检查

绑扎钢筋接头的搭接长度 表2

钢筋类别	受拉区（mm）	受压区（mm）	检测方法
I	30d	20d	尺量
II	35d	25d	尺量

钢筋位置允许偏差 表3

项　目	允许偏差	检验方法
受力钢筋间距	±10	尺量
受力钢筋排距	±5	尺量
绑扎骨架箍筋、横向钢筋间距	±20	尺量
受力钢筋保护层（板、墙）	±3	尺量

四、安全文明施工措施

1. 进入施工现场必须戴安全帽。

2. 电器设备要设漏电保护器，线路绝缘良好。

3. 切断钢筋禁止超过机械负载能力；切长钢筋应有专人扶住，操作动作要一致，不得任意拖拉。切断钢筋要用套管或钳子夹料，不得用手直接送料。

4. 拉直钢筋，卡头要卡牢，地锚要结实牢固，拉筋沿线 2m 区域内禁止行人。人工绞磨拉直，禁止用胸、肚接触推杆；并缓慢松解，不得一次松开。

5. 展开圆盘钢筋要一头卡牢，防止回弹，切断时要先用脚踩牢。

6. 钢筋切断机应机械运转正常，方准断料。手与刀口距离不得少于 15cm。

审核人	交底人	接受交底人

73 现浇混凝土雨水方沟模板支架安装

<table>
<tr><td colspan="2" rowspan="2">技术交底记录</td><td rowspan="2">编　号</td><td></td></tr>
<tr><td>73</td></tr>
<tr><td>工程名称</td><td colspan="3">××雨水方沟工程</td></tr>
<tr><td>分部工程名称</td><td>开槽管线主体结构</td><td>分项工程名称</td><td>现浇混凝土雨水方沟模板支架安装</td></tr>
<tr><td>施工单位</td><td></td><td>交底日期</td><td></td></tr>
</table>

交底内容：

钢筋混凝土现浇雨水方沟截面尺寸为540cm×200cm，垫层C15混凝土10cm，底板C25混凝土厚45cm，顶板C25混凝土厚38cm。

一、作业条件

1. 垫层施工完毕已通过验收。

2. 方沟钢筋工程隐蔽验收合格。

二、施工方法、工艺

1. 模板支立

(1)底模采用定型钢模现场拼装。墙体下部施工缝留于距底板面以上30cm的墙身上，模板底部采用同强度等级细石混凝土垫块垫起。内模背楞为ϕ48mm钢管两道，采用ϕ14mm钢筋制作三脚架支撑，间距60cm。外模背楞为双排ϕ48mm钢管，支撑ϕ48mm钢管对撑，上下间距60cm，纵向水平间距90cm。图1为底板模板支撑体系示意图。

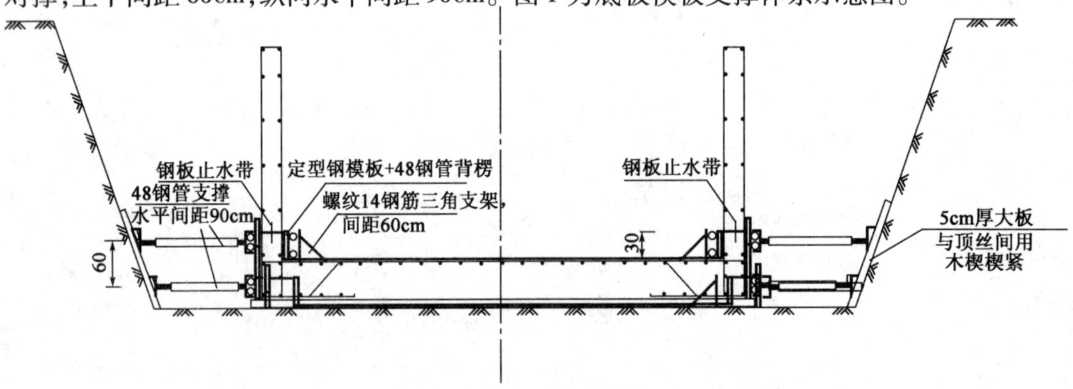

图1　底板模板支撑体系示意图(尺寸单位:cm)

(2)侧墙、顶板模板采用定型钢模拼装。内模板主背楞采用10cm×10cm方木，横向间距60cm。次背楞采用5cm×10cm方木，间距60cm，内支撑采用满堂红支架，支架横纵向间距60cm。外模板主背楞采用10cm×10cm方木，间距60cm。次背楞采用5cm×10cm方木，间距60cm。外支撑采用ϕ48mm钢管与槽边对撑，对撑上下间距60cm。图2为侧墙模板支撑体系示意图。

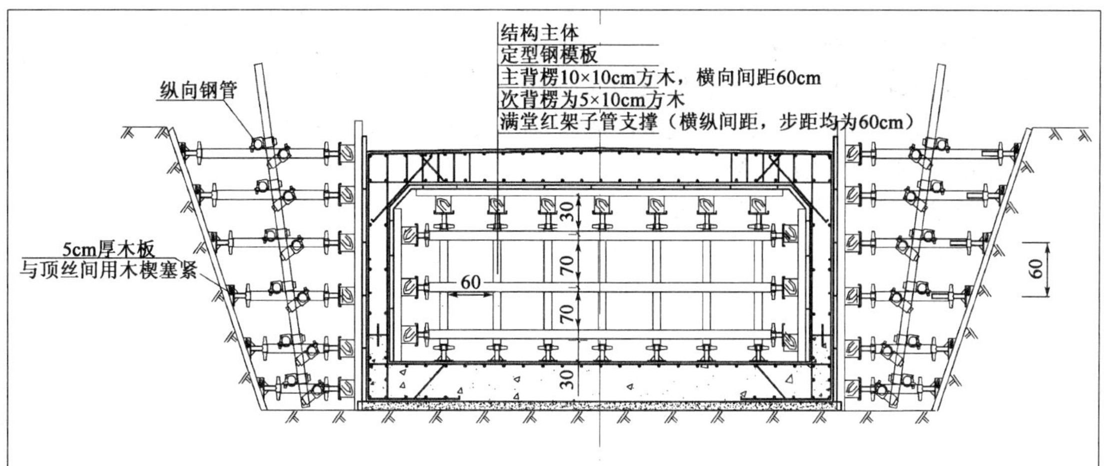

图2　侧墙模板支撑体系示意图(尺寸单位:cm)

2. 模板接缝

模板接缝采用5mm厚海绵条嵌缝。

3. 模板表面及钢筋保护

模板表面涂刷色拉油做脱模剂。钢筋保护层厚度4cm。

三、质量标准

1. 主控项目

涂刷模板脱模剂不得沾污钢筋。

2. 一般项目

(1)模板接缝不漏浆,模板与混凝土的接触面清理干净。

(2)浇筑混凝土前,模板内清理干净。

(3)固定在模板上的预埋件、预留孔洞不得遗漏,安装牢固。模板安装允许偏差见表1。

现浇混凝土管渠模板安装允许偏差　　表1

<table>
<tr><th>序号</th><th colspan="2">项　　目</th><th>允许偏差(mm)</th><th>检 验 频 率</th><th>检 查 方 法</th></tr>
<tr><td>1</td><td colspan="2">轴线位置(墙、板)</td><td>5</td><td>每段构筑物4点</td><td>经纬仪纵横各2点</td></tr>
<tr><td>2</td><td colspan="2">相邻两板表面高低差</td><td>3</td><td>每段构筑物4点</td><td>用尺测较大值</td></tr>
<tr><td>3</td><td colspan="2">表面平整度</td><td>4</td><td>每段构筑物4点</td><td>2m直尺、塞尺</td></tr>
<tr><td>4</td><td colspan="2">垂直度(墙)</td><td>0.1%H,且不大于6mm</td><td>每段构筑物2点</td><td>用垂线检测</td></tr>
<tr><td>5</td><td colspan="2">截面尺寸(墙、板)</td><td>+3,-5</td><td>每段构筑物3点</td><td>尺量长宽高各1点</td></tr>
<tr><td rowspan="2">6</td><td rowspan="2">中心位置</td><td>预埋管、件及止水带</td><td>≤3</td><td colspan="2" rowspan="2">每孔(洞)1点,尺量取纵横向偏差较大值</td></tr>
<tr><td>预留洞</td><td>≤5</td></tr>
</table>

四、安全文明施工措施

1. 施工人员进入现场必须戴安全帽。

2. 组合钢模拆装时,上下有人接应,钢模随拆随运,不得堆放在脚手板上,严禁抛接。

3. 模板及支撑系统在安、拆过程中，中途停歇时活动部件全部固定。

4. 模板吊装轻吊轻放，防止模板变形或损伤混凝土，严禁从高处抛掷。

5. 拆模时，不得用大锤硬砸或撬棍硬撬，防损伤混凝土表面和棱角。

6. 预留孔（洞）处加防护盖。

7. 模板堆放高度不得超过1.5m。

8. 废弃的脱模剂、海绵条按规定消纳。

审核人	交底人	接受交底人

74　现浇雨水方沟混凝土浇筑、养护

<table>
<tr><td colspan="2" rowspan="2">技术交底记录</td><td rowspan="2">编　　号</td><td></td></tr>
<tr><td>74</td></tr>
<tr><td>工程名称</td><td colspan="3">××现浇混凝土雨水方沟工程</td></tr>
<tr><td>分部工程名称</td><td>开槽施工主体结构工程现浇方沟</td><td>分项工程名称</td><td>现浇雨水方沟混凝土浇筑、养护</td></tr>
<tr><td>施工单位</td><td></td><td>交底日期</td><td></td></tr>
</table>

交底内容：

钢筋混凝土雨水方沟截面尺寸为200cm×140cm，C20钢筋混凝土底板厚17cm，C25钢筋混凝土侧墙顶板厚17cm，如图1所示。

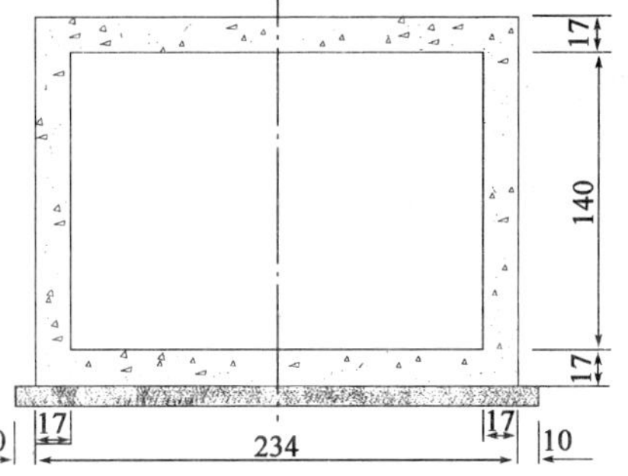

图1　雨水方沟断面图(尺寸单位:cm)

一、作业条件

1. 钢筋工程隐蔽验收合格，钢筋保护层符合要求。
2. 模板、支架体系验收合格，模内清理干净。

二、施工方法、工艺

浇筑→振捣→养护

1. 混凝土浇筑

混凝土采用商品混凝土，分两次浇筑，第一次浇筑底板，坍落度控制在12～16cm，第二次浇筑侧墙及顶板，坍落度控制在14～18cm。采用泵车浇筑混凝土，混凝土浇筑应连续进行，浇筑中的最长间隙时间不超过2h；在前层混凝土凝结之前，将次层混凝土浇筑完毕。

(1)底板浇筑从低端向高端连续推进，一次浇筑至设计高程，用插入式振捣器配合平板振捣器振捣，以3m长度木刮杠找平，木抹子压实搓平，铁抹子赶光。吊模内的混凝土需下部混凝土浇筑完毕且初步沉实后进行浇筑，振捣密实。

(2)墙体混凝土浇筑前在底板混凝土施工缝处均匀浇筑一层3cm厚与墙体混凝土同强度等级的水泥砂浆。墙体混凝土分层(每层浇筑厚度不大于50cm)连续对称进行浇筑防止支撑变形失稳，两侧高差不大于50cm，上层在下层初凝前完成，依次循环至墙顶高程。

(3)顶板混凝土与墙体同一浇筑方向连续浇筑，平板振捣器振实，用木杠满刮一遍后用木抹子压实搓平，再用铁抹子分三遍赶光，最后一遍赶光在混凝土终凝前进行。

(4)变形缝处混凝土施工：变形缝处止水带利用定位钢筋及模板固定，确保止水带的中心对应变形缝，并位于结构混凝土的中部。混凝土浇筑过程中，变形缝处采用人工铲送混凝土，先浇筑止水带以下部分，采用30棒振捣密实，调整好止水带位置确保止水带位置准确再浇筑上层至设计厚度，振捣密实。

2. 混凝土振捣

平板式振捣器移动距离保证振捣器的平板覆盖已振实部分边缘 10~30cm，插入式振捣器操作应快插慢拔，插点均匀排列，逐点移动顺序进行，移动间距不大于 50cm，每一振点的延续时间以表面呈现浮浆为准，振捣上一层时应插入下层 5cm 左右，振捣棒距离模板应大于 5cm。

3. 混凝土的养护

混凝土浇筑完成后 12h 内以土工布覆盖洒水养护，保证混凝土表面始终处于湿润状态。方沟混凝土有抗渗要求，养护期不少于 14d。

三、质量要求

1. 主控项目

混凝土的抗压强度、抗渗等级应符合设计要求。

2. 一般项目

（1）现浇混凝土结构底板、墙面、顶板表面光洁，不得有蜂窝、漏筋、漏振等现象。

（2）侧墙和顶板的变形缝与底板的变形缝对正、垂直贯通。

（3）止水带安装位置正确、牢固、闭合，且浇筑混凝土过程中保持止水带不变位，止水带附近的混凝土振捣密实。

（4）混凝土抗压试件制取：工作班内制取混凝土抗压试件 1 组，标准养护。

（5）现浇混凝雨水土方沟允许偏差见表 1。

现浇混凝土雨水方沟质量及允许偏差 表 1

序号	项目	质量及允许偏差（mm）	检验频率		检验方法
			范围	点数	
1	轴线位置	15	20m	1	用经纬仪测量
2	沟底高程	±10	20m	1	用水准仪测量
3	断面尺寸	符合设计规定	20m	2	用尺量，宽、厚各计一点
4	盖板断面尺寸	符合设计规定	20m	2	用尺量，宽、厚各计一点
5	墙高	±10	20m	2	用尺量，每侧计一点
6	沟底中线每侧宽度	±10	20m	2	用尺量，每侧计一点
7	墙面垂直度	≤15	20m	2	用垂线检验，每侧计一点
8	墙厚	+10,0	20m	2	用尺量，每侧计一点

四、安全文明施工措施

1. 进入施工现场必须戴安全帽。
2. 振捣手必须戴绝缘手套，穿绝缘鞋，并设专人配合。
3. 电器设备要接零、接地可靠，并设漏电保护开关
4. 夜间施工要有足够的照明，照明灯要有防护罩。
5. 现场噪声大的施工机具尽可能避免夜间施工。
6. 施工混凝土废料清理到指定地点，统一消纳。

审核人	交底人	接受交底人

75 排水方沟墙体砌筑、盖板安装

<table>
<tr><td colspan="2" rowspan="2">技术交底记录</td><td rowspan="2">编　　号</td><td></td></tr>
<tr><td>75</td></tr>
<tr><td>工程名称</td><td colspan="3">××排水方沟工程</td></tr>
<tr><td>分部工程名称</td><td>开槽施工主体结构砌筑方沟</td><td>分项工程名称</td><td>排水方沟墙体砌筑、盖板安装</td></tr>
<tr><td>施工单位</td><td></td><td>交底日期</td><td></td></tr>
</table>

交底内容：

方沟断面尺寸 200cm×140cm 采用 MU10 页岩砖砌筑侧墙。M10 水泥砂浆砌筑并抹三角，墙内 1:2 水泥砂浆抹面。C20 混凝土预制盖板。断面如图 1 所示。

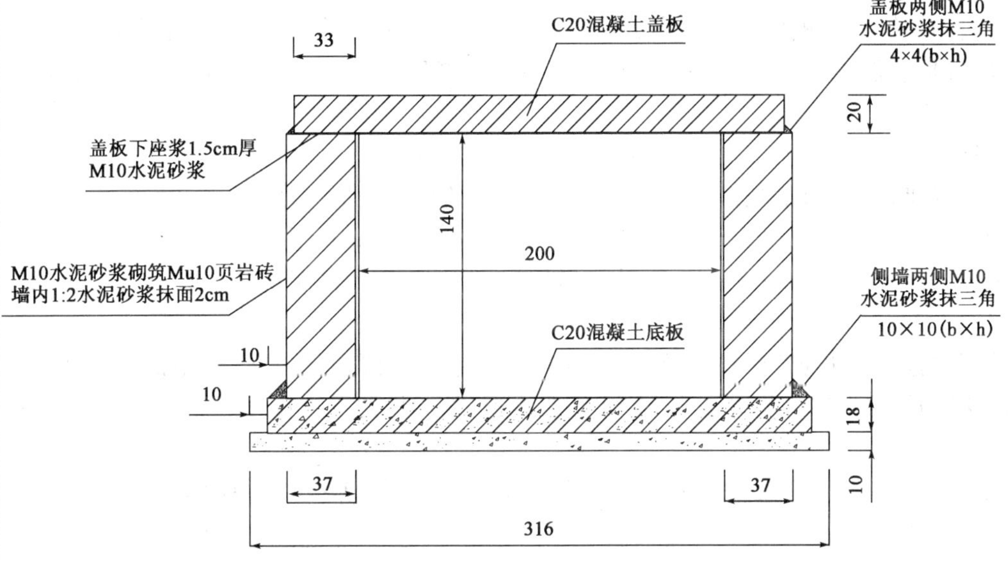

图 1　结构断面尺寸(尺寸单位:cm)

一、作业条件

1. 砖进场检验合格，砖、水泥、砂复试合格，砂浆配比设计完成。

2. 底板混凝土施工完成，隐蔽验收合格。

3. 基础混凝土抗压强度标准值达到 1.2N/mm^2。

二、施工方法、工艺

确定组砌方法→调整砖含水率→排砖撂底→墙体砌筑→变形缝施工→抹面→盖板安装

1. 确定组砌方法

砖砌体应上下错缝，内外搭接，采用一顺一丁砌筑法，每仓砌体同时砌筑，如同时砌筑困难，停歇时留斜槎。

2. 砌筑用砖提前一天浇水湿润

3. 排砖摞底

根据弹好的位置线，核对砖沟尺寸，按确定组砌方法用干砖试摆，摞底摆缝，核对弹好的位置线是否符合模数要求，减少砍砖，保证砌体灰缝均匀，组砌合理。

4. 墙体砌筑

采用"三一"砌砖法，满铺满挤的操作法。双面挂线，中间设支线点，小线要拉紧，立好皮数杆，皮数杆间距不超过15m，皮数杆保证垂直、牢固、高程一致。每直砖要摆平要跟线，使水平缝均匀一致平直顺通。水平缝和竖向缝宽度均为10mm，控制在不小于8mm不大于12mm间。砌筑过程中做到"三皮一吊，五皮一靠"；砌完一步架高时，每隔2m水平间距，在丁砖立楞位置弹两道垂直立线，以分段控制游丁走缝的发生，尽可能把砌筑偏差消灭在操作过程中，保证墙面垂直。最上一皮砖整砖丁砌。砌体的转角和交接处同时砌筑，对不能同时砌筑必须留置的临时间断处砌成斜槎，斜槎的水平投影长度不小于高度的2/3。

5. 变形缝施工

砖墙伸缩缝与底板伸缩缝垂直贯通，砌筑整齐，缝内挤出的砂浆应随砌随刮干净；变形缝在砌筑过程中，保证上下垂直贯通，填料前在缝壁上刷一道冷底子油，止水带牢固安装。

6. 抹面

基层清理湿润→抹底层砂浆→抹面层砂浆→墙角加细修整→养护。

砌筑墙面残余砂浆清除干净，水泥砂浆（底层稠度为120mm，其他层为70~80mm）抹面分两道抹成，底层砂浆厚度5~7mm，抹成后用杠尺刮平，用木抹子搓毛，初凝后抹第二层，砂浆厚度为3~5mm，用杠尺横、竖刮平，木抹子搓平，压实赶光。

抹面的施工接茬应留阶梯形茬，上下层接茬应错开，留茬的位置应离开交角处150mm以上。接茬时，应先将留茬均匀地涂刷水泥浆一道，然后按照层次操作顺序层层搭接，接茬应严密。

抹面砂浆终凝后，应保持表面湿润，宜每隔4h洒水1次，养护时间为7d。

7. 盖板安装

铺筑砂浆→构件吊装就位→勾缝→防水

（1）侧墙顶应清扫干净并洒水湿润。

（2）1∶2.5水泥砂浆铺底，随吊随铺，铺底厚度20~25mm，用木抹子整平。

（3）以四点法或二点法起吊，就位位置准确，保证缝宽均匀，按安装顺序吊装，相邻板错台不大于10mm，盖板端部压墙长度允许偏差±10mm。

（4）勾缝：板缝及板端的三角灰应采用水泥砂浆填抹密实；盖板就位后吊环应卧平。

三、主控项目质量要求

（1）砂浆品种及强度等级符合设计要求。

（2）砌筑方法正确，砂浆饱满，灰缝整齐均匀，缝宽符合设计要求；抹面压光，不得有空鼓、裂缝等现象。

（3）墙体的伸缩缝与底板伸缩缝对正，缝宽符合设计要求，墙体不得有通缝；止水安装位置正确、牢固、闭合，浇注混凝土过程中止水带不变位、不垂、不浮，止水带附近的混凝土插捣密实。

(4)沟底清理干净、平整、密实。

(5)预制盖板安装压墙长度符合设计要求、位置正确、平稳、塞缝严实,铺垫砂浆及抹三角灰均密实、饱满。

(6)盖板安装位置准确、平稳、塞缝严密,铺垫砂浆及抹三角灰密实、饱满。

(7)砖墙的位置及垂直度允许偏差见表1,抹面的质量允许偏差见表2。

砖墙的位置及垂直度允许偏差见表 表1

序号	项目	允许偏差(mm)	检验频率		检验方法
			范围	点数	
1	渠内底高程	±10	20m	1	用水准仪测量
2	墙厚、拱圈及盖板断面尺寸	不小于设计规定	20m	2	用尺量,宽、厚各计一点
3	墙高	±10	20m	2	用尺量每侧各一点
4	渠底中心线每侧宽度	±10	20m	2	用尺量每侧各一点
5	墙面垂直度	≤15	20m	2	用垂线检测,每侧计1点
6	墙面平整度	≤5	20m	2	用2m靠尺和楔型塞尺检查取较大值,每侧计1点

抹面的质量允许偏差 表2

序号	项目	允许偏差(mm)	检验方法
1	立面垂直度	10	经纬仪、拉线和尺量
2	表面平整度	5	用2m托线板检查

四、安全、文明施工措施

1. 进入施工现场必须戴安全帽。
2. 沟槽内砌筑时,检查边坡稳定,确定其安全方可作业。
3. 砖码放高度不得超过1.5m,沟槽边1m内不得堆放施工材料。
4. 止水带、变形缝处用塑料薄膜或木板遮盖,保持其不受损坏。
5. 砂浆、砖的采用溜槽送入沟底。
6. 落地砂浆及废砖及时清理,活完场清。

审核人	交底人	接受交底人

76 排水检查井砌筑

<table>
<tr><td colspan="2" rowspan="2">技术交底记录</td><td rowspan="2">编　　号</td><td></td></tr>
<tr><td>76</td></tr>
<tr><td>工程名称</td><td colspan="3">××排水管线工程</td></tr>
<tr><td>分部工程名称</td><td>附属构筑物工程</td><td>分项工程名称</td><td>排水检查井砌筑</td></tr>
<tr><td>施工单位</td><td></td><td>交底日期</td><td></td></tr>
</table>

交底内容：

圆形雨水检查井室，采用砌块强度为MU10页岩砖砌筑，1:2水泥砂浆抹面。

一、作业条件

1. 检查井基础强度达到1.2MPa，表面清理干净，主管线施工完毕。

2. 砖、水泥、砂、盖板、井圈、井盖、踏步进场验收合格，有复试要求的复试合格。

3. 砂浆配比已完成。

二、施工方法、工艺

井室砌筑→井内流槽脚窝→踏步安装→盖板安装→井筒砌筑→抹面勾缝→井圈及井盖安装

1. 井室砌筑

砌前清理砌筑部位，洒水润湿，先铺一层砂浆，再压砖砌筑，做到满铺满挤。“三一”砌砖法砌筑，灰缝砂浆饱满度不低于90%，砌筑时上下错缝，相互搭接，水平和垂直缝宽控制在8~12mm。墙体尺寸控制及排砖方法如下：以圆心控制中心挂线、立皮数杆，随砌随查检查井尺寸，采用丁砖砌法两面排砖，外侧大灰缝用“二分枣”砌，砌完一层再灌一次砂浆，然后铺浆砌筑上一层砖，上下两层砖间竖向缝错开。

拱圈与支管：检查井接入圆管，管顶砌砖券加固，拱圈高125mm。支管随砌随安，管口外缘与井室内壁平齐，用强度等级为5MPa的砂浆封口抹平。

2. 流槽与脚窝

流槽与井室同步砌筑。流槽高度为干管管顶高，表面用20mm厚1:2.5水泥砂浆抹面，压实抹光，与上、下游管线顺接一致。

3. 踏步安装

踏步随井室砌筑安装，位置竖向间距375mm，踏步外露长度为100mm，踏步水平间距150mm，从井口向下第一个踏步距口控制在22~36mm，在砌砖时用砂浆埋牢。井室内在主干管上、下游方向，砖圈以上加装踏步。安装前三天刷防锈漆两道。

4. 盖板安装

用1:3水泥砂浆座底，吊车吊装就位，安装要位置准确，底部平稳。

5. 圆形盖板式井筒砌筑

砌筑排砖要求同圆形检查井砌筑。

6. 抹面勾缝

井室抹面采用三遍抹面法，底层以1∶2.5水泥砂浆打底10mm，然后抹5mm厚找平，面层抹5mm厚铺顺压光。三层砂浆的时间间隔都在前一层定浆后随即抹下一层，间隔时间久时刷素水泥浆保证接茬质量。井内墙面由下游管底至井室顶面以下全部使用1∶2.5水泥砂浆抹面，抹面厚20mm，外墙用1∶3水泥砂浆抹面，抹面厚20mm，至地下水位上500mm。

7. 井圈及井盖安装

预制混凝土井圈下铺1∶3水泥砂浆座底，安好井圈盖好井盖。

三、质量要求

1. 主控项目

(1)原材料、预制构件的质量符合标准和设计要求。

(2)砌筑水泥砂浆强度、结构混凝土强度符合设计要求。工作班内同一强度等级的砂浆制取1组强度试件。

(3)井壁砌筑灰浆饱满，灰缝平直，不得有通缝、瞎缝，装配式结构坐浆、灌浆饱满密实，无裂缝；混凝土结构无严重质量缺陷；井室无渗水、水珠现象。

2. 一般项目

(1)井壁抹面密实平整，不得有空鼓、裂缝现象；混凝土无一般明显的质量缺陷；井室无明显湿渍现象。

(2)井内部构造符合设计和水力工艺要求，且部位位置及尺寸正确，无建筑垃圾等杂物；检查井流槽平顺、光洁、圆滑。

(3)踏步安装牢固、位置正确。

(4)井盖规格符合设计要求，安装牢固，位置准确。

(5)检查井质量要求允许偏差见表1。

检查井质量要求允许偏差 表1

序号	项目	允许偏差(mm)	检验频率		检验方法
			范围	点数	
1	平面轴线位置	15	每座	2	用钢尺量测、经纬仪测量
2	结构断面尺寸	+10,0		2	用钢尺量测
3	井室尺寸	±20		2	用钢尺量
4	井口高程	与路面规定一致		1	用水准仪量
5	井底高程	±10		1	用水准仪量
6	踏步安装	±10		1	用尺量偏差较大者
7	脚窝宽、高、深	±10		1	用尺量偏差较大者
8	流槽宽度	+10,0		1	用尺量

四、安全文明施工措施

1. 作业人员作业前必须听取安全技术交底并掌握交底内容。

2. 进入施工现场必须佩戴安全帽。

3. 井室施工作业现场设置护栏和安全标志。

4. 井室完成后及时加装井盖,施工中断未安井盖的井室,必须临时加盖或设围挡、护栏,并设有安全标志。

5. 井室砌筑施工中要对预制盖板、砖等成品进行保护,严防磕碰。

审 核 人	交 底 人	接 受 交 底 人

77　给水管道安装

<table>
<tr><td colspan="2" rowspan="2">技术交底记录</td><td rowspan="2">编　　号</td><td></td></tr>
<tr><td>77</td></tr>
<tr><td>工程名称</td><td colspan="3">××DN600 给水管线工程</td></tr>
<tr><td>分部工程名称</td><td>管道主体结构工程</td><td>分项工程名称</td><td>给水管道安装</td></tr>
<tr><td>施工单位</td><td></td><td>交底日期</td><td></td></tr>
</table>

交底内容：

DN600 给水工程，管材采用 K9 级球墨铸铁管，T 形胶圈接口。

一、作业条件

1. 管线砂垫层经过隐蔽工程验收合格。
2. 钢管进场检验、复试合格。

二、施工方法、工艺

工作坑→下管→上胶圈→对口→撞口→锁管

1. 工作坑

在管道安装前，人工在接口处挖设工作坑，承口前≥60cm，承口后超过斜面长，左右大于管径便于操作即可，深度≥20cm。工作坑尺寸示意图如图 1 所示。

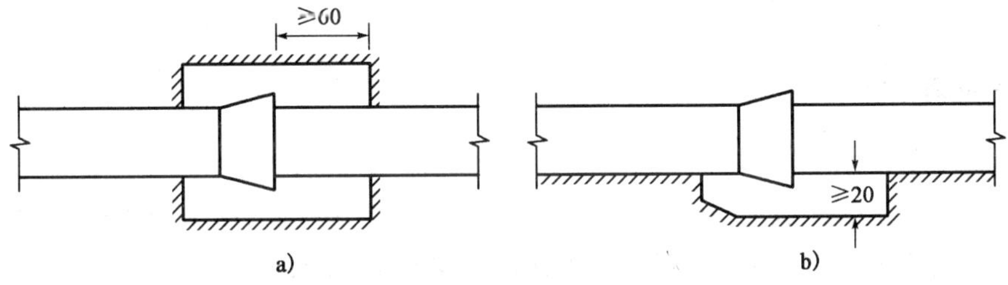

图 1　工作坑尺寸示意图(尺寸单位：cm)

2. 下管

(1)设备采用 16t 吊车、两根专用吊带为吊具，两点法吊装，人工配合，专人指挥。

(2)下管时必须轻吊轻放，避免损坏管材，同时保护砂基表面不受破坏。吊点外绳间夹角小于 60°。

3. 上胶圈

将胶圈上的粘结物清擦干净，把胶圈弯成心形或花形装入承口槽内，并用手沿整个胶圈按压一遍，均匀一致地卡在槽内，不翘不扭。

4. 对口

(1)从下游开始安管，承口逆水流方向，由下游向上游依次安装。

(2)根据设计井段及管节长度排列，承口不得进入井室。

(3)首节管道就位后，复测高程及轴线，确保管道纵断面高程及平面位置准确后，在管两侧回填砂固定。

(4)用三角架、吊链把管子吊起来呈水平状态，吊离地面6cm左右，利用边线调整管身位置，使管子中线符合设计要求。把插口对准承口。

5. 撞口

使用吊链拉入法撞口，在已安装稳固的管子上拴住钢丝绳，在待拉管子承口处架上后背横梁(后背横梁由方木、橡胶垫组成)。把后背横梁两端套好钢丝绳和吊链连好绷紧对正，如图2所示，这时两侧同步拉动两个吊链，使胶圈在插口与承口工作面之间均匀移动。

注意撞口过程中随时观察吊在三角架上管子的状态，让管子受力均匀，保持水平，随时调整吊链，必要时调整三角架。

在撞口过程中，如果出现胶圈移动不均匀，用木棒及时调整，掌握捣击力度，并认真检查胶圈与承口接触是否均匀紧密。撞口完成后放松倒链后接口处的回弹量为0.5～1cm即符合要求。

6. 锁管

撞口结束后，为防止前几节管子管口回弹或移动，向管体两侧回填土，同时用钢丝绳和吊链锁在后面的管子上，如图3所示。

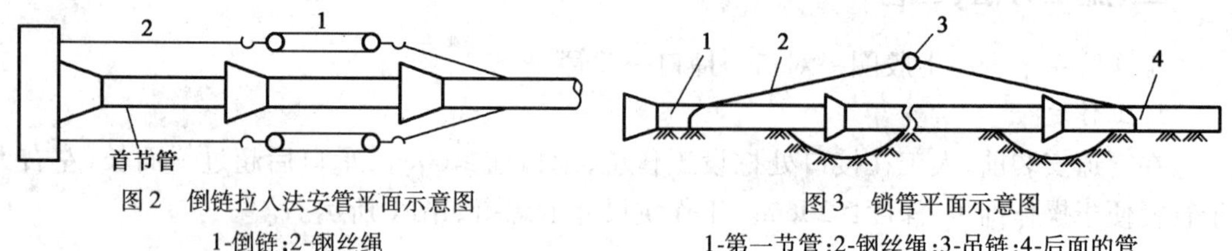

图2 倒链拉入法安管平面示意图
1-倒链；2-钢丝绳

图3 锁管平面示意图
1-第一节管；2-钢丝绳；3-吊链；4-后面的管

三、质量要求

1. 主控项目(表1)

(1)使用管节及管件应无裂纹和妨碍使用的凹凸不平等缺陷；管节及管件下沟槽前，柔性接口及管件承口的内工作面、插口的外工作面修整光滑，不得有凹槽、凸脊等缺陷。

(2)橡胶圈安装位置准确，无扭曲、外露。

(3)管节连接后轴线同心，承口、插口部位无破损、变形、开裂，插口推入深度符合要求。

2. 一般项目

(1)连接后管节间平顺，接口无突起、突弯、轴向位移现象。

(2)接口环向间隙均匀，承插口间的纵向间隙不小于3mm。

压力管道铺设允许偏差表(mm) 表1

序号	项　目	允许偏差(mm)	检验频率		检验方法
			范围	点数	
1	管底高程	±30	每节管	1点	水准仪具量测
2	水平轴线	30			经纬仪或挂中线钢尺测量

四、安全文明施工措施

1. 施工现场在管材运输、码放、下管过程做好管材保护。
2. 吊车作业专人指挥，作业半径内严禁站人。
3. 机械设备由执证人员操作。
4. 作业工人上下沟槽走安全梯。
5. 夜间施工应有足够的照明。

审 核 人	交 底 人	接 受 交 底 人

78　给水管道水压试验

<table>
<tr><td colspan="2" rowspan="2">技术交底记录</td><td rowspan="2">编　号</td><td></td></tr>
<tr><td>78</td></tr>
<tr><td>工程名称</td><td colspan="3">××DN600 给水管线工程</td></tr>
<tr><td>分部工程名称</td><td>水压试验</td><td>分项工程名称</td><td>给水管道水压试验</td></tr>
<tr><td>施工单位</td><td></td><td>交底日期</td><td></td></tr>
</table>

交底内容：

DN600 上水工程，管材采用 K9 级球墨铸铁管，T 形胶圈接口，试压管线长 500m，工作压力为 1MPa。

一、作业条件

1. 管身两侧及其上部回填土不小于 50cm，接口部分不回填以供检查。
2. 各转弯、三通等管件处、管端后背及支墩已加固。
3. 水压试验采用的水泵、压力表准备就绪。
4. 水源引接完成，试压用水量已计算。
5. 排水疏导措施已准备就绪，在试压管线最低点设泵。

二、注水法水压试验方法、步骤

串水→浸泡→水压力试验

1. 串水

在试压管段上游管顶及管段中的凸起点设排气阀，且将排气阀排气孔全部打开，在管段最低点设置注水孔，管道串水从下游缓慢灌入。

2. 浸泡

管道注满水后，浸泡 48h，浸泡时的水压不大于管道工作压力。对所有支墩、接口、后背、试压设备和管路进行检查。

3. 水压力试验

加压过程中，观察排气阀排气情况，当排气阀开始排水时及时关闭。水压升至 1.5MPa 后开始计时，每当压力下降时，及时向管道内补水，但管道最大降压不大于 0.03MPa，保持管道 1.5MPa 压力恒定，恒压延续时间不少于 2h，并计量恒压时间内补入试验管内的水量。

$$q = W \times 1000/TL$$

式中：q——实测渗水量（L/min · km）；

L——管段长度（m）；

W——恒压时间内补入管道的水量（L）；

T——从开始计时至保持恒压结束的时间。

采用实测渗水量来判定试验是否合格，DN600 球墨铸铁管不大于 2.4 L/min · km，符合要求水压试验合格。

三、质量要求

试验管道水压试验的允许压力下降值为0.03MPa,允许渗水量不大于2.4 L/min·km。

四、安全文明施工措施

1. 串水口、泄水口、转弯、三通等管件、管端后背、支墩和打压位置设人观察、看护。

2. 压力机设专人操作,附近要有护栏,晚上要安上警戒灯,禁止与施工无关人员出入试压现场。

3. 所有堵板要焊接牢固,在打压过程中压力表、阀门附近不允许有人逗留,堵板的后方严禁站人。

4. 发现有渗漏的地方,要先降压,然后再修理。

5. 试压泄水及时排入指定市政排水管道。

审 核 人	交 底 人	接 受 交 底 人

79 燃气管道安装

技术交底记录		编　　号	79
工程名称	××次高压燃气管线工程		
分部工程名称	—	分项工程名称	燃气管道安装
施工单位		交底日期	

交底内容：

次高压(1.0MPa)燃气管线，焊接钢管型号为DN500，壁厚6mm。

一、作业条件

1. 管线沟槽经过隐蔽工程验收合格。

2. 钢材进场检验、复试合格。

二、施工方法、工艺

排管→下管→对口→焊接

1. 排管

(1)布管在管沟堆土的另一侧进行，管沟边缘与钢管外壁间的安全距离不小于1.5m，注意首尾衔接，相临两管口呈锯齿形错开。

(2)堆放时，管材下应铺垫方木支垫，避免管道防腐层被损坏。

2. 下管

(1)采用16t吊车下管，用软质吊带为吊具。

(2)下管时钢管找好重心，起吊匀速平稳、下落低速轻放。

3. 对口

(1)管道采用的对接的坡口形式为V形。检查坡口质量，坡口及两侧10mm范围内的油、漆、锈、毛刺等清理干净表面的氧化皮。坡口与管子中心线垂直。

(2)现场切割的钢管采用氧气乙炔切割机与手提电动坡口机相结合打坡口，切割表面的氧化皮、熔渣清除干净。

(3)采用倒链找正、对口器进行固定对口。保证纵向焊缝错开间距不小于10cm，且放置在管中水平线以上45°左右位置。对口内壁应平齐，错边量不大于1mm，对口间隙控制在2~4mm范围内。对口后立即点焊，钢管纵向焊缝处不得点焊，环向点焊5点，点焊长度5~6cm，点焊焊条与管口焊接焊条材质相同，厚度与坡口第一层焊接厚度相近且必须焊透。

4. 焊接

焊接采用氩弧焊打底，手工电弧填充、盖面，单面焊接双面成型分层施焊的方法。电弧焊采用E4303型号焊条，焊芯直径2.5mm；亚弧焊采用H08Mn焊丝，焊丝直径填充为2mm、盖面为2 mm。焊接时各层引弧点和熄弧点错开2cm以上，不得在焊道以外的管道上引弧。焊道层间仔细清除熔渣和飞溅物，外观检查合格后方可焊下一层焊道。管道环焊缝间距不应小于50cm。

(1)管道焊接前将管端20mm内的污油、铁锈、熔渣等清除干净,清理合格后及时施焊。

(2)施焊时管子保持平稳,不得受到振动和冲击。

(3)施焊时更换焊条要迅速,在熔池未冷却前换完焊条。

(4)每相邻两层焊道更换焊条接头不得重叠,错开距离20~30mm。

(5)每个焊口必须连续一次焊完,焊完后在气流方向上方距焊口100mm处标出施焊焊工的代号,并做好记录,不采用钢印做标记。每道焊口焊完后,将表面飞溅物、熔渣等清除干净。

三、质量要求

1. 管道下沟前必须对防腐层进行100%电火花检漏、外观检查。

2. 切割表面应平整,不得有裂纹,坡口与管子中心线垂直。毛刺、凹凸、缩口、熔渣、氧化铁、铁屑等均清除干净。

3. 焊条应有出厂合格说明书,并在使用前按说明书的要求进行保存,在使用过程中保持干燥,电焊条的药皮应无脱落和显著裂纹。

4. 管道无损探伤数量不少于焊缝总数的15%,且每个焊工不少于一个焊缝。

5. 不得有融化金属流到焊缝外未融化的母材上,焊缝和热影响区表面不得有裂纹、气孔、弧坑和灰渣等缺陷;表面光顺、均匀、焊道与母材平稳过渡。

6. 咬边深度小于或等于0.5mm,焊缝两侧咬边总长不得超过焊缝长度的10%,且连续长不大于100mm。

7. 质量检查标准见表1。

管线安装质量检查标准 表1

工序	项目	允许偏差	检验频率	验收方法
安装	高程	±20mm	每口1点	水准仪测量
	中心线位移	每10m不超过5mm,全长不超过50mm	每口1点	钢尺测量
	对口间隙3mm	±1mm	1点/10口	塞尺
	对口错口1mm	≤1mm	1点/10口	塞尺
	坡口角度70°	±5°	1点/10口	焊缝尺量取
焊接	焊缝高度(6mm)	1~2mm	2点/10口	焊缝尺量取
	焊缝宽度(8~12mm)	1~2mm	2点/10口	焊缝尺量取

四、安全文明施工措施

1. 施工现场在管材运输、码放、下管过程中做好管材保护。

2. 吊车作业专人指挥,作业半径内严禁站人。

3. 焊接操作人员必须具有锅炉压力容器压力管道特种设备操作人员资格证书,且在证书有效期内。

4. 焊接作业时戴好防护用品。
5. 焊接设备维修时必须切断电源,并有专人看守。
6. 临时用电采用三相五线制,电闸箱设置漏电保护器,电线接头密封防潮,绝缘良好。
7. 作业工人上下沟槽走安全梯。
8. 氧气瓶、乙炔瓶分类存放,存放距离及距作业面均不小于10m。

审核人	交底人	接受交底人

80 竖井土方开挖

<table>
<tr><td colspan="2">技术交底记录</td><td>编　　号</td><td>80</td></tr>
<tr><td>工程名称</td><td colspan="3">× ×热力管线工程</td></tr>
<tr><td>分部工程名称</td><td>竖井</td><td>分项工程名称</td><td>竖井土方开挖</td></tr>
<tr><td>施工单位</td><td></td><td>交底日期</td><td></td></tr>
</table>

交底内容：

竖井尺寸长 9.2m，宽 5.8m，深 9.74m，图 1 为竖井断面图。采取逆作法施工工艺，先开挖圈梁土方，施工钢筋混凝土圈梁，再逐榀向下开挖竖井土方，施工水平钢格栅，双层钢筋网片、竖向联接筋，并喷射初期支护混凝土。

一、作业条件

1. 龙门架、电葫芦吊斗经负载验收合格。

2. 土方开挖范围内地下管线情况已探明，并完成管线的悬吊与保护工作。

3. 圈梁强度达设计要求。

4. 竖井周边挡水墙及安全围护已到位。

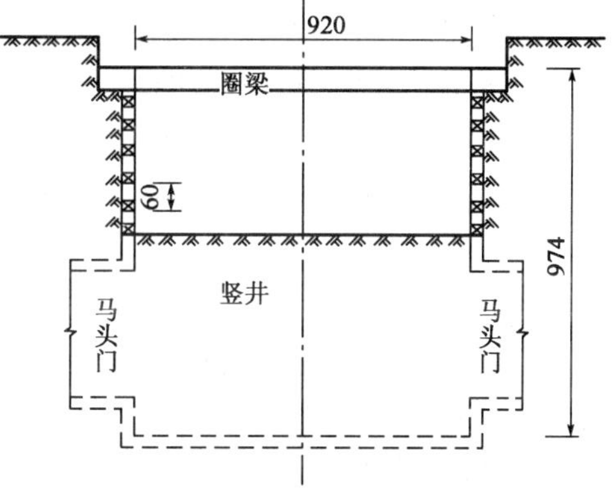

图 1　竖井断面图（尺寸单位：cm）

二、施工方法、工艺

1. 竖井出土采用龙门架井架，5t 电葫芦牵引吊斗出土。开挖时由人工进行核心土开挖，竖井四周留 1m 宽台阶。开挖初衬边墙土方时，采取对角开挖，严禁整个墙体同时悬空。见图 2 竖井土方开挖顺序图。

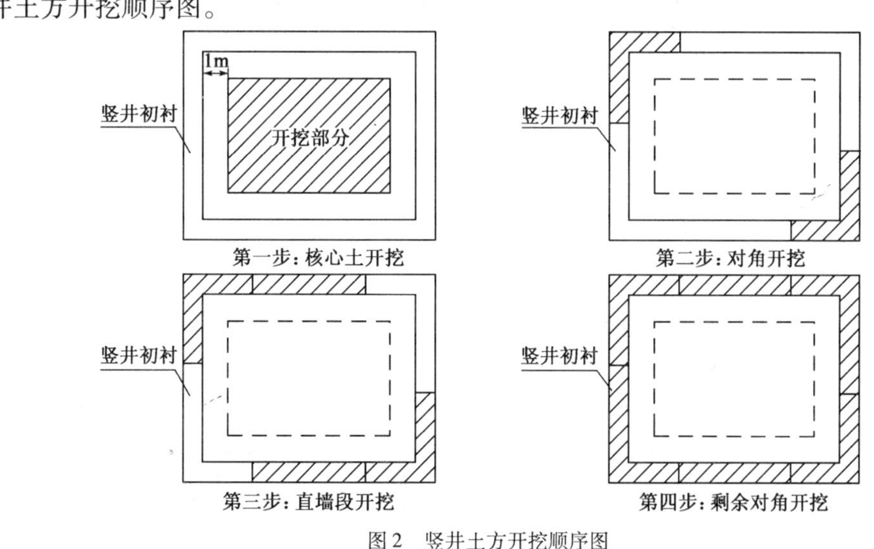

图 2　竖井土方开挖顺序图

2. 竖井土方开挖控制循环进尺，开挖步距60cm，对角开挖完成后及时进行格栅架设和锚喷支护，再进行另一对角开挖及支护施工。24h内进尺不得超过两榀格栅。

三、质量要求

1. 按设计尺寸，严格控制开挖断面，不得欠挖。

2. 土方开挖质量允许偏差见表1。

土层开挖质量允许偏差表 表1

序号	项　目	允许偏差(mm)	检验频率		检验方法
			范围	点数	
1	边墙尺寸	0，+50	每边	1	经纬仪、钢尺测量
2	井底高程	0，-50	每座	4	用水准仪测量

四、安全、文明施工措施

1. 施工人员进入施工现场必须戴安全帽。

2. 竖井土体开挖时严禁半圈、整圈开挖。

3. 开挖前先探明地下管线的位置，开挖时注意保护地下管线。现况管线做好悬吊保护后方可进行下步施工，施工过程中要经常检查管线是否变形，悬吊是否可靠。

4. 土方开挖时遇水或土体失稳情况应立即停止施工，封闭掌子面，采取加固措施后方可继续施工。

5. 提升电葫芦严禁超负荷运行，必须具有水平移动及提升移动限位器。吊斗翻板钩头应设防脱装置。电葫芦应每天进行日常检查和维修保养，发现安全隐患及时排除。钢丝绳和各种悬挂使用的钩、链、环、螺栓等连接装置，在使用中要每天检查，及时修理和更换。

6. 竖井使用电葫芦出土时必须设专人指挥，协调井上、井下作业人员的配合关系，作业前指挥人员必须检查井内、井上状况。吊斗下方严禁站人。

7. 竖井施工现场护栏(包含竖井周边及竖井爬梯护栏)高度为1.5m，竖井周边护栏立柱间距不得超过1m，爬梯护栏立柱间距0.7～0.8m；横担间距45cm，最低层横担距地面30cm；护栏采用金属护网封闭，并涂刷红白警示漆。

审　核　人	交　底　人	接　受　交　底　人

81　竖井圈梁施工

<table>
<tr><td colspan="2" rowspan="2">技术交底记录</td><td rowspan="2">编　　号</td><td></td></tr>
<tr><td>81</td></tr>
<tr><td>工程名称</td><td colspan="3">××热力管线工程</td></tr>
<tr><td>分部工程名称</td><td>竖井</td><td>分项工程名称</td><td>竖井圈梁施工</td></tr>
<tr><td>施工单位</td><td></td><td>交底日期</td><td></td></tr>
</table>

交底内容：

圈梁为 C25 钢筋混凝土结构，宽 1m ，高 0.6m。垫层为 C15 混凝土浇筑。圈梁主筋采用 12 ϕ 22，箍筋为ϕ 12@300 双肢箍。图 1 所示为圈梁结构图。

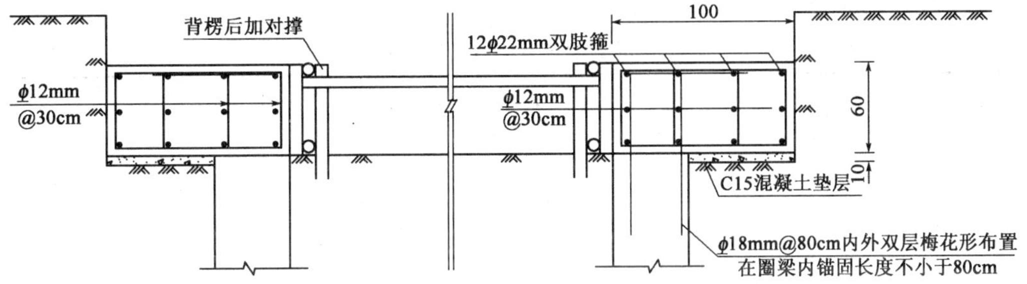

图 1　圈梁结构图(尺寸单位:cm;钢材:mm)

一、作业条件

1. 对开挖范围内进行物探，探明现有管线并完成对现有管线的保护工作。
2. 钢筋原材取样送检合格。

二、施工方法、工艺

开挖→垫层→钢筋→模板→混凝土

1. 开挖

人工进行圈梁土方开挖，沟槽底部须平整无杂物。

2. 垫层

垫层施工采用 10cm × 10cm 方木作为外模，C15 混凝土浇筑，厚度 10cm。

3. 钢筋

待垫层强度达到 1.2MPa 时，开始绑扎圈梁钢筋。圈梁主筋为 12 根ϕ 22mm，上下 3 排，每排 4 根，搭接长度 $40d = 88$cm，相邻钢筋搭接接头错开 100cm。箍筋为ϕ 12mm@ 300mm，双肢箍。箍筋末端做 135°弯钩，弯钩长度 60mm；竖井墙体插筋ϕ 18mm，插入土中 50cm，间距0.8m，即梅花型布置 0.4m，且四角必设 1 根，锚入锁口圈梁内 800mm。圈梁保护层预设垫块厚 4cm。

4. 模板

钢筋绑扎完成并验收合格后进行模板支设工作，模板采用定型钢模板，要求表面光滑，洁净，采用 ϕ48mm 钢管做支撑，上下设横撑两道，立撑间距 80cm，每隔 1m 加设钢管对撑。

5. 混凝土

圈梁采用 C25 混凝土浇筑，坍落度控制在 14～18cm，浇筑过程中用振捣棒振捣密实，振捣应做到快插慢拔，插点均匀，移动间距不大于 50cm。

6. 养护

浇筑完成后 12h 内开始进行洒水保湿养护，养护时间 7d。

三、质量要求

1. 钢筋安装

(1)钢筋安装时，受力钢筋的品种、级别、规格和数量符合设计要求。

(2)绑扎成型时，用钢丝扎紧，不得有松动、位移。

(3)绑扎成型的骨架稳定牢固，在安装及浇筑混凝土时不得松动或变形。

(4)钢筋安装位置的允许偏差见表 1。

钢筋安装位置的允许偏差表 表 1

序号	项　目	允许偏差(mm)		检验频率		检验方法
				范围	点数	
1	主筋及分布筋间距	梁	±10	每件	1	尺量检查，取最大偏差值，计 1 点
2	保护层厚度	梁	±5	每件	1	尺量检查，取最大偏差值，计 1 点
3	预埋件	中心线位置	5	每件	1	尺量检查
		水平高差	0；+3	每件	1	尺量检查

2. 混凝土

(1)结构混凝土强度等级必须符合设计要求。

(2)混凝土允许偏差见表 2。

混凝土允许偏差表 表 2

序号	项　目	允许偏差(mm)	检验频率		检验方法
1	中心线每侧宽度	±10mm	20m	2	挂中心线用尺量，每侧计 1 点
	高程	±10mm	20m	2	挂高程线用尺量或用水平仪测量

四、安全文明施工措施

1. 参施人员进入施工现场必须戴安全帽，电气操作人员作业时要戴绝缘手套，穿绝缘鞋，正确使用个人劳动保护用具，非施工人员严禁进入施工现场，现场禁止吸烟。

2. 在有地下设施地段挖土时，必须人工挖掘，并向施工人员指明地下设施的种类、位置、走向、高程等。

3. 施工区域进行全封闭围挡，围挡要求按照统一标准搭设。设置交通标示牌和夜间警示灯。

审　核　人	交　底　人	接　受　交　底　人

82　格 栅 加 工

技术交底记录		编　　号	82
工程名称	××热力管线工程		
分部工程名称	隧道	分项工程名称	格栅加工
施工单位		交底日期	

交底内容：

DN800 隧道钢格栅采用ϕ 25mm 主筋、ϕ 12mm“8”字筋、∠100 × 80 × 10mm 不等边角钢焊接，拼装而成，所有焊缝选用 E50 焊条施焊，节段间拼装选用 M20 螺栓拴接。详见图 1 隧道格栅拼装示意图。

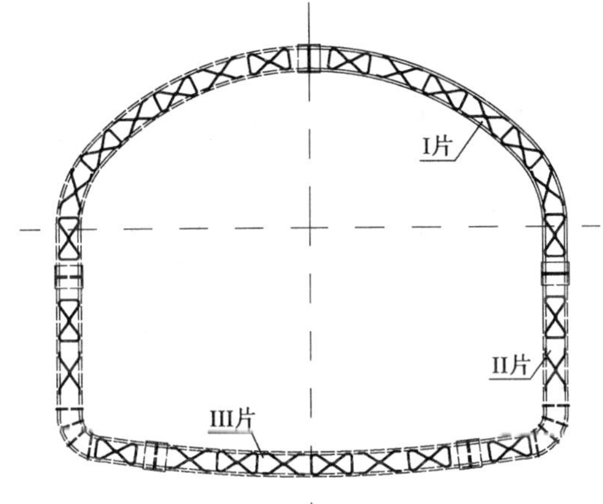

片名	编号	大样	规格	长度(mm)	根数	总长(m)	总重(kg)
I片	N1		ϕ25	3 131	4	12.60	48.51
	N2		ϕ25	3 478	4	13.91	53.55
	N7		L100×80×10	250	8	2.00	26.95
	N8		ϕ12	1 176	28	32.93	29.24

图 1　隧道格栅拼装示意图

一、作业条件

钢筋原材、钢筋现场焊件经取样送检合格。

二、施工方法、工艺

1. 钢格栅各节段焊接需在模具内进行，整体拼装后不应有扭曲变形。

2. “8”字筋及拐角处箍筋应冷压成形，圆角与拐角处不应有裂纹，焊口应放在两个“8”字焊接处，并做到横竖交错布置。

3. 钢筋间焊缝应饱满、平顺、表面无焊渣。

4. “8”字筋与主筋间、连接角钢与主筋之间采用双面焊接，有效焊缝长度 6cm。焊接过程中，应防止焊接电流过大伤及母材。

三、质量要求

1. 钢筋、焊条规格、级别、型号、数量符合设计及规范要求，钢筋表面干净，无锈蚀油污。

钢筋焊接部位焊缝饱满,无夹渣、焊瘤、咬肉等现象,其施焊符合设计及钢筋焊接标准规定。

2. 钢筋格栅加工质量允许偏差表见表1。

钢筋格栅加工质量允许偏差表　　表1

序号	项　目	允许偏差(mm)	检验频率		检验方法
			范围	点数	
1	拱架矢高及弧长	+20、0	每榀	1	钢尺测量
2	直墙段长度	±20	每榀	1	钢尺测量
3	拱、直墙段横断面尺寸(高、宽)	+10、0	每榀	2(高、宽各2点)	钢尺测量
4	钢筋格栅组装后高度	±20	每榀	1	钢尺测量
5	钢筋格栅组装后宽度	±20	每榀	2	钢尺测量
6	钢筋格栅组装后扭曲度	20	每榀	3	钢尺测量

四、安全文明施工措施

1. 施工人员进入施工现场必须戴安全帽。现场使用手持电动工具的操作人员必须戴绝缘手套,穿绝缘鞋。

2. 现场进行电弧焊,当风速超过五级风以上时,采取挡风措施。雨天、雪天施焊时采取有效遮蔽措施。

3. 焊接、切割作业面与氧气瓶、乙炔瓶及各种易燃可燃材料相距不小于10m,氧气瓶与乙炔瓶距离不小于5m,乙炔瓶禁止倒地平放。

4. 钢筋加工设备经常维护保养和定期检修,确保正常使用。

5. 搬运成品格栅严禁碰撞变形。

6. 机械设备操作人员必须持证上岗,操作人员不得擅自离开工作岗位或将机械交给非本机器操作人员操作。

审　核　人	交　底　人	接　受　交　底　人

83 格栅安装

<table>
<tr><td colspan="2" rowspan="2">技术交底记录</td><td rowspan="2">编　　号</td><td></td></tr>
<tr><td>83</td></tr>
<tr><td>工程名称</td><td colspan="3">××热力管线工程</td></tr>
<tr><td>分部工程名称</td><td>竖井</td><td>分项工程名称</td><td>格栅安装</td></tr>
<tr><td>施工单位</td><td></td><td>交底日期</td><td></td></tr>
</table>

交底内容：

钢格栅安装间距同土方开挖步距，每60cm一榀，格栅内外挂ϕ6（10cm×10cm）钢筋网片，连接筋为ϕ18。

一、作业条件

1. 格栅到场后经验收合格。
2. 土方开挖验收合格。

二、施工方法、工艺

安装外侧钢筋网片→钢筋格栅架设→焊接纵向连接筋→安装内侧钢筋网片

1. 安装外侧钢筋网片：竖井土方每榀对角开挖完成后，安装外侧ϕ6mm（10cm×10cm）钢筋网片，网片之间搭接长度不小于10cm，绑扎搭接。

2. 钢筋格栅架设：架设钢格栅，格栅榀距60cm，首榀格栅顶面距圈梁底20cm。网片与格栅相接部位采用绑扎方式连接固定。

马头门上方1m范围内连续施做3榀格栅，底板格栅连续施做2榀。

3. 焊接纵向连接筋：竖井的竖向连接钢筋为ϕ18mm，环向间距80cm，内外层梅花布置。竖向连接筋锚入圈梁长度不小于80cm。竖井四个转角处必须设连接筋，洞口两侧竖向连接筋各增设4根。竖向连接筋焊接长度为$10d=18$cm，连接钢筋下端插入土体50cm。格栅各段连接板处增加四根ϕ25连接筋与格栅主筋及连接板焊接牢固，焊接长度不小于$10d$。

4. 安装内侧钢筋网片：网片之间搭接长度不小于10cm，绑扎搭接。网片与格栅相接部位采用绑扎方式连接固定。

5. 竖井底部铺设钢筋网，绑扎连接，底板钢筋两端设“L”形筋与格栅主筋焊牢。

三、质量要求

1. 钢筋安装时，受力钢筋的品种、级别、规格和数量必须符合设计要求。
2. 钢筋格栅安装基面坚实并清理干净，必要时进行预加固。
3. 钢筋格栅与壁面楔紧，每片钢筋格栅节点及相邻纵向必须分别连接牢固。
4. 钢筋格栅及钢筋网安装质量允许偏差表见表1。

钢筋格栅及钢筋网安装质量允许偏差表 表1

序号	项目	允许偏差(mm)	检验频率(自定)		检验方法
			范围	点数	
1	钢格栅垂直中线横向偏差	±30	每榀	2	钢尺测量
2	钢格栅垂直中线纵向偏差	±50	每榀	2	钢尺测量
3	钢格栅高程	±30	每榀	2	钢尺测量
4	钢格栅垂直度	5‰	每榀	2	钢尺测量
5	钢筋网搭接长度	≮100	每榀	2	钢尺测量

四、安全文明施工措施

1. 施工现场人员必须戴安全帽,使用手持电动工具的操作人员必须戴绝缘手套,穿绝缘鞋。

2. 采用电葫芦在竖井吊运钢格栅时,吊钩与格栅间应用吊带捆绑牢固,起吊物下方严禁站人。

3. 严禁上下两榀格栅同时安装,上部初衬结构悬空时间不大于2h。

4. 焊工、电工等特殊专业工种必须持证上岗。

5. 焊接、切割部位必须与氧气瓶、乙炔瓶及各种易燃材料相距不小于10m,氧气瓶与乙炔瓶距离不小于5m,乙炔瓶禁止倒地平放。

6. 各种机械设备必须有防潮、防雨、防雷击措施,经常维护保养和定期检修。

7. 到场钢格栅要分类码放整齐,苫盖严密。

审核人	交底人	接受交底人

84　竖井喷射混凝土

技术交底记录		编　　号	84
工程名称	××热力管线工程		
分部工程名称	竖井	分项工程名称	竖井喷射混凝土
施工单位		交底日期	

交底内容：

竖井初衬采用C20喷射混凝土，厚度35cm，混合料采用现场搅拌。

一、作业条件

1. 水泥、速凝剂复试合格，砂子、石子送检合格，配合比已审批。

2. 钢格栅安装焊接完成，并经隐蔽工程验收合格。

二、施工方法、工艺

配料→拌和→混凝土喷射→养护

1. 配料

喷射混凝土用水泥采用P. O 32.5；中砂含水率控制在5%～7%；碎石粒径不大于15mm；拌和用水采用饮用水；速凝剂初凝时间不超过5min，终凝时间不超过10min，剂量误差控制在2%以内。原材料严格按施工配比要求进行称量，配合比为水泥：砂石（砂率55%）=1∶4.5，水灰比为0.45，速凝剂掺量为水泥重量的6%。

2. 拌和

混合料采用强制式搅拌机搅拌，搅拌时间不少于2min。混合料随拌随用，存放时间不得超过20min。

3. 混凝土喷射

(1)喷射混凝土前要清理干净井壁与钢筋上的浮土。调整好喷射机的风压、水压，对机具设备进行试运转。

(2)喷射混凝土分片依次自下而上进行，边墙一次喷射厚度7～10cm，拱部一次喷射厚度5～6cm。混凝土喷射口距喷射面1.0m，喷射压力控制在0.12～0.15MPa，喷头与受喷面保持垂直，并避开钢筋密集点，及时清除悬挂在钢筋上的结团，清理表面结构，使其平整良好，间隔10min后再喷射下一层。喷射混凝土要将钢筋全部覆盖，喷层无干斑和滑移流淌现象，尽量减少喷射混凝土材料的回弹损失。

4. 养护

喷射混凝土6h后开始喷水养护，养护时间不少于7d。

三、质量要求

(1)严禁使用回弹材料，回弹材料必须及时清理并存放在固定地点。

(2)混凝土工程质量允许偏差见表1。

混凝土工程质量允许偏差表 表1

序号	项目	允许偏差	检验频率		检验方法
			范围	点数	
1	混凝土抗压强度	不小于设计强度	20m	2组	抗压强度试块
2	墙体喷射厚度	不小于设计厚度	20m	4	钢尺检查
3	平整度	≤30mm	20m	2	钢尺检查
4	底板喷射厚度	不小于设计厚度	20m	2	钢尺检查

四、安全文明施工措施

1. 全体施工人员进入施工现场必须戴安全帽。喷射混凝土人员经培训后方可上岗，进行喷射混凝土作业时，必须配戴好防护用品。

2. 锚喷支护必须紧跟开挖工作面，即作到挖、支、喷三环节紧跟。施工操作人员的皮肤避免与速凝剂等有害化学物质直接接触。

3. 喷射时随时观察围岩变化情况。当转移喷射地点时必须关闭喷射机，喷头前不得站人。

4. 喷射作业时喷射手和机械操作手按规定信号、方法进行联系。

5. 喷射后注意观察，发现有变形或裂缝，作业人员撤离到安全地带。

6. 喷射作业前，检查管路接头、喷射机等设备和机具，确保各种机具处于良好状态时方可作业。

7. 施工现场所有机械设备必须经常检查维修，保证正常使用，安全装置有效可靠。空压机设置在竖井地面附近并采取防雨和消音措施。

审核人	交底人	接受交底人

85　浅埋暗挖隧道超前小导管施工

<table>
<tr><td colspan="2" rowspan="2">技术交底记录</td><td rowspan="2">编　　号</td><td></td></tr>
<tr><td>85</td></tr>
<tr><td>工程名称</td><td colspan="3">××热力管线工程</td></tr>
<tr><td>分部工程名称</td><td>隧道</td><td>分项工程名称</td><td>浅埋暗挖隧道
超前小导管施工</td></tr>
<tr><td>施工单位</td><td></td><td>交底日期</td><td></td></tr>
</table>

交底内容：

热力隧道，净空尺寸3.6m×2.5m，隧道拱顶位于富水砂性土土层内。隧道开挖前需拱顶打入超前小导管，进行预注浆加固。小导管布置如图1所示。

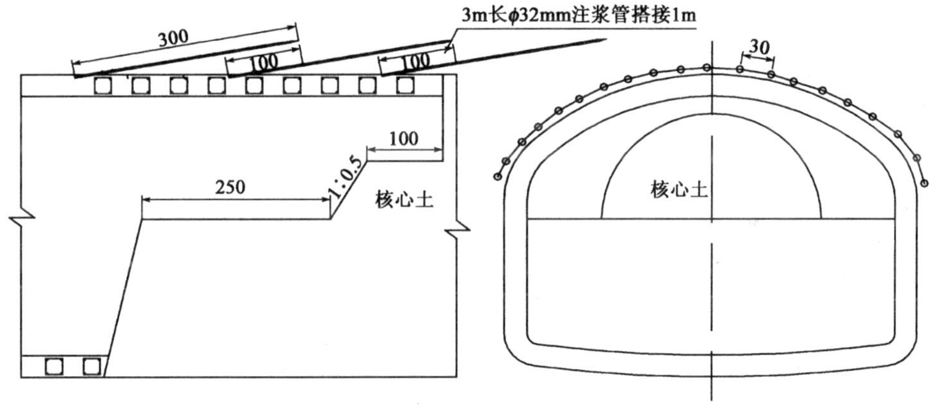

图1　小导管布置图（尺寸单位：cm）

一、作业条件

1. 地下管线分布情况已调查清楚，并标明位置。
2. 小导管打设位置钢格栅安装锚喷完成，开挖面止浆墙封闭完成。

二、施工方法、工艺

小导管加工制作→测量放线→小导管打设→浆液配置→注浆

1. 小导管加工制作

小导管采用φ32mm×3.25mm钢管，尾部焊接φ6mm钢筋加强，前端加工成尖锥形。在管周布孔，每个断面3个孔，眼孔直径8mm，每排孔间距15cm，梅花形布置。导管环向间距30cm，长度为3m，外插角8～10°，纵向水平投影搭接长度1m 。小导管加工设计如图2所示。

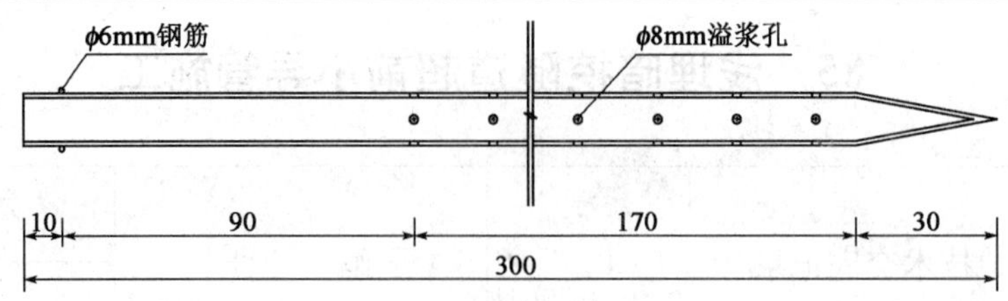

图2　小导管加工设计图(尺寸单位:cm)

2. 测量放线

小导管打设前应将工作面封闭严密、牢固,测放出钻设位置。

3. 小导管打设

采用引孔顶入法。用 YT-28 风钻引孔,孔径 50mm。成孔后插入小导管,如插入困难,可用冲击锤顶入。

4. 浆液配置

(1)浆液类型:采用超前预注水泥-水玻璃双液浆。

(2)原材料要求:

水泥:普通硅酸盐水泥,强度等级不低于 32.5MPa

水玻璃:模数 2.2 ~ 2.8,浓度不低于 40Be';

缓凝剂:磷酸氢二钠。

(3)配合比要求:

水泥浆:水灰比 1∶1,缓凝剂掺水泥用量的 1% ~ 3%;

水玻璃浆:35Be';

双液浆配合比:水泥浆∶水玻璃浆 = 1∶0.8。

5. 注浆

(1)注浆泵选用 KBY-50 双液注浆泵,注浆控制压力 0.3 ~ 0.5MPa。

(2)注浆过程中,压力逐渐上升,流量逐渐减少,当压力达到注浆终压,注浆量达到设计注浆量的 80% 以上,再稳定 3min,可结束本孔注浆。注浆压力未能达到设计终压,注浆量已达到设计注浆量,并无漏浆现象,亦可结束该孔注浆。

(3)在开挖过程中观察浆液扩散情况,地层是否达到了有效的固结,有无漏水和流砂现象,完善和修改下次循环注浆参数。

三、质量要求

1. 注浆浆液必须充满钢管及周围的空隙并密实,注浆体的固结直径不小于 40cm。
2. 做好施工记录。

四、安全文明施工措施

1. 现场施工人员必须戴安全帽,注浆人员需穿戴防护用品。
2. 遇到土体失稳情况应立即停止施工,井下人员立即撤离到安全位置。
3. 当发现注浆堵管或接头堵塞时,先消除压力,然后再进行拆卸及维修。

4. 按照先检测、后作业的原则，凡要进入有限空间作业场所，必须根据实际情况先测定其氧气、有害气体含量，符合安全要求后，方可进入。施工时采取强制性连续通风措施，保持空气流通。

5. 机械设备必须定期检查维修，保证正常使用，钻孔机具由专人操作。

6. 注浆作业结束后，及时清洗注浆设备，清理作业面。施工垃圾弃至指定地点。

审 核 人	交 底 人	接 受 交 底 人

86 浅埋暗挖隧道土方开挖

<table>
<tr><td rowspan="2" colspan="2">技术交底记录</td><td rowspan="2">编　号</td><td></td></tr>
<tr><td>86</td></tr>
<tr><td>工程名称</td><td colspan="3">××热力管线工程</td></tr>
<tr><td>分部工程名称</td><td>隧道</td><td>分项工程名称</td><td>浅埋暗挖隧道土方开挖</td></tr>
<tr><td>施工单位</td><td></td><td>交底日期</td><td></td></tr>
</table>

交底内容：

热力隧道断面尺寸3.6m×2.5m，土方开挖净空4.7m×3.9m，土方开挖步距0.5m，单向隧道开挖进尺90m。

一、作业条件

1. 超前土体加固已完成。

2. 隧道钢格栅加工、试拼完成，并进场验收合格。

二、施工方法、工艺

隧道采用台阶法施工，分步逐榀开挖，开挖进尺每循环控制在0.5m。开挖流程如下：

测量放线→上拱部土方开挖→架设上拱钢格栅并喷射混凝土→开挖核心土→开挖边墙及底拱土方

1. 测量放线：隧道进尺超过10m时，安装激光导向仪，拱顶及两面侧墙各安装一个，测量人员每隔两天进行一次校核。

2. 上拱部土方开挖：开挖时留好上拱核心土，核心土面积不得小于断面的1/2，核心土长度1～1.5m，以1:0.3～1:0.5设安全坡。上下拱台阶长度2.5～3m。下台阶如土体松散，台阶顶面应削刮成斜面或加设临时支撑。

3. 架设上拱钢格栅并喷射混凝土。

4. 开挖核心土：在拱部初期支护结构基本稳定且喷射混凝土达到设计强度70%以上时，开挖核心土。

5. 开挖边墙及底拱土方：隧道边墙采用交错开挖，不得使上部结构同时悬空。及时安装架设边墙、底拱钢格栅并喷射混凝土。

6. 施工注意事项

(1)施工中必须保证每循环封闭后再施作下一榀。

(2)隧道相对开挖时，两工作面相距15～20m时停挖一端，由一端继续开挖直至贯通，并做好测量工作，及时纠偏。

三、质量要求

1. 隧道开挖按台阶法施工，每循环进尺0.5m。开挖断面尺寸符合设计要求，无欠挖、超挖。

2. 实测项目(表1)。

土层开挖质量允许偏差表　　表1

序号	项　目	允许偏差(mm)	检验频率(自定)		检 验 方 法
			范围	点数	
1	隧道拱部高程	0, +100	每榀	1	经纬仪、钢尺测量
2	隧道边墙尺寸	0, +100	每榀	4	经纬仪、钢尺测量
3	隧道仰拱高程	0, -100	每榀	1	用水准仪测量

四、安全文明施工措施

1. 施工机具和通风、供电、供水等设备齐全、完好。垂直起重设备必须经常性检修维护，按钮开关、限位器、钢丝绳、绳卡、吊钩、吊桶等机件能够运转正常，操作灵活。

2. 隧道开挖严格遵循“管超前、严注浆、短开挖、强支护、快封闭、勤量测”的十八字方针，加强超前探测，做到以探定挖，严禁超挖。

3. 开挖时遵循“注浆一段，开挖一段，封闭一段”的施工原则。土方开挖时遇到土体失稳情况立即停止施工，井下人员立即升至地面。

4. 挖出的土方必须及时运走，井口周边1m范围内，禁止堆放材料，严禁过重车；土仓内存土高度不得超过土仓挡板。

5. 采取强制性连续通风措施，保持空气流通。当隧道施工长度大于10m以上时，安装强制通风设备。

6. 凡要进入有限空间作业场所，按照先检测、后作业的原则，先测定其氧气、有害气体浓度，符合安全要求后，方可进入。

7. 供电线路严格执行三相五线制，电闸箱要符合安全规范，设置漏电保护装置。每台用电设备有专用开关，实行“一机一闸”制。

8. 全体施工人员进入施工现场必须戴安全帽。

9. 袋装水泥、速凝剂等易飞扬的细颗粒散体材料，库内存放。运输土方、水泥时，采用封闭式货车，防止沿途遗洒、扬尘，卸运时，采取洒水降尘措施。

审　核　人	交　底　人	接　受　交　底　人

87 马头门施工

<table>
<tr><td colspan="2" rowspan="2">技术交底记录</td><td rowspan="2">编　　号</td><td></td></tr>
<tr><td>87</td></tr>
<tr><td>工程名称</td><td colspan="3">××热力管线工程</td></tr>
<tr><td>分部工程名称</td><td>竖井</td><td>分项工程名称</td><td>马头门施工</td></tr>
<tr><td>施工单位</td><td></td><td>交底日期</td><td></td></tr>
</table>

交底内容：

竖井完成封底后，开设隧道初衬马头门，马头门立面图和剖面图如图1所示。

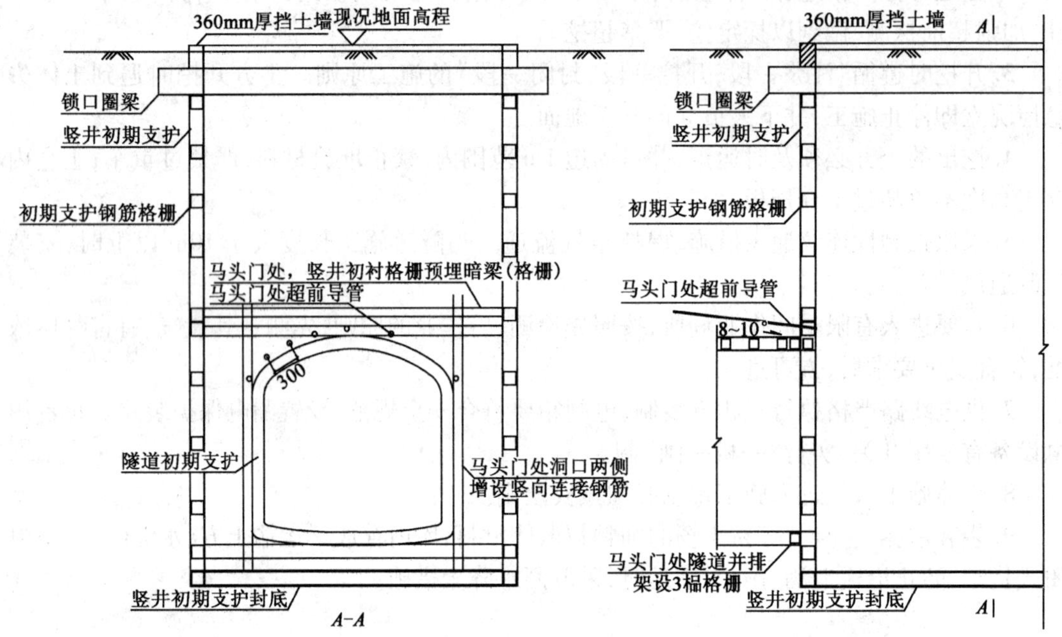

图1　马头门立面和剖面图

一、作业条件

竖井初衬完成封底，结构强度达设计要求。

二、施工方法、工艺

打设超前小导管、注浆加固→开挖马头门上台阶→开挖下台阶

1. 打设超前小导管、注浆加固

沿马头门外轮廓，间距30cm，以仰角8～10°打入超前导管，进行超前注浆加固。

2. 开挖马头门上台阶

先破除隧道洞口上拱部竖井井壁，安装首榀钢格栅，于格栅底部打入ϕ22，长1.5m锁脚锚杆，外露35cm。隧道与竖井格栅加设“L”形筋焊接牢固，搭接长度20cm，安装钢筋网片后喷射混凝土。开挖上台阶土方，留置核心土，核心土面积占开挖面积的50%。连续密排安装第2、第3榀钢格栅。自第4榀格栅起，格栅安装间距50cm。上台阶开挖进尺4m后，开始马头门下台阶施工。

3. 开挖马头门下台阶

破除隧道洞口下拱竖井井壁，安装钢格栅，隧道与竖井格栅加设“L”形筋焊接牢固，搭接长度20cm，安装钢筋网片后喷射混凝土。继续开挖下台阶土方。连续密排安装第2、第3榀钢格栅。自第4榀格栅起，格栅安装间距50cm。

三、质量要求

1. 马头门开挖前应核对隧道开挖尺寸、中线、高程，严格按照设计图纸进行施工。

2. 马头门处隧道格栅主筋与竖井水平格栅主筋通过“L”形钢筋进行焊接，焊接质量满足要求。

3. 格栅安装质量标准见表1。

格栅安装质量偏差表 表1

序号	项　目	允许偏差（mm）	检验频率（自定）		检验方法
			范围	点数	
1	钢格栅垂直中线横向偏差	±30	每榀	2	钢尺测量
2	钢格栅垂直中线纵向偏差	±50	每榀	2	钢尺测量
3	钢格栅高程	±30	每榀	2	钢尺测量
4	钢格栅垂直度	3‰	每榀	2	钢尺测量
5	钢筋网搭接长度	≮100	每榀	2	钢尺测量

4. 初衬混凝土施工质量见表2。

混凝土喷射质量偏差表 表2

序号	项　目	允许偏差	检验频率		检验方法
			范围	点数	
1	混凝土抗压强度	不小于设计强度	20m	2组	混凝土强度抗压度块
2	墙体喷射厚度	不小于设计厚度	20m	4	钢尺检查
3	平整度	≤30mm	20m	2	钢尺检查
4	底板喷射厚度	不小于设计厚度	20m	2	钢尺检查

四、安全文明施工措施

1. 现场施工人员必须戴安全帽，施工现场严禁吸烟。

2. 遇到马头门土体失稳情况应立即停止施工，井下人员立即升至地面。采取加固措施后方可继续施工，严禁超挖。

3. 竖井混凝土破碎时检查风管是否符合规格，无漏气现象。

4. 竖井内同时有2个以上马头门时，开挖顺序应先施作一个马头门，待隧道开挖2~3B（洞径）并通过监控测量数据确定稳定后，方可开挖下一个马头门。

5. 施工人员上下竖井，走安全爬梯。

审 核 人	交 底 人	接 受 交 底 人

88 浅埋暗挖隧道初期衬砌施工

技术交底记录		编　　号	88
工程名称	××热力管线工程		
分部工程名称	隧道	分项工程名称	浅埋暗挖隧道初期衬砌施工
施工单位		交底日期	

交底内容：

热力隧道初衬净空 4.1m×3.3m，钢格栅安装间距 0.5m，内外挂 ϕ6mm@100mm×100mm 钢筋网片，纵向连接筋为ϕ22mm，格栅节段间采用 M20 螺栓拴接连接。初衬结构喷射混凝土强度等级为 C20，采用现场拌制。

一、作业条件

1. 水泥、石子、砂子、速凝剂取样送检合格，试验配合比确定。

2. 土方开挖到位，基面坚实并清理干净。

二、施工方法、工艺

隧道格栅架立→锁脚锚杆加固→钢筋布设格栅连接固定→注浆短管布设→混凝土喷射→养护→检测

1. 隧道格栅架立

按照设计高程和中心线位置架立格栅，保证格栅的垂直度。

2. 锁脚锚杆加固

拱部钢格栅架立以后立即在两侧拱脚处打入锁脚锚杆加固（每侧采用 2 根ϕ22mm 钢筋，L=1.5m），拱脚连接板下用 50cm×30cm×5cm 木板垫实。

3. 钢筋布设

（1）纵向连接筋ϕ22mm，环向间距 1.0m，梅花形布置。内外设 ϕ6mm@10cm×10cm 钢筋网片（内外双层），与格栅和连接筋用绑扎丝绑牢。

（2）纵向连接筋搭接长度单面焊不小于 10d，焊缝高度长度符合规范要求并且饱满。双面焊不小于 5d。网片搭接长度不小于一个网格。

4. 格栅连接固定

格栅接头采用连接板上螺栓连接，螺栓为 M20；螺栓上好后再用螺纹 25（L=500mm）的钢筋与主筋帮条焊接，每边焊接长度不小于 10d。

5. 注浆短管布设

隧道拱部沿纵向每 3m 设一组 ϕ32mm 背部注浆短管，每组 3 根。每 3m 设一排 ϕ32mm 背后注浆管，长 50cm，注浆管沿隧道拱部及边墙梅花形布设。环向间距：起拱线以上为 2m，边墙为 3m；注浆管外露 10cm，注浆深度为一次支护背后 0.5m。

6. 混凝土喷射

(1)配合比:水泥与砂石重量比1:(4~4.5)。砂率取45%~55%。水灰比取0.4~0.45。速凝剂掺量通过试验确定。

(2)先开风、开水,清理干净钢筋、格栅上的浮土和松动岩屑,冲洗干净。

(3)用搅拌机按照配合比将骨料搅拌均匀,从上至下分层喷射,喷射时先喷拱脚再喷射拱顶,下台阶先喷射底部再喷射边墙,侧墙每层7cm,拱顶5cm。喷射口距喷射面0.8~1.2m,喷头与受喷面保持垂直,喷嘴避开钢筋密集点。每喷射完一层,及时清理表面结构,使其平整度良好,间隔10min后再喷射下一层。

7. 养护

喷射混凝土2h后洒水养护,使混凝土保持在润湿状态,养护时间不少于14d。

8. 检测

隧道每完成60m,进行雷达探测,发现空洞、虚土等,应及时进行回填注浆密实。

三、质量要求

1. 钢筋格栅及钢筋网安装

(1) 钢筋安装时,受力钢筋的品种、级别、规格和数量必须符合设计要求。

(2)钢筋格栅及钢筋网安装质量允许偏差见表1。

钢筋格栅及钢筋网安装质量允许偏差表 表1

序号	项　目	允许偏差(mm)	检验频率(自定)		检验方法
			范围	点数	
1	钢格栅垂直中线横向偏差	±30	每榀	2	钢尺测量
2	钢格栅垂直中线纵向偏差	±50	每榀	2	钢尺测量
3	钢格栅高程	±30	每榀	2	钢尺测量
4	钢格栅垂直度	5‰	每榀	2	钢尺测量
5	钢筋网搭接长度	≮100	每榀	2	钢尺测量

2. 喷射混凝土

(1)严禁使用回弹材料,回弹材料必须及时清理并存放在固定地点。

(2)混凝土工程质量允许偏差见表2。

混凝土工程质量允许偏差表 表2

序号	项　目	允许偏差	检验频率		检验方法
			范围	点数	
1	混凝土抗压强度	不小于设计强度	20m	2组	《混凝土强度检验评定标准》GBJ 107
2	墙体喷射厚度	不小于设计厚度	20m	4	钢尺检查
3	平整度	≤30mm	20m	2	钢尺检查
4	底板喷射厚度	不小于设计厚度	20m	2	钢尺检查

四、安全文明施工措施

1. 全体施工人员进入施工现场必须戴安全帽。喷射混凝土人员经培训后方可上岗,进行喷射混凝土作业时,必须配戴好防护用品。

2. 锚喷支护必须紧跟开挖工作面,即作到挖、支、喷三环节紧跟。施工操作人员的皮肤避免与速凝剂等有害化学物质直接接触。

3. 喷射时应随时观察围岩变化情况。当转移喷射地点时必须关闭喷射机,喷头前不得站人。

4. 喷射作业时喷射手和机械操作手按规定信号、方法进行联系。

5. 喷射后注意观察,发现有变形或裂缝,作业人员应立即撤离到安全地带。

6. 喷射作业前,检查管路接头、喷射机等设备和机具,确保各种机具处于良好状态时方可作业。

7. 施工现场所有机械设备必须经常检查维修,保证正常使用,安全装置有效可靠。空压机设置在竖井地面附近并采取防雨和消音措施。

审 核 人	交 底 人	接 受 交 底 人

89　浅埋暗挖隧道衬砌背后注浆

技术交底记录		编　　号	
			89
工程名称	××热力管线工程		
分部工程名称	隧道	分项工程名称	浅埋暗挖隧道衬砌背后注浆
施工单位		交底日期	

交底内容：

隧道初衬完成后应及时进行回填注水泥浆。背后注浆随开挖工作面进行，每8m注浆一次，保证土体密实，防止地面沉陷。

一、作业条件

1. 初衬混凝土已封闭完成8m。
2. 注浆管留设到位。

二、施工方法、工艺

水泥砂浆配置→背后注浆→补注浆→检测

1. 水泥砂浆配置：水灰比为0.8，水泥型号为P.O 32.5。

2. 背后注浆：从两边墙底部向拱顶交叉进行，注浆速度不大于50L/min，从少水或无水孔向有水孔进行。注浆时做好记录，每隔2min记录一次压力、流量值，同时要时刻观察压力和流量变化，压力上升，流量减少，当注浆压力达到0.5MPa，再稳定3min，可结束本孔注浆。

3. 补注浆：注浆完成后，必须进行注浆效果检查，不符合要求的必须进行补孔注浆。注浆结束后去掉注浆管头，用砂浆找平。

4. 检测：隧道每完成60m，进行雷达探测，发现空洞、虚土等，及时进行回填注浆密实。

三、质量要求

1. 注浆终压0.5MPa。
2. 一次支护表面无明显漏水点，隧道允许漏水量为0.12L/m.h。
3. 雷达监测隧道周边无空洞疏松现象，地表沉降未超出范围。

四、安全文明施工措施

1. 全体施工人员进入施工现场必须戴安全帽。

2. 当发现注浆堵管或接头堵塞时，在消除压力后进行拆卸及维修。

3. 注浆施工前，要调查清楚地下管线分布情况，标明位置，以防止注浆管破坏地下管线。注浆施工过程中，注意对周围行人、车辆的疏导，以免发生意外，伤害过往车辆、行人。

4. 隧道施工时采取强制性连续通风措施降低危险，保持空气流通。

5. 按照先检测、后作业的原则，凡要进入有限空间作业场所，必须根据实际情况先测定其氧气、有害气体含量。

6. 施工现场所有机械设备必须经常检查维修。穿孔机具由专人操作，采用高压风吹孔时，须佩戴防护面具或眼镜防护用品。

7. 在注浆作业开始前应认真检查、清洗机械管路及接头。

审 核 人	交 底 人	接 受 交 底 人

90 浅埋暗挖隧道防水卷材施工

<table>
<tr><td colspan="2" rowspan="2">技术交底记录</td><td rowspan="2">编　号</td><td></td></tr>
<tr><td>90</td></tr>
<tr><td>工程名称</td><td colspan="3">××热力管线工程</td></tr>
<tr><td>分部工程名称</td><td>隧道</td><td>分项工程名称</td><td>浅埋暗挖隧道
防水卷材施工</td></tr>
<tr><td>施工单位</td><td></td><td>交底日期</td><td></td></tr>
</table>

交底内容：

防水材料采用ECB/EVA卷材防水层，厚度1.5mm。防水安装节点大样如图1所示。

一、作业条件

1. 初衬混凝土已施工完毕，隐蔽验收合格。
2. 防水卷材进场检验、复试合格。

二、施工方法、工艺

铺挂缓冲垫层→铺设防水板→检验

1. 铺挂缓冲垫层

用Φ75mm热塑性塑料圆垫片和射钉将无纺布固定在初期支护上，钉距拱部50cm，边墙100cm，呈梅花形布置，位于变化断面和转角部位的钉距应适当加密。从拱顶向两侧依次铺贴平顺，长短边搭接长度≥50mm，做到平顺、无隆起。

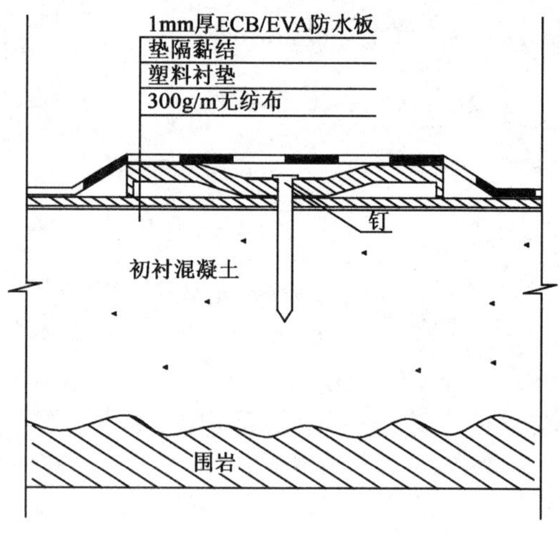

图1　防水安装节点大样图

2. 铺设防水板

将ECB/EVA板由拱顶开始向两侧环向铺设，边铺边用圆垫片热熔焊接。防水板铺设时不得拉得太紧，应留出适当搭接余量。防水板与圆垫片之间用热风塑料焊枪焊接。防水板之间用双焊缝自爬式热合焊机焊接，长边搭接宽度10cm，短边搭接宽度15cm，焊缝宽度≥10mm。

3. 检验

在双焊缝间用打气筒充气，当压力达到0.12～0.15MPa，保持时间≥5min不漏气，表明焊缝合格。

三、质量要求

1. 所用材料符合设计要求。
2. 防水材料的搭接缝采用热封焊接，焊接均匀连续，不得有假焊、漏焊、焊焦、焊穿等现象。

3. 防水层的基面应坚实、平整、圆顺、无漏水现象;阴阳角处做成圆弧形。

4. 铺设平顺并与基层固定牢固,无下垂、绷紧和破损现象。

5. 防水层质量允许偏差见表1。

防水层质量允许偏差表　　表1

序号	项目	允许偏差(mm)	检验频率		检验方法
			范围	点数	
1	焊缝	不漏气		5%	充气检查0.12~0.15MPa保持5min不漏气
2	搭接宽度	长边不小于100mm 短边不小于150mm	20m	1	尺量检查

四、安全文明施工措施

1. 施工人员进入施工现场必须戴安全帽。施工现场使用手持电动工具,操作人员必须戴绝缘手套,穿绝缘鞋或站在绝缘垫上。

2. 隧道内的施工用用电器具要与防水层保持一定的距离,以防电路或电器发热使ECB/EVA卷材高温受损。

3. 二衬钢筋的绑扎安装时,必须加强对防水卷材的保护,放置垫块的时候,应在撬棍与防水卷材之间垫放木板,钢筋焊接的时候,应在防水卷材与焊接钢筋间放置纤维板以防止电火花对防水卷材的破坏。

4. 安排专人负责防水的成品保护,一旦发现防水层遭到损坏,应及时汇报并做上明显记号,以便进行修补。现场施工人员不得出现隐瞒不报的现象。

5. 在防水层施工完毕后,禁止任何人在防水层表面上穿有钉子的鞋行走,严禁将钢管、钢筋、测量用三脚架等有可能破坏防水的物体直接接触防水层。

6. 防水施工现场严禁吸烟,作业面配备足够的灭火器等防火消防用品。

审核人	交底人	接受交底人

91　浅埋暗挖隧道二次衬砌钢筋安装

<table>
<tr><td colspan="2" rowspan="2">技术交底记录</td><td rowspan="2">编　　号</td><td></td></tr>
<tr><td>91</td></tr>
<tr><td>工程名称</td><td colspan="3">××热力管线工程</td></tr>
<tr><td>分部工程名称</td><td>隧道</td><td>分项工程名称</td><td>浅埋暗挖隧道
二次衬砌钢筋安装</td></tr>
<tr><td>施工单位</td><td></td><td>交底日期</td><td></td></tr>
</table>

交底内容：

热力隧道二次衬砌净空 3.6m×2.5m，二衬混凝土厚度 30cm，环向主筋φ18mm@150mm，纵向分布筋φ12mm@150mm，内外双层布置。二衬钢筋构造如图 1 所示。

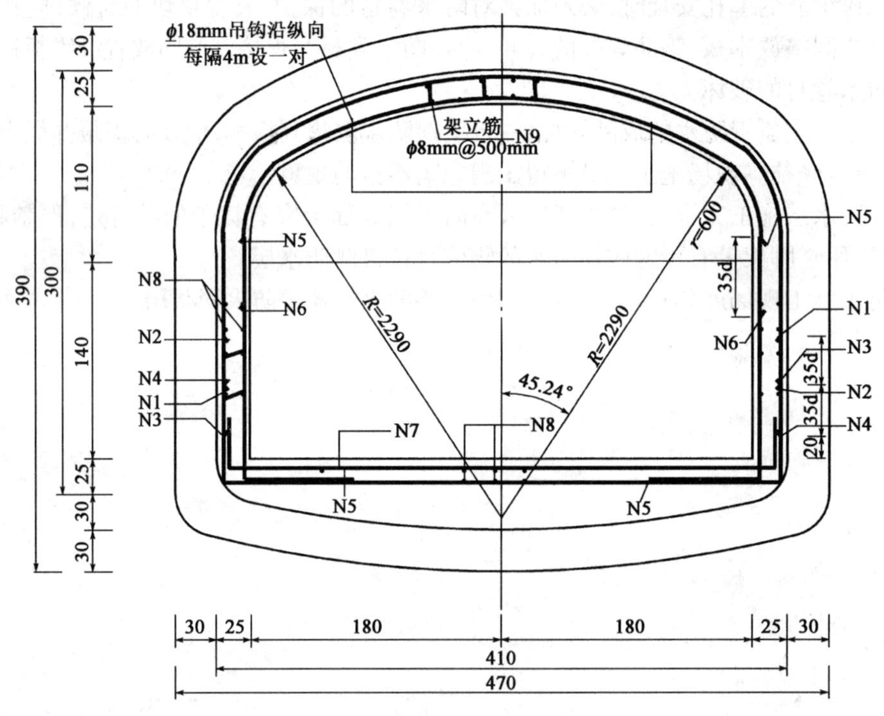

图 1　二衬钢筋构造图(尺寸单位:cm)

一、作业条件

1. 隧道防水工程隐蔽验收合格，防水保护层强度达 1.2MPa。
2. 钢筋在井上进行放样加工，分批运至井下。

二、施工方法、工艺

测量放线→隧道二次衬砌底板钢筋绑扎→侧墙及拱顶钢筋绑扎→保护层垫块设置→下层分布筋→通常马镫筋(间距1.2m)→上层分布筋和上层主筋

1. 测量放线

绑扎前,在底板防水保护层上弹好钢筋位置标志线。

2. 隧道二次衬砌底板钢筋绑扎

绑扎分两次进行,先进行底板钢筋的绑扎,绑扎顺序为下层主筋。

3. 侧墙及拱顶钢筋绑扎

底板混凝土浇筑完成后,再进行侧墙及拱顶钢筋的绑扎,绑扎顺序为:上层主筋→上层分布筋→放置钩筋→下层分布筋→下层主筋。主筋与分布筋交叉点全部采用铅丝绑扎,绑丝头弯向钢筋内。钢筋绑扎搭接长度不小于35d,同一截面接头率50%。

4. 保护层垫块设置

二衬钢筋内外加设混凝土垫块,垫块间距1m,梅花形布置,墙拱结合处加密至50cm,保证保护层达到设计要求,即内外均为3cm。

5. 施工注意事项

1)二次衬砌钢筋绑扎尽量避开固定、导向支架,如避让不开,钢筋断开后加设"L"筋与支架焊接牢固,焊接长度不小于10d。

2)变形缝处加设伸缩缝构造钢筋,保证止水带在混凝土浇筑过程中不发生移位。

三、质量要求

1. 钢筋安装时,受力钢筋的品种、级别、规格和数量符合设计要求。
2. 绑扎成形时,用钢丝扎紧,不得有松动、位移。
3. 绑扎成形的骨架稳定牢固,在安装及浇筑混凝土时不得松动或变形。
4. 钢筋安装位置的允许偏差及检验方法见表1。

钢筋安装位置的允许偏差及检验方法 表1

序号	项目		允许偏差(mm)	检验频率		检验方法
				范围	点数	
1	主筋及分布筋间距		±10	20m	1	尺量检查,取最大偏差值,计1点
2	保护层厚度		±5	每件	1	尺量检查,取最大偏差值,计1点
3	预埋件	中线位置	10	每件	1	尺量检查
		水平高差	±5	每件	1	尺量检查

四、安全文明施工措施

1. 施工人员进入施工现场必须戴安全帽。施工现场使用手持电动工具,操作人员必须戴绝缘手套,穿绝缘鞋。

2. 在竖井内上下运输钢筋时应安排专人负责指挥,下料时井下人员均应躲入隧道内,竖井内严禁站人。

3. 绑扎、焊接钢筋时要严防刺穿、灼伤防水材料。

4. 所有机械设备操作人员必须持证上岗，施工现场机械设备必须每天检查维修。

5. 操作人员严禁违章操作，无关人员严禁进入作业区。

6. 施工现场使用的切断机、弯曲机等必须有防潮、防雨、防雷击措施。

审核人	交底人	接受交底人

92　浅埋暗挖隧道二次衬砌模板、支架安装

<table>
<tr><td colspan="2" rowspan="2">技术交底记录</td><td rowspan="2">编　　号</td><td></td></tr>
<tr><td>92</td></tr>
<tr><td>工程名称</td><td colspan="3">××热力管线工程</td></tr>
<tr><td>分部工程名称</td><td>隧道</td><td>分项工程名称</td><td>浅埋暗挖隧道二次衬砌模板、支架安装</td></tr>
<tr><td>施工单位</td><td></td><td>交底日期</td><td></td></tr>
</table>

交底内容：

热力隧道二衬净空尺寸3.6m×2.5m，结构厚度30cm，采用强度等级为C30的商品混凝土浇筑。模板体系为定型钢模板+花梁+可调钢支撑。

一、作业条件

1. 钢筋绑扎完毕，垫块安装到位，经隐蔽验收合格。

2. 模板经试拼验收合格。

二、施工方法、工艺

测量放线→底板模板支设→侧墙、拱顶模板支设→模板拆除

1. 测量放线

放好轴线、模板边线、水平控制高程。

2. 底板模板支设

第一次混凝土浇筑施工缝设在距底板顶面30cm侧墙处，施工缝中心位置设置5cm×3cm预留槽。侧模采用定形钢模板+φ48钢管背楞、对撑。背楞纵向通长设置，对撑每2m设置一道，两端用顶丝预紧。模板缝采用5mm厚海绵条嵌缝，防止漏浆。底板模板支撑如图1所示。

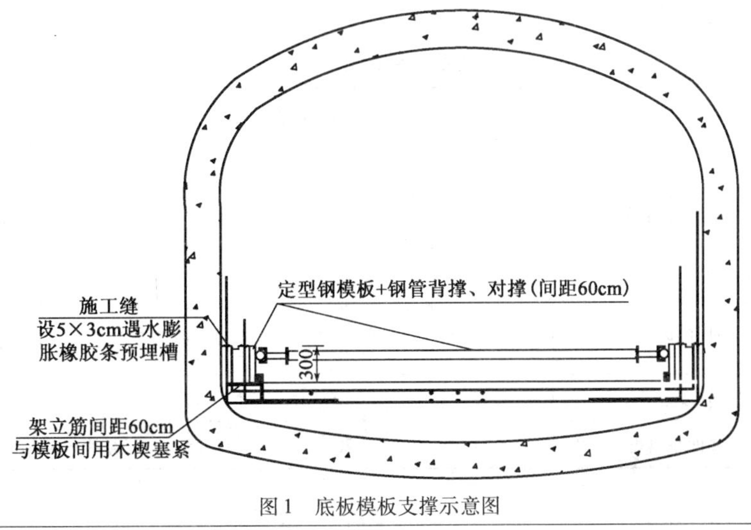

图1　底板模板支撑示意图

3. 侧墙、拱顶模板支设

模板采用定形钢模板，支架采用花梁及可调钢支撑。待第一次混凝土达到 10MPa 时，开始支设侧墙模板、侧墙可调钢支撑，然后支设花梁，安装拱顶钢模板。花梁内撑采用 ϕ48mm 可调钢管支撑，将花梁立柱连成一体，纵向间距 1.2m。隧道 25m 支设一仓模板。拱顶每隔 8m 设置送料孔，每 6m 在拱顶预设一根 ϕ32mm 二次衬砌背后注浆管，兼做排气孔。侧墙、拱顶模板支撑如图 2 所示。

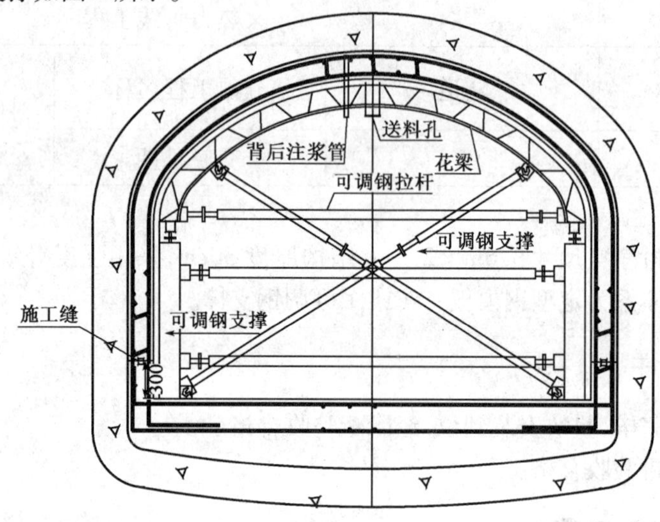

图 2　侧墙、拱顶模板支撑示意图

4. 模板拆除

混凝土强度达到设计强度 70% 后方可拆模，拆除顺序为先上后下。

三、质量要求

1. 在涂刷模板脱模剂时，不得污染钢筋和混凝土接茬处。
2. 模板安装牢固，模内尺寸准确。
3. 模板拼缝严密，在灌注混凝土时不得漏浆。
4. 现浇结构模板安装的允许偏差见表 1。

模板安装的允许偏差　　表 1

序号	项目	允许偏差（mm）	检验频率		检验方法
			范围	点数	
1	相邻两板表面高低差	2	20	2	尺量检查，10m 计 1 点
2	表面平整度	5	20	2	2m 直尺检验，10m 计 1 点
3	结构截面尺寸	+10，-5	20	4	钢尺检查
			20	4	钢尺检查
4	轴线位置	5	20	1	钢尺检查
5	墙面垂直度	8	20	1	经纬仪或吊线、钢尺检查

四、安全文明施工措施

1. 施工人员进入施工现场必须戴安全帽,施工现场严禁吸烟。焊工、电工等专业工种必须持证上岗,戴好防护用品。

2. 供电线路严格执行三相五线制,电闸箱要符合安全规范,设置漏电保护装置。每台用电设备有专用开关,实行“一机一闸”制。

3. 向竖井内运送料具必须有专人指挥,严禁随意投掷料具。斗车运输,应待斗车停稳并制动后,人员方可卸载,严禁站在斗车内装卸,启动前应鸣笛警示。

4. 搬运模板要注意附近有无障碍物和其他临时电气设备,防止模板在回转时碰撞电线或成品。

5. 模板按从上到下的顺序逐块拆除,严禁使用重锤敲击。拆除后的模板应及时清理、修整,分类码放整齐。

审核人	交底人	接受交底人

93　浅埋暗挖隧道二次衬砌混凝土浇筑、养护

<table>
<tr><td colspan="2" rowspan="2">技术交底记录</td><td rowspan="2">编　　号</td><td></td></tr>
<tr><td>93</td></tr>
<tr><td>工程名称</td><td colspan="3">××热力管线工程</td></tr>
<tr><td>分部工程名称</td><td>隧道</td><td>分项工程名称</td><td>浅埋暗挖隧道二次衬砌混凝土浇筑、养护</td></tr>
<tr><td>施工单位</td><td></td><td>交底日期</td><td></td></tr>
</table>

交底内容：

热力隧道二次衬砌结构厚30cm，采用C30 P8抗渗混凝土浇筑，每施工段长25m。

一、作业条件

模板及支撑体系验收合格。

二、施工方法、工艺

混凝土浇筑→施工缝处理→养护

1. 混凝土浇筑

隧道底板和侧墙拱顶分两次浇筑，混凝土坍落度为18～22cm。底板混凝土浇筑高度由底板高程线控制。浇筑过程中及时用插入式振捣器振捣密实，按设计高程将底板抹平、压光。墙体混凝土分层对称浇筑，用振捣棒振捣，每层浇筑厚度不得超过50cm。振捣间距不大于70cm。混凝土浇筑时要经常观察模板、预留孔洞和预埋件等有无移动、变形或堵塞情况。

止水带处浇筑混凝土前校正止水带位置，表面清理干净，止水带不得损坏。顶底板结构止水带的两侧混凝土振实，将止水带压紧后方可继续灌注混凝土。边墙处止水带必须固定牢固，两侧混凝土对称浇筑，保持止水带位置正确，平直，无卷曲现象。

2. 施工缝处理

底板混凝土浇筑时，严格按设计要求留置施工缝，施工缝做成凹形，缝表面需凿毛并清理干净。

3. 养护

混凝土浇筑终凝后，要在12h后进行洒水养护，保持混凝土表面处于湿润状态。混凝土的养护期不少于7d。

三、质量要求

1. 结构混凝土抗压强度、抗渗等级必须符合设计要求。每仓留置标养试块各一组。每两仓留置抗渗试块一组。

2. 混凝土构筑物的允许偏差见表1。

混凝土构筑物的允许偏差 表1

序号	项目	允许偏差（mm）	检验频率		检验方法
			范围	点数	
1	轴线位置	10	每仓	2	经纬仪测量，纵横向各计1点
2	高程	±20		2	水准仪测量
3	构筑物净空	±20		2	尺量检查
4	墙面垂直度	8	每面	4	尺量检查
5	预埋件、预留孔位置	10mm	每件（孔）	1	尺量检查

四、安全文明施工措施

1. 进入施工现场必须戴安全帽。
2. 混凝土浇筑过程中随时观测模板、支撑、钢筋预埋件的情况，发现问题及时处理。
3. 浇筑混凝土时振捣人员必须戴绝缘手套，穿绝缘鞋。
4. 夜间施工时，安拆地泵泵管禁止大力敲击，防止扰民。
5. 浇筑完成后，及时清理卸料过程中遗撒的混凝土。
6. 供电线路严格执行三相五线制，电闸箱设置漏电保护装置。

审　核　人	交　底　人	接　受　交　底　人

94　热力管道安装

技术交底记录		编　号	94
工程名称	××热力管线工程		
分部工程名称	热机工程	分项工程名称	热力管道安装
施工单位		交底日期	

交底内容：

干线管径 DN800，全长 998.1m，供水方向为：东供西回，北供南回。

一、作业条件

1. 隧道结构验收合格。

2. 管材进场验收、复试合格。

3. 技术人员已编制排管计划，测量人员在隧道底板测已施放管道中心线及管口位置线。

二、施工方法、工艺

下管→沟内运输→管道对口→管道焊接

1. 下管

采用 25t 吊车下管，吊车下管采用吊带。

2. 沟内运输

采用自制炮车，小室部位搭设临时通道。沟内沿线卸管时，管下垫 10cm × 10cm 的木方。

3. 管道对口

清除管内粘附着物，复查管口外形及坡口质量，不合格的管口必须修整，应符合表 1 规定。

管道坡口形式及尺寸表　　表 1

坡口形式	坡口尺寸		
	间隙 C(mm)	钝边 P(mm)	坡口角度 $\alpha°$
(图：α、T、P、C)	0 ~ 3	0 ~ 3	55 ~ 65

用倒链将管子吊起，按管道中心线和坡度对好管口；对口处垫置牢固，避免焊接时产生错位和变形，对正后沿管周以间距 40cm 左右交错进行定位点焊，每处长度 8 ~ 10cm，根部必须焊透。对口时两管的螺旋焊缝必须错开 30cm 以上，且焊缝端部不得进行定位焊接。

4. 管道焊接

焊接前将焊口两侧10cm范围内的铁锈、污垢、油脂等清除干净，使钢管洁净。焊接层数为三层，首层氩弧焊打底，焊接根部必须均匀地焊透，不得烧穿。焊接完成后清除渣皮进行检查，对发现的缺陷应去除后方可施焊第二层。

第二、第三层采用J502焊条。焊接时应保证起弧和收弧处的质量，收弧时应将弧坑填满，严禁在坡口之外的母材表面引弧和试验电流，并应防止电弧擦伤母材。焊缝每层接头错开10cm。焊接完成后均应用角向磨光机清根，清除渣皮、飞溅物，进行焊缝外观检查。

每个焊缝附近明显处，要打上焊工号及日期。不合格的焊接部位，应进行返修，同一部位焊缝的返修次数不得超过两次。

三、质量要求

1. 管道安装

(1)管道安装坡向、坡度符合设计要求。

(2)管道安装的允许偏差及检验方法见表2。

管道安装允许偏差及检验方法　　表2

<table>
<tr><th rowspan="2">序号</th><th rowspan="2">项　目</th><th colspan="3" rowspan="2">允许偏差及质量标准
(mm)</th><th colspan="2">检 验 频 率</th><th rowspan="2">检 验 方 法</th></tr>
<tr><th>范围</th><th>点数</th></tr>
<tr><td>1</td><td>高程</td><td colspan="3">±10</td><td>50m</td><td>/</td><td>水准仪测量，不计点</td></tr>
<tr><td>2</td><td>中心线位移</td><td colspan="3">每10m不超过5，全长不超过30</td><td>50m</td><td>/</td><td>挂边线用尺量，不计点</td></tr>
<tr><td>3</td><td>立管垂直度</td><td colspan="3">每米不超过2，全高不超过10</td><td>每根</td><td>/</td><td>垂线检查，不计点</td></tr>
<tr><td rowspan="2">4</td><td rowspan="2">对口间隙</td><td>壁厚</td><td>间隙</td><td>偏差</td><td rowspan="2">每10个口</td><td rowspan="2">1</td><td rowspan="2">用焊口器，量取最大偏差值，计1点</td></tr>
<tr><td>≥10</td><td>2.0~3.0</td><td>+1.0；-2.0</td></tr>
</table>

(3)错边量1mm，焊缝高度1~3mm，焊缝宽度14~18mm。

2. 管道无损探伤

(1)钢管焊接缝X射线探伤固定焊口检验数量为10%，合格标准为Ⅱ级。

(2)钢管与设备、管件连接处的焊缝应进行100%无损探伤检验。检验结果以Ⅱ级为合格。

(3)焊缝返修后应进行表面质量及100%的无损探伤检验，其检验数量不计在规定检验数中。

(4)焊缝的无损检验量，应按规定的检验百分数均布在焊缝上，严禁采用集中检验量来替代应检焊缝的检验量。

四、安全文明施工措施

1. 施工人员进入施工现场必须戴安全帽，施工现场严禁吸烟。

2. 各种机械设备操作人员、电工、电气焊工持证上岗，严格按照操作规程进行作业。

3. 现场使用手持电动工具，操作人员必须戴绝缘手套，穿绝缘鞋或站在绝缘垫上。

4. 电焊机设置二次线漏电保护装置，电焊线绝缘良好。各种电器设备、机械设备维修时一定要停机、断电。

5. 每一作业点必须配备专门看火人员，配齐灭火器材。作业完成后确认没有余火后，方准离开。

6. 吊斗提升所用钩具和连接装置牢固，以免断裂和自动脱落，操作人员随时查看，定期检查，保养维修或更换。

7. 对起重设备、电葫芦等设置限位器等保护装置。

审 核 人	交 底 人	接 受 交 底 人

95　热力管道防腐层、保温层施工

技术交底记录		编　　号	95
工程名称	××热力管线工程		
分部工程名称	热机工程	分项工程名称	热力管道防腐层、保温层施工
施工单位		交底日期	

交底内容：

热力地沟管道保温采用岩棉保温，保温厚度为：供水管90mm，回水管60mm。小室内管道保温采用珍珠岩瓦保温。管道防腐采用无机富锌-聚氨脂漆两道。

一、作业条件

管道安装完成、水压试验合格。

二、施工方法、工艺

除锈→防腐层→保温层

1. 除锈

防腐前应先将管壁灰尘、油垢等清除干净，随后进行手工除锈，将铁锈全部清除，达到管材表面颜色均匀，露出金属本色。

2. 防腐层

防腐漆刷无机富锌-聚氨脂漆两遍，刷漆时应厚度均匀，不得有漏刷现象。防腐漆涂刷时，管道外表面应干燥。在前一遍漆膜未干前不得涂刷第二遍漆。全部涂层完成后，漆膜未干燥固化前，不得进行下道工序施工。

3. 保温层

小室内墙皮进沟50cm为珍珠岩瓦和岩棉瓦两种保温材料分界线。

(1)岩棉瓦保温应横纵错开，采用16号镀锌铅丝绑扎牢固，绑扎后的岩棉瓦应整齐，不得有松动鼓包现象，绑扎接头不宜过长，并将接头铅丝插入瓦块内。外包玻璃布油毡，缠裹搭接10cm，用16号镀锌铅丝绑扎，绑扎后外表应均匀整齐，不得有凹凸现象。

(2)珍珠瓦保温用水泥浆拼砌严密，横缝及纵缝错开，采用16号镀锌铅丝及铅丝网绑扎牢固，以前，检查铁丝网有无松动和破裂部位，并对有缺陷处进行修整。抹2cm厚石棉水泥保护壳，分两次抹成，第一层找平和挤压严实，待稍干后再抹第二层，并压实赶光。保温层端部做成60～70°角的坡面。

三、质量要求

1. 除锈、防腐涂层

(1)铁锈全部清除，颜色均匀，露出金属本色。

(2)底漆与基面粘结牢固,涂刷均匀、完整、无漏涂,面层颜色一致。

(3)色环宽度一致,与管道轴线垂直。

2. 保温

(1)保温固定件、支承件的安装应正确、牢固,支承件不得外露,其安装间距应符合设计要求。

(2)保温层厚度符合设计要求。

(3)保温结构的端部不应妨碍管道附件螺栓的拆装和门盖的开启。

(4)保温层施工允许偏差及检验方法,应符合表1规定。

保温层施工允许偏差 表1

序号	项目		允许偏差	检验频率	检验方法
1	厚度	硬质保温材料	+5%	每隔20m测一点	钢针刺入保温层测厚
		柔性保温材料	+8%		

四、安全文明施工措施

1. 每一作业点必须配备专门看火人员,配齐灭火器材。

2. 吊斗提升所用钩具和连接装置牢固,以免断裂和自动脱落,操作人员随时查看,使用中定期检查,保养维修或更换。

3. 施工人员进入施工现场必须佩带安全防护用品。施工现场严禁吸烟。

4. 保温材料进入现场不得雨淋或存放在潮湿场所。保温施工后留下的碎料,应及时清理。

审核人	交底人	接受交底人

96　热力管道支架安装

技术交底记录		编　　号	96
工程名称	××热力管线工程		
分部工程名称	隧道	分项工程名称	热力管道支架安装
施工单位		交底日期	

交底内容：

5 号小室南侧第一组导向支架，供水支架中心距离 5 号小室沟口 4m，回水支架距离小室沟口 6m。导向支架立柱采用 2[40a 槽钢对扣，埋入底板 30cm。横担采用 2[32a 槽钢对扣。底板内支架加固预埋[16a 槽钢（图 1）。

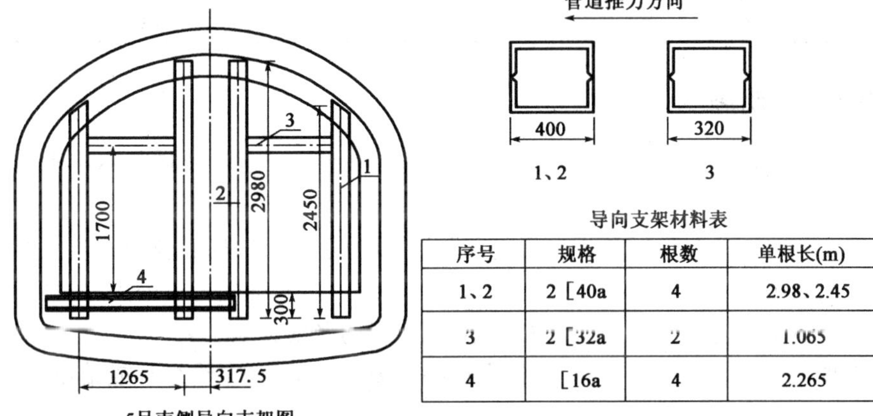

导向支架材料表

序号	规格	根数	单根长(m)
1、2	2［40a	4	2.98、2.45
3	2［32a	2	1.065
4	［16a	4	2.265

图 1　支架安装（尺寸单位：cm）

一、作业条件

1. 支架进场检验合格。
2. 底板防水保护层达到设计强度。

二、施工方法、工艺

1. 按设计位置在底板防水保护层上，准确测放供、回水支架安装位置。支架安装位置应避开二次衬砌结构伸缩缝位置 5m 以上。

2. 采用手动葫芦支立支架立柱，利用预埋于隧道初衬拱顶的吊钩将架体吊离地面，人工精确校正底脚位置，将架体调整至竖直位置后。支架安装就位后，立柱每侧采用两根 $\Phi48$ 钢管做临时固定。焊好底板预埋加强型钢。

3. 绑扎底板钢筋和支架位置加强筋。二次衬砌结构主筋、分布筋遇支架断开，并用“L”形筋与支架焊接牢固。钢筋与支架焊接长度不小于 $10d$。

4. 支架立柱安装时与管道接触面应与管道轴线保持平行，并保证支架的垂直度、位置、尺寸满足设计要求。

5. 管道安装完毕后再进行横担安装。

6. 支架根部按设计图要求做混凝土护墩，严禁砖砌。

三、质量要求

1. 支架安装后平稳，支点处严密、稳固。

2. 支架安装允许偏差及检验方法符合表1要求。

支架安装允许偏差 表1

序号	项　目	允许偏差（mm）	检验频率		检验方法
			范围	点数	
1	平面位置	符合设计要求	每件	/	尺量检查，不计点
2	轴线位置	10	每件	1	经纬仪测量
3	支架顶面高	0，-5	每件	1	水准仪测量
4	支架垂直度	8	每件	/	垂线检验，不计点

四、安全、文明施工措施

1. 焊接、切割部位必须与氧气瓶、乙炔瓶及各种易燃可燃材料相距不小于10m，氧气瓶与乙炔瓶距离不小于5m，乙炔瓶禁止倒地平放。

2. 搬运支架时要注意附近有无障碍物和其他临时电气设备，防止支架在支立时碰撞。

3. 起吊前对吊运物件进行检查，吊钩牢固，无裂纹。吊索准确置于吊点，吊具安装牢固。

4. 施工人员进入施工现场必须戴安全帽，施工现场严禁吸烟。

5. 施工现场使用手持电动工具，操作人员必须戴绝缘手套，穿绝缘鞋或站在绝缘垫上。

审　核　人	交　底　人	接　受　交　底　人

97　热力管道强度、严密性试验

<table>
<tr><td colspan="2" rowspan="2">技术交底记录</td><td rowspan="2">编　　号</td><td></td></tr>
<tr><td>97</td></tr>
<tr><td>工程名称</td><td colspan="3">××热力管线工程</td></tr>
<tr><td>分部工程名称</td><td>隧道</td><td>分项工程名称</td><td>热力管道强度、严密性试验</td></tr>
<tr><td>施工单位</td><td></td><td>交底日期</td><td></td></tr>
</table>

交底内容：

管线为一级管网，管径 DN800，管线设计压力为 1.6MPa，强度试验压力为 2.4MPa，严密性试验压力为 2.0MPa。强度试验在管道接口防腐、保温施工及设备安装前进行，严密性试验在试验范围内的管道工程全部安装完成后进行。

一、强度试验

1. 作业条件

(1)主管道焊接完成，经无损探伤合格。放气阀、泄水、除污器、堵板已安装焊接完成。导向滑板、滑动支架已安装焊接完成。

(2)压力表已校验，量程满足要求。每试验段安装 3 块压力表，分别安装在管道两端、最高点排气处。

2. 试压方法、步骤

(1)串水：串水前，开放沿线的放气阀，关闭泄水阀门，由低处开始注水，待高点放气门向外溢水，管道中的空气排净后开始加压。

(2) 试压：固定打压机，连接管道及附件，关闭所有阀门后进行加压，先缓慢升压，升压过程中注意检查焊口。记录表压读数及时间，待压力升到 1.0MPa 以后，每升 0.2MPa 稳压 5min，直至升压到 2.4MPa 进行检查，10min 内无渗无漏，然后降至设计压力 1.6MPa，稳压 30min 无渗漏，无降压为合格。

(3)放水：强度试验合格后，待记录压力表读数后降压。降压时先拧松放气门阀门，缓慢放气，不得操作过急。降至稳压后放水，开启水泵抽水。

(4)检查：试压过程中，如果焊缝有渗漏现象，严禁带压施焊，要先降压然后再焊接，严禁用捻钳进行处理，消除缺陷后重新试验。

二、严密性试验

1. 作业条件

(1)强压试压合格。

(2)固定支架、导向支架处混凝土强度已达到设计要求，固定支架卡板已安装焊接完成。

(3)波纹管补偿器、阀门已安装焊接完成，经 100% 探伤合格。

(4)轴向波纹管补偿器的安装拉杆已拆除。

(5)管道自由端已加固,并经设计核算可以满足总压时的推力。

2. 试验方法、步骤

(1)串水:安装有跑风的小室设专人看护跑风,灌水开始前打开跑风。管道灌水后,必须进行多次排气(至少三次),排净管道及设备内的空气,待跑风处窜水时,关闭跑风。管道灌满水后,安装打压泵和压力表。

(2)试压:打压泵升压速度要缓慢分级进行,压力升到0.5MPa、1.0MPa时,各组织人员全线检查一遍;待压力升至工作压力1.6 MPa后稳压,由负责人带领巡线员对所有热机设备、固定支架、导向支架等进行检查,如未发现管道渗漏,波纹管变形、固定支架位移等异常现象,可继续升压至2.0MPa,压力稳定后停止打压,检查管道、焊缝、管路附件及设备等无渗漏,固定支架无变形,稳压60min,压力降不超过0.05MPa,为合格。

三、质量要求

试验内容和检验方法见表1。

水压试验的检验内容及检验方法　　表1

序　　号	项　　目	试验方法及质量标准	检 验 范 围
1	强度试验	升压到2.4MPa,稳压10min内应无渗漏,无降压后降至设计压力1.6MPa,稳压30min无渗漏,无降压为合格	每个试验段
2	严密性试验	升至严密性实验压力2.0MPa,压力稳定后,检查管道、焊缝、管路附件及设备等无渗漏,固定支架无明显变形。稳压60min,压力降不大于0.05MPa,即为合格	全段

四、安全文明施工措施

1. 所有堵板进行专项设计,焊接牢固。在打压过程中,丝堵、堵板、阀门正前方严禁站人。

2. 施工人员进入施工现场必须戴安全帽。

3. 压力机附近要有护栏,设置警示灯,非试压作业人员禁止出入试压现场。

4. 管道进行试压过程中,严禁在管道上进行施工和打击受压管道。管道进行水压时,设检查人员随时巡回检查,打压泵设专人负责,一旦发现异常现象,及时上报,组织抢修,升压过程中注意观察小室中立管位移,如位移过大,立即停止升压,检查处理后方可继续升压。监表人员必须按设计要求控制打压参数。

5. 试压过程中,如发现渗漏部位做明显标记,待泄压后处理,不得带压补焊,缺陷消除后重新试压。

6. 管道泄水时严格控制流量,并及时排放至雨水口内,不得将余水流入隧道内,并将小室内的残余剩水清扫干净。

7. 所有参加试压人员须听从指挥,坚守岗位,做好记录,发现问题及时上报。每小室至少设一人监查,一人巡查。

8. 水压试验合格后,泄压要缓慢进行,待压力表读数缓慢降至零时,方可大开泄水阀门,管内残余水排尽后,打开除污器手孔,进行清理。法兰垫用高压金属垫。

9. 开启的井盖周围设安全护栏、警示灯，提醒行人车辆注意安全。

10. 所有参施人员进入地下隧道须持照明设备，严禁施工人员无照明设备单独进入隧道，保持通讯畅通。

审核人	交底人	接受交底人

98 热力管道设备及附件安装

<table>
<tr><td colspan="2">技术交底记录</td><td>编　　号</td><td>98</td></tr>
<tr><td>工程名称</td><td colspan="3">××热力管线工程</td></tr>
<tr><td>分部工程名称</td><td>热机工程</td><td>分项工程名称</td><td>热力管道设备及附件安装</td></tr>
<tr><td>施工单位</td><td></td><td>交底日期</td><td></td></tr>
</table>

交底内容：

热机设备及附件的安装主要包括蝶阀、球阀、波纹管等设备及固定支架卡板的安装。

一、作业条件

1. 管道经强度试压合格。

2. 设备进场检验合格，产品合格证及检验部门的检验合格证明齐全。

二、施工方法、工艺

1. 蝶阀安装前应将阀门完全关闭，安装方向应按照阀门上箭头指示进行安装。

2. 蝶阀门轴应尽可能安装在水平方向上，轴与水平面的最大夹角为60°。

3. 球阀水平安装前必须全部打开，垂直安装焊接球阀上面的焊口时要求必须打开，焊接球阀下面的焊口时球阀要求必须关闭。

4. 球阀焊接过程中必须用湿布将阀体裹住，用以降温保护密封面，并在密封面上涂抹黄油，以防止焊渣落在球面上。

5. 波纹管安装要在强压试验后断管安装，切管后应及时安装波纹管，避免因温差变大增大对口偏差。

6. 波纹管安装前，应按照设计图纸核对每个补偿器的型号、流向箭头、补偿量、安装位置等，对号入座，确保准确无误。

7. 需要进行预变形的补偿器，预变形量按照设计要求进行，并做好记录。

8. 严禁采用补偿器变形或施加外力的方法来调整安装偏差。

9. 补偿器安装完毕后，轴向型波纹管补偿器应立即拆除固定螺栓，并妥善保存，横向型波纹管补偿器应将螺栓内侧螺母退至螺栓根部。

10. 波纹管、阀门等设备安装后进行固定支架卡板的安装，固定支架卡板、角板安装应严格按设计尺寸摆放，对称安装。固定支架的卡板与支架立柱和横担应紧密贴实，不得有间隙，对称施焊，每个焊缝应饱满，不允许漏焊、欠焊现象。角板安装应垂直于管子接触面，竖向中心应通过管子轴心，对称施焊。在与管子螺旋焊缝交叉时，应避开。

三、质量要求

1. 阀门安装

(1)按设计要求校对型号，外观检查应无缺陷、开闭灵活；

(2)清除阀口的封闭物及其他杂物；

(3)阀门的开关手轮应放在便于操作的位置；水平安装的闸阀、截止阀的阀杆应处于上半周范围内；

(4)有安装方向的阀门应按要求进行安装，有开关程度指示标志的应准确；

2. 波纹管安装

(1)波纹管应与管道保持同轴。

(2)有流向标记的波纹管，安装时应使流向标记与管道介质流向一致。

3. 管道及设备对口错边量为1mm，焊缝高度1~3mm，焊缝宽度14~18mm。

4. 固定支架卡板、角板与管道间采取满焊，焊缝高度12mm。

四、安全文明施工措施

1. 各种机械设备操作人员持证上岗，严格按操作规程进行作业。

2. 电焊设置二次线漏电保护装置，电焊线绝缘良好。

3. 每一作业点必须配备专门看火人员，配齐灭火器材。

4. 吊斗提升所用钩具和连接装置牢固。

5. 施工人员进入施工现场必须戴安全帽，施工现场严禁吸烟。

6. 施工现场使用手持电动工具，操作人员必须戴绝缘手套，穿绝缘鞋。

审　核　人	交　底　人	接　受　交　底　人